D1735251

Schriftenreihe des Archivs für
Urheber- und Medienrecht (UFITA)

herausgegeben von
Prof. Dr. Manfred Rehbinder
Institut für Urheber- und Medienrecht, München
Band 262

Julian Waiblinger

„Plagiat" in der Wissenschaft

Zum Schutz wissenschaftlicher Schriftwerke
im Urheber- und Wissenschaftsrecht

Nomos
2012

Die Deutsche Nationalbibliothek verzeichnet diese Publikation in
der Deutschen Nationalbibliografie; detaillierte bibliografische
Daten sind im Internet über http://dnb.d-nb.de abrufbar.

Zugl.: Freiburg i. Br., Univ., Diss. 2011
Betreuer: Prof. Dr. Manfred Rehbinder

ISBN 978-3-8329-6905-9

1. Auflage 2012
© Nomos Verlagsgesellschaft, Baden-Baden 2012. Printed in Germany. Alle Rechte,
auch die des Nachdrucks von Auszügen, der fotomechanischen Wiedergabe und der
Übersetzung, vorbehalten. Gedruckt auf alterungsbeständigem Papier.

Inhaltsverzeichnis

Abkürzungsverzeichnis

A.	Auflage
a. A.	andere/r Ansicht/Auffassung
a. F.	alte Fassung
AfP	Zeitschrift für Medien- und Kommunikationsrecht
Art.	Artikel
Az.	Aktenzeichen
Bd.	Band
BGB	Bürgerliches Gesetzbuch
BayHSchG	Bayerisches Hochschulgesetz vom 23. Mai 2006
BerlHG	Gesetz über die Hochschulen im Land Berlin vom 1. April 2009
BGBl.	Bundesgesetzblatt
BGH	Bundesgerichtshof
BT	Bundestag
BVerfG	Bundesverfassungsgericht
BVerfGE	Entscheidung des Bundesverfassungsgerichts
BVerwG	Bundesverwaltungsgericht
BVerwGE	Entscheidung des Bundesverwaltungsgerichts
bzw.	beziehungsweise
ca.	circa
ders.	derselbe
d. h.	das heißt
DFG	Deutsche Forschungsgemeinschaft
Diss.	Dissertation
Ebd.	ebenda
EG	Europäische Gemeinschaft
Einl.	Einleitung
Einf.	Einführung
EU	Europäische Union
EuGH	Europäischer Gerichtshof
etc.	et cetera
e. V.	eingetragener Verein
EWG	Europäische Wirtschaftsgemeinschaft
ff.	folgende
Fn.	Fußnote
FS	Festschrift

GebrMG	Gebrauchsmustergesetz
gem.	gemäß
GG	Grundgesetz der Bundesrepublik Deutschland
GS	Gedächtnisschrift
GRUR	Gewerblicher Rechtsschutz und Urheberrecht
GRUR Ausl	GRUR Auslands- und Internationaler Teil
GRUR Int	GRUR Internationaler Teil
GRUR-RR	GRUR Rechtsprechungsreport
HRG	Hochschulrahmengesetz
Hrsg.	Herausgeber
i. S. d.	im Sinne des/der
i. V. m.	in Verbindung mit
KG	Kammergericht
KJ	Kritische Justiz
KUG	Gesetz betreffend das Urheberrecht an Werken der bildenden Künste und der Photographie vom 9. Januar 1907
KUR	Kunst und Recht
K&R	Kommunikation und Recht
LG	Landgericht
LHG-BW	Gesetz über die Hochschulen in Baden-Württemberg vom 1. Januar 2005
LUG	Gesetz betreffend das Urheberrecht an Werken der Literatur und der Tonkunst vom 19. Juni 1901
MarkenR	Zeitschrift für deutsches, europäisches und internationales Kennzeichenrecht
M. E.	Meines Erachtens
MittHV	Mitteilungen des Hochschulverbandes
MMR	Multimedia und Recht
MPG	Max-Planck-Gesellschaft
m. w. N.	mit weiteren Nachweisen
NJW	Neue Juristische Wochenschrift
NJW-RR	NJW Rechtsprechungsreport
NVwZ	Neue Zeitschrift für Verwaltungsrecht
NVwZ-RR	NVwZ Rechtsprechungsreport
OLG	Oberlandesgericht
OVG	Oberverwaltungsgericht
PatG	Patengesetz
RBÜ	Revidierte Berner Übereinkunft
RG	Reichsgericht
RGBl.	Reichsgesetzblatt

RGZ	Entscheidungen des Reichsgerichts in Zivilsachen
Rn.	Randnummer
Rspr.	Rechtsprechung
S.	Satz/Seite
SJZ	Schweizerische Juristenzeitung
s. o.	siehe oben
sog.	sogenannte/r
TRIPS	Übereinkommen über handelsbezogene Aspekte des Rechts des geistigen Eigentums (TRIPS-Übereinkommen)
UFITA	Archiv für Urheber-, Film-, Funk- und Theaterrecht; ab Band 2000/ I: Archiv für Urheber- und Medienrecht
UrhG	Gesetz über Urheberrecht und verwandte Schutzrechte vom 9. September 1965 (Urheberrechtsgesetz)
v.	von
VG	Verwaltungsgericht
WCT	WIPO-Urheberrechtsvertrag (WCT)
WissR	Zeitschrift für Wissenschaftsrecht
WPPT	WIPO-Vertrag über Darbietungen und Tonträger
WRP	Wettbewerb in Recht und Praxis
WUA	Welturheberrechtsabkommen
Ziff.	Ziffer
zit.	zitiert
ZRP	Zeitschrift für Rechtspolitik
ZSR	Zeitschrift für Schweizerisches Recht
ZUM	Zeitschrift für Urheber- und Medienrecht
ZUM-RD	ZUM Rechtsprechungsdienst

Einleitung

A. Einführung

Das Phänomen der Benutzung fremder Werke unter Anmaßung der Urheberschaft ist so alt wie Wissenschaft und Literatur. In jeder Epoche der Wissenschaftsgeschichte begegnen wir dem Vorwurf des Plagiats, das gemeinhin als „Diebstahl" geistiger Schöpfungen verstanden wird. Während sich ein rechtlicher Schutz gegen Plagiate erst mit der Entwicklung des Urheberrechts auszuprägen begann, wurde das dem Plagiat eigene Moment der Täuschung über die wahre Urheberschaft eines Werkes – das „sich mit fremden Federn Schmücken" – von je her moralisch missbilligt.

Besonders gilt dies für den Bereich der Wissenschaft. Ehrlichkeit im Umgang mit fremden Werken ist ein wesentliches Grundprinzip wissenschaftlichen Arbeitens.[1] Gleichwohl stellt Unredlichkeit in der Wissenschaft heute ein ernstzunehmendes Problem dar. Sie begegnet uns in allen Disziplinen und auf allen hierarchischen Ebenen des Wissenschaftsbetriebes. Neben dem Erfinden und Verfälschen von Daten handelt es sich insbesondere beim Plagiat um einen häufig anzutreffenden Fall wissenschaftlichen Fehlverhaltens. Plagiatsvorwürfe werden gegen Studenten, Doktoranden, Habilitanden, wissenschaftliche Mitarbeiter, Professoren sowie gegen Wissenschaftler im außeruniversitären Bereich gleichermaßen erhoben. Die in den letzten Jahren in den Medien berichteten Plagiatsvorwürfe gegen Professoren rechtswissenschaftlicher Fakultäten an deutschen Universitäten dürften dabei nur die Spitze des Eisbergs darstellen.[2] Welche politische Brisanz Plagiatsvorwürfe entfalten können, machen die jüngst um Karl-Theodor zu Guttenberg und andere Politiker entbrannten Plagiatsaffairen besonders anschaulich.[3]

Veröffentlichungen haben sich zu einem Erfolgskriterium für die Karriere eines Wissenschaftlers entwickelt. Wenn auch Verfahren der quantitativen Leistungsbewertung vielfach in der Kritik stehen, ist die Länge der Publikationsliste zu einem

---

1 Siehe Deutsche Forschungsgemeinschaft (DFG), Denkschrift, S. 5, 17, wo Ehrlichkeit auch als das „Fundament der Wissenschaft als eines sozialen Systems" bezeichnet wird.
2 Siehe hierzu Rieble, S. 9 ff. mit zahlreichen Hinweisen auf mutmaßliche Plagiatsfälle in der Rechtswissenschaft.
3 Wegen zahlreicher Übernahmen fremder Textstellen ohne hinreichende Kennzeichnung in seiner Dissertation erkannte die Promotionskommission der Universität Bayreuth zu Guttenberg am 23. Februar 2011 den Doktorgrad ab, siehe Pressemitteilung der Universität Bayreuth vom 23. Februar 2011 (Nr. 037/2011), abrufbar im Internet unter www.uni-bayreuth.de/index.html [25. Februar 2011]; am 1. März 2011 trat zu Guttenberg von seinem Amt als Verteidigungsminister zurück.

häufig angewandten Kriterium für den wissenschaftlichen Rang eines Forschers geworden.[4] Der vielfach mit dem Leitsatz „publish or perish" umschriebene Erfolgsdruck mag dazu beitragen, dass Wissenschaftler vermehrt in Versuchung geraten, sich unredlicher Veröffentlichungsmethoden zu bedienen. Die Häufigkeit von Plagiatsfällen in der Wissenschaft wird jedoch auch auf die zunehmende Nutzung des Internets zurückgeführt.[5] Das Internet hat die Möglichkeiten des Zugangs zu wissenschaftlichen Publikationen grundlegend verändert. Das kontinuierlich wachsende Angebot wissenschaftlicher Online-Datenbanken, digitaler Zeitschriftenbibliotheken, neuer Systeme der Wissensverbreitung nach dem Prinzip des offenen Zugangs (*open access*) sowie Digitalisierungsprojekte staatlicher und privatwirtschaftlicher Akteure haben dafür gesorgt, dass wissenschaftliche Veröffentlichungen in einem noch nie dagewesenen Ausmaß verbreitet und genutzt werden können. Es erscheint nicht übertrieben, diese Entwicklung in ihrer Bedeutung für die Wissenschaft mit der Erfindung des Buchdrucks zu vergleichen. Der erleichterte Zugang zu wissenschaftlichen Publikationen bedeutet jedoch auch, dass fremde Texte so einfach und mühelos wie nie zuvor nach dem „copy & paste"-Prinzip ausgebeutet werden können. Insbesondere im universitären Bereich wird die zunehmende Tendenz beobachtet, dass sich vor allem Studenten auf diese Weise fremder Texte bedienen.[6] Inwieweit die zum Teil eingesetzten Plagiats-Erkennungsprogramme die gewünschte Abhilfe schaffen, lässt sich noch nicht abschließend beurteilen.

Fälle, in denen fremde geschützte wissenschaftliche Werke in großem Stil wortwörtlich übernommen und wahrheitswidrig als eigene ausgegeben werden, sind aus urheberrechtlicher Sicht in der Regel einfach zu beurteilen. Die Verletzung sowohl urheberrechtlicher Verwertungsrechte als auch des Urheberpersönlichkeitsrechts wird hier meist eindeutig zu bejahen sein. Schwierigkeiten können sich jedoch dann ergeben, wenn fremde wissenschaftliche Werke etwa nur in kleinen Ausschnitten benutzt, wenn sie inhaltsgleich, jedoch mit anderen Worten übernommen oder auch inhaltlich modifiziert werden und ein Hinweis auf den Urheber des benutzten Werkes unterbleibt. Auch in derartigen Fällen stehen vielfach Plagiatsvorwürfe im Raum. Entscheidend ist hier die Frage nach der Reichweite des urheberrechtlichen Schutzes wissenschaftlicher Werke, die bis heute äußerst kontrovers diskutiert wird. Immer wieder werden die Effektivität des Schutzes dieser Werkgattung in Frage gestellt und Schwächen des Urheberrechts beklagt. So formulierte *Hubmann*, der Urheber wissenschaftlicher Werke könne beinahe als „Stiefkind des Urheberrechts" bezeichnet werden.[7] Im Zentrum der Diskussion

---

4 Siehe hierzu DFG-Denkschrift, S. 30.
5 Ombudsman der DFG, Jahresbericht 2007, S. 3 f., abrufbar im Internet unter www.ombudsman-fuer-die-wissenschaft.de/berichte.html [14. Dezember 2010].
6 Sattler, Forschung & Lehre 2008, 298.
7 So Hubmann, FS Uchtenhagen, S. 176.

steht dabei die Frage, inwieweit nicht nur die sprachliche Darstellung, sondern auch der Inhalt wissenschaftlicher Werke vor Übernahmen durch Dritte geschützt sein kann.

Aber auch die außerhalb des Urheberrechts existierenden Regelungen des Wissenschaftsrechts, verstanden als Komplex aller im Bereich der Hochschulen und außeruniversitären Forschungseinrichtungen geltenden Normen, werden in der aktuellen Diskussion um Plagiate als unzureichend kritisiert.[8] Beide Rechtsregime sollen in vorliegender Arbeit im Hinblick auf den Schutz wissenschaftlicher Schriftwerke untersucht werden.

B. Gang der Arbeit

Die Arbeit gliedert sich in drei Teile. Im ersten Teil wird der Begriff des Plagiats untersucht. Dabei soll zunächst anhand eines Gangs durch die Geschichte des Urheberrechts erörtert werden, wie sich der Plagiatsbegriff im Lauf der Jahrhunderte von einem moralischen Vorwurf zu einem rechtlichen Terminus entwickelte. Neben einer Darstellung des Begriffsverständnisses in den verschiedenen Epochen wird dabei auch auf die jeweils in der Wissenschaft herrschende Praxis im Umgang mit fremden Werken einzugehen sein. Den Abschluss des ersten Teils bildet eine Untersuchung des Plagiatsbegriffs im geltenden Urheberrecht. Hier wird insbesondere die Frage aufzuwerfen sein, ob eine Verwendung des Begriffes im Urheberrecht überhaupt erforderlich und sinnvoll ist.

Im zweiten Teil wird untersucht, inwieweit die Urheber wissenschaftlicher Schriftwerke vor unbefugter Benutzung ihrer Werke und Anmaßung der Urheberschaft durch Dritte geschützt sind. Nach Definition des wissenschaftlichen Schriftwerkes und Erläuterung seiner Schutzvoraussetzungen wird eingehend analysiert, welche Besonderheiten der urheberrechtliche Schutz wissenschaftlicher Werke aufweist. Neben der Frage, ob die Schutzfähigkeit wissenschaftlicher Schriftwerke schon im Hinblick auf ihre sprachliche Gestaltung gewissen Einschränkungen unterliegt, soll ausführlich untersucht werden, ob und inwieweit der Inhalt wissenschaftlicher Werke, die in ihnen enthaltenen Erkenntnisse, Lehren und Theorien als solche urheberrechtlichem Schutz zugänglich sind. Hier sollen die in Rechtsprechung und Schrifttum diskutierten Ansätze vorgestellt und kritisch überprüft werden. Steht danach fest, inwiefern wissenschaftliche Schriftwerke urheberrechtlich geschützt sein können, ist zu untersuchen, wann und in welchen Fällen der Benutzung der Urheber ein Recht darauf hat, auch als solcher genannt zu werden. Neben einer Analyse von Tatbestand und Rechtsfolgen des Rechts auf Anerken-

---

8 Siehe etwa Rieble, S. 7, der vom Versagen eines Systems spricht.

nung der Urheberschaft, soll hier auch der im modernen Wissenschaftsbetrieb häufig anzutreffende Missbrauch im Umgang mit dem Namensnennungsrecht wissenschaftlicher Urheber kritisch beleuchtet werden. Schließlich wird untersucht, inwieweit die Benutzung fremder wissenschaftlicher Schriftwerke auf Grund gesetzlicher Bestimmungen auch ohne Einwilligung des Urhebers erlaubt sein kann. Hier sind die Vorschriften des Zitatrechts, der freien Benutzung sowie des Rechts der Inhaltsmitteilung eingehend, stets mit Blick auf die Besonderheiten in der Wissenschaft, zu untersuchen.

Der dritte Teil befasst sich mit dem Plagiat im Wissenschaftsrecht. Nach einem Überblick über die wissenschaftsinternen Regeln und Institutionen gegen wissenschaftliches Fehlverhalten werden Inhalt und Struktur des hier existierenden Plagiatstatbestandes analysiert und mit dem Schutz des Urheberrechts verglichen. Dabei wird insbesondere die Effektivität des wissenschaftsrechtlichen Plagiatstatbestandes im Hinblick auf die in Betracht kommenden Rechtsfolgen und Sanktionen einer kritischen Prüfung unterzogen.

Erster Teil: Der Begriff des Plagiats

A. Einführung

I. Das Plagiat im allgemeinen Sprachgebrauch

Unter einem Plagiat versteht man im allgemeinen Sprachgebrauch den „Diebstahl geistigen Eigentums".[9] Ebenso wird der Begriff für die „unrechtmäßige Aneignung von Gedanken, Ideen oder Ähnlichem eines anderen auf künstlerischem oder wissenschaftlichem Gebiet und ihre Veröffentlichung" oder das „durch unrechtmäßiges Nachahmen entstandene künstlerische oder wissenschaftliche Werk" verwendet.[10] Schon diese, dem Duden entnommenen Definitionen machen deutlich, dass dem Begriff des Plagiats im allgemeinen Sprachgebrauch eine Vielzahl von Bedeutungen zukommt.

„Plagiat", so formulierte schon *Röthlisberger*, sei „eines jener Worte, die, trotzdem sie bis ins graue Altertum zurückreichende Handlungen bezeichnen, mehr einen instinktiven Gefühlswert angeben als dass sie eine scharfe begriffliche Abgrenzung enthielten".[11] An dieser, vor fast einem Jahrhundert geäußerten Einschätzung hat sich bis heute wenig geändert.[12] Der Begriff Plagiat wird für die verschiedensten Sachverhalte gebraucht, die sich nicht auf die Gebiete von Wissenschaft und Kunst beschränken: Die Verwendung fremder Texte ohne Angabe der Quelle, die Übernahme wissenschaftlicher Theorien und Begründungen, der Nachdruck von Büchern, aber auch Kunstfälschungen sowie Fälle der Produkt- und Markenpiraterie werden als Plagiate bezeichnet.[13]

Dabei wird in der Alltagssprache nicht danach differenziert, ob eine Rechtsverletzung vorliegt oder nicht. So werden auch Sachverhalte als Plagiat bezeichnet, bei denen gar keine Urheberrechts- oder andere Rechtsverletzung in Betracht kommt, etwa weil das übernommene oder benutzte Geistesgut gemeinfrei oder gar nicht schutzfähig ist oder weil eine freie Benutzung vorliegt. Der Begriff Plagiat

---

9   Duden - Das Fremdwörterbuch, Stichwort „Plagiat".
10 Ebd.
11 Röthlisberger (1917), Nachdruck UFITA 2007/I, 135; ähnlich auch schon Engländer, UFITA 3 (1930), 20.
12 Siehe zur Verwendung des Begriffs „Plagiat" im allgemeinen Sprachgebrauch auch Rehbinder, Rn. 385; Bisges, UFITA 2008/III, 643, 645; Obergfell, KUR 2005, 46; Dieth, S. 15 f., 36 ff.; Chakraborty, S. 38 f.; Seifert, FS Traub, S. 363 f.; Kastner, NJW 1983, 1151, 1152; Kisch, Nachdruck UFITA 110 (1989), 79; E. Becker, S. 42 ff.; E. Schulze, S. 7; Müller, UFITA 6 (1933), 301, 312 f.
13 Siehe statt vieler Obergfell, KUR 2005, 46 und Chakraborty, S. 38 f.

wird also nicht in einem juristisch präzisen Sinn gebraucht, er ist vielmehr Ausdruck eines moralischen Vorwurfs. Dieser steht für die Empörung über die Missachtung fremden geistigen Schaffens und das Einheimsen von Lohn und Anerkennung ohne eigene geistige Leistung.[14]

Dem Plagiat haftet das Moment des moralisch Verwerflichen an: „Unredlichkeit, Unwahrhaftigkeit und Lüge",[15] „literarischer Diebstahl und Betrug", „unerlaubte geistige Freibeuterei", „boshafte Ideenräuberei",[16] „wissenschaftliches Kapitalverbrechen",[17] „geistiger Kannibalismus",[18] „krankhafte Kleptomanie"[19] – eine Aufzählung der zur Charakterisierung des Plagiats gefundenen Metaphern ließe sich beliebig fortsetzen. Als gängigste Umschreibung hat sich im allgemeinen Sprachgebrauch die schon eingangs genannte Formel vom „Diebstahl geistigen Eigentums" eingebürgert.[20] Wird damit auch ein unbestimmter Begriff durch eine mindestens ebenso unbestimmte Formel erklärt, wird doch deutlich, was den Kern des Plagiatsvorwurfs ausmacht: Es geht um die bewusste Übernahme fremden Geistesguts unter Anmaßung der Urheberschaft.[21] Die Formel vom „geistigen Diebstahl" darf dabei freilich nicht juristisch verstanden werden, denn einen Tatbestand des geistigen Diebstahls kennt unsere Rechtsordnung nicht.[22] Dennoch entspricht diese Auffassung – so der BGH – der „Lebenserfahrung, nach der man mit dem Begriff des Plagiats die Vorstellung von einem geistigen Diebstahl verbindet, bei dem fremdes Geistesgut als eigenes ausgegeben wird".[23]

II. Zur Etymologie des Plagiats

Die sprachlichen Wurzeln des Wortes Plagiat liegen im Griechenland der Antike, genauer gesagt im griechischen Adjektiv *plagiós*. In seiner eigentlichen Bedeutung

---

14 Siehe Chakraborty, S. 38 f.; Seifert, FS Traub, S. 366.
15 Ähnlich Dieth, S. 36.
16 Siehe Röthlisberger (1917), Nachdruck UFITA 2007/I, 135.
17 Ottemann, S. 106.
18 Frankenberger, KJ 2007, 258, der den Plagiator überspitzt als „geistigen Kannibalen" bezeichnet.
19 Röthlisberger (1917), Nachdruck UFITA 2007/I, 135, 152.
20 Dreier/Schulze/Schulze, § 23 Rn. 27; siehe auch Schack, Rn. 283, der von „geistigem Diebstahl" spricht.
21 Siehe Rehbinder, Rn. 385; Fromm/Nordemann/A. Nordemann, §§ 23/24 Rn. 60.
22 Kritisch zur Verwendung der Formel vom „Diebstahl geistigen Eigentums" Bisges, UFITA 2008/III, 643, 645, der darauf hinweist, dass Diebstahl im Sinne des Strafgesetzbuchs nur an Sachen, nicht aber an Immaterialgütern oder Rechten möglich ist; ähnlich auch Chakraborty, S. 39, der in diesem Zusammenhang auf die populäre, aber sachlich falsche Verwendung des Begriffes vom „geistigen Eigentum" hinweist.
23 BGH GRUR 1960, 500, 503 – Plagiatsvorwurf. Sofern im Folgenden von „Diebstahl" gesprochen wird, ist dies nicht im rechtlichen Sinne, sondern als nichtjuristische Metapher zu verstehen.

hieß es „quer, schief, schräg"; jedoch wurde es auch in der Bedeutung „zweideutig, hinterhältig" und „unredlich" gebraucht.[24] Mag in Letzterer auch schon das moralisch verwerfliche Moment unseres Plagiatsbegriffes anklingen, war die sprachgeschichtliche Entwicklung tatsächlich ein wenig komplizierter. Nicht abschließend geklärt ist, wann genau und wie das griechische *plagiós* ins Lateinische übernommen wurde. Fest steht jedoch, dass es sich zum lateinischen *plagium* (sowie den Ableitungen *plagiarius, plagiator, plagiare*) entwickelt hat.[25] *Plagium* hieß Menschenraub.[26] Als Plagiator oder Plagiarius bezeichnete man einen „Menschenräuber".[27] Dabei handelte es sich bei *plagium* zunächst um einen strafrechtlichen Begriff, der die verschiedenen Formen der Anmaßung der Gewalt über einen Bürger oder Sklaven bezeichnete.[28]

Der Bedeutungswandel von dem strafrechtlichen Vorwurf des Menschenraubes hin zur Bezeichnung für „geistigen Diebstahl" wird auf den römischen Dichter *Martial*[29] zurückgeführt.[30] In mehreren Epigrammen warf das lyrische Ich *Martials* dem Zeitgenossen *Fidentinus* vor, von jenem geschaffene Werke als eigene vorzutragen.[31] Die sprachgeschichtlich berühmt gewordene Metapher vom Menschenräuber im Kontext der von *Martial* kritisierten Urheberrechtsanmaßung findet sich im Epigramm 52 des ersten Buches. Darin richtet sich der Autor an einen gewissen *Quintianus* mit der Bitte, sich für seine Urheberschaft einzusetzen: Sollten seine Büchlein, die *Fidentinus*, der Dichter des *Quintianus* als eigene ausgebe, über die „Sklaverei" klagen, möge *Quintianus* ihnen helfen. Sollte sich *Fidentinus* weiterhin als ihr Herr ausgeben, möge *Quintianus* ihm sagen, sie gehörten *Martial*. Dieser hätte sie frei gelassen. Würde er dies mehrmals laut verkünden, werde er „dem *Menschenräuber* Schamgefühl beibringen".[32] *Martial* sah im Vortrag seiner Werke durch *Fidentinus* offenbar einen Fall von Versklavung: Wer sich ihrer bemächtige,

---

24 Ziegler, Sp. 1961.

25 Ziegler, Sp. 1961.

26 Zu finden sind auch die Bedeutungen „Menschendiebstahl" und „Seelenverkauf", siehe Georges, Stichwort „plagium".

27 Für „plagiarius" finden sich in lateinisch-deutschen Wörterbüchern daneben auch die Bedeutung „Sklavenhändler", siehe Pons, sowie für „plagiator" die Bedeutungen „Knabenverführer" und „Dieb", siehe Georges, Stichwort „plagiator"; eine umfassende Darstellung zur Etymologie mit zahlreichen Literaturnachweisen bietet Ziegler, Sp. 1956 ff.

28 Siehe Frohne, UFITA 106 (1987), 41, 43. Die sog. Lex Fabia de plagiariis – vermutlich erst im letzten Jahrhundert der römischen Republik erlassen – stellte den Tatbestand des plagium unter eine Strafe von 50.000 Sesterzen, siehe hierzu Röthlisberger (1917), Nachdruck UFITA 2007/I, 135, 136 sowie Ziegler, Sp. 1960.

29 Marcus Valerius Martialis (ca. 42 bis 104 n. Chr.); zu Leben und Werk Martials siehe Schnur, S. 5 ff.

30 Siehe statt vieler Ziegler, Sp. 1959.

31 Martial, Epigramme Buch I 29. Ebenso thematisieren die Epigramme I 38, 52 und 53 die Anmaßung der Urheberschaft durch Fidentinus.

32 „ [...] impones plagiario pudorem!", siehe Martial, Epigramme Buch I, 52.

sei ein *Plagiator*, ein Menschenräuber.[33] Ob das Bild des Menschenräubers für Schriftsteller, die sich mit fremden Federn schmücken, tatsächlich zum ersten Mal von *Martial* gebraucht wurde, ist nicht ganz geklärt.[34] Es scheint jedoch bestimmend für die Terminologie der Neuzeit gewesen zu sein.

Aus dem Neulateinischen ist *plagium* in seiner neuen Bedeutung dann in die modernen europäischen Sprachen gelangt. In Frankreich ist das Wort *plagiaire* im Jahr 1584, das Wort *plagiat* im Jahr 1715 belegt.[35] Aus der französischen Neubildung wurde dann im Laufe des 18. Jahrhunderts das deutsche Wort *Plagiat*, dessen Verwandte *Plagiator* und *Plagiieren* erst im 19. Jahrhundert Eingang in den deutschsprachigen Raum gefunden haben sollen.[36]

B. Zur Entwicklung des Plagiatsbegriffes in der Geschichte des Urheberrechts

Im Folgenden soll untersucht werden, wie sich aus dem moralischen Vorwurf des Plagiats allmählich ein Rechtsbegriff entwickeln konnte. Da diese Frage in engem Zusammenhang mit der geschichtlichen Entwicklung des Urheberrechts steht, sollen die wichtigsten Phasen dieser Entwicklung nachgezeichnet werden. Dabei soll auch auf die in der jeweiligen Epoche herrschende wissenschaftliche Praxis im Umgang mit fremdem Geistesgut eingegangen werden.

33 Diese Epigrammstelle ist in der urheberrechtlichen Literatur verschiedentlich interpretiert worden. Einige betonen, Martial habe seine Gedichte gerade nicht mit Sklaven, sondern mit freigelassenen Kindern verglichen (so Kastner, NJW 1983, 1151; Bisges, UFITA 2008/III, 643; Röthlisberger (1917), Nachdruck UFITA 2007/I, 135; Sattler, S. 29; Ackermann, S. 17). Dabei wird zum Teil auf einen angeblich schon von Aristoteles gebildeten Vergleich von Werken mit freigelassenen Kindern hingewiesen. Zwar trifft es zu, dass Aristoteles in der Nikomachischen Ethik die Liebe von Dichtern zu ihren Werken mit der Elternliebe verglich, siehe dort neuntes Buch 1168 a 1; von freigelassenen Kindern ist dort jedoch nicht die Rede. M. E. ist das Bild von freigelassenen Kindern auch nicht überzeugend, da damit eine vorhergehende Sklaverei oder Gefangenschaft impliziert wird. Gerade dieses Bild lässt sich aber mit der Parallele zur Elternliebe bei Aristoteles nicht belegen. Den Vergleich mit freigelassenen Sklaven nachzeichnend siehe nur v. Gamm, Einf. Rn. 2, Rehbinder, Rn. 12, Schack, Rn. 283, Ulmer, § 9 I, Stemplinger, S. 3; Kisch, Nachdruck UFITA 110 (1989), 79; E. Schulze, S. 7.
34 Verschiedentlich wird auf eine von dem spätantiken Philosophiehistoriker Diogenes Laertios (3. Jhd. n. Chr.) erzählte Episode hingewiesen, nach welcher bereits Polemon den Stoiker Zenon unter Verwendung einer ähnlichen Metapher auf den Diebstahl von Lehrsätzen und Gedanken hingewiesen haben soll, siehe hierzu Ziegler, Sp. 1973 f. sowie Frohne, UFITA 106 (1987), 41, 42 f.
35 Frohne, UFITA 106 (1987), 41, 44; siehe auch Ziegler, Sp. 1962 mit Hinweisen auf die Rezeption des Begriffs im Italienischen und im Englischen.
36 Über den genauen Zeitpunkt der Übernahme des Wortes Plagiat aus dem Französischen ins Deutsche ist man sich nicht einig. Nach Ziegler, Sp. 1962 soll dies schon Anfang des 18. Jahrhunderts stattgefunden haben. Andere weisen darauf hin, dass Lessing und Goethe noch das lateinische plagium benutzt haben sollen, siehe Bisges, UFITA 2008/III, 643, 645 m.w.N. Nach Stemplinger, S. 3 ist das Plagiat im Deutschen erst seit 1813 nachweisbar.

I. Antike

Nach dem heutigen Stand der Wissenschaft hat es in der Antike ein Urheberrecht im Sinne eines subjektiven, absoluten Herrschaftsrechts an einem Geisteswerk nicht gegeben.[37] Nur am Manuskript als solchem, dem materiellen Stoff, wurde ein Eigentumsrecht anerkannt.[38] Ein „geistiges Eigentum" unabhängig von der stofflichen Verkörperung existierte nach antiker Rechtsauffassung nicht. Vom Inhalt des Manuskripts jedoch konnte jedermann ohne rechtliche Konsequenzen Gebrauch machen. Hatte das Manuskript die Sphäre des Verfassers verlassen und war es durch Abschrift oder Buchhandel in Umlauf gekommen, wurde das Werk als Allgemeingut betrachtet.[39] Wer Teile daraus übernahm und für sein geistiges Produkt ausgab, konnte vom Verfasser – wie z.B. von *Martial* – als Menschenräuber oder Dieb bezeichnet werden. Rechtliche Instrumentarien zum Schutz seines Werkes standen dem Verfasser jedoch weder nach römischem noch nach griechischem Recht zur Verfügung.[40]

Dies bedeutet jedoch nicht, dass „geistiger Diebstahl" in der Antike etwa legitim gewesen wäre. In der Geschichte des Altertums wimmelt es vielmehr von Plagiatsvorwürfen. Im Schrifttum wird darauf hingewiesen, dass schon die Griechen die unberechtigte Anmaßung eines geistigen Werkes für schreiendes Unrecht erklärt hätten und dass „literarisches Schmarotzertum" das ganze Altertum hindurch eine Rolle gespielt habe.[41] Auch wenn es keine rechtlichen Sanktionen gegen die Übernahme schöpferischer Werke gab, so war doch der moralische Vorwurf des Plagiats schon in frühester Zeit ausgeprägt.

Plagiatsvorwürfe finden sich dabei sowohl im Bereich der antiken Dichtung als auch in der Wissenschaft.[42] Besonders viele Fälle sind ab dem vierten vorchristlichen Jahrhundert im Bereich der Philosophie zu verzeichnen.[43] So wurde zum Beispiel dem Sokratiker *Aischines* vorgeworfen, dass seine Dialoge in Wahrheit von *Sokrates* verfasst und ihm nach dessen Tod von *Xanthippe* geschenkt worden seien.[44] Selbst *Platon* wurde vorgeworfen, die meisten seiner Dialoge aus anderen

---

37 Siehe Ulmer, § 9 I; Rehbinder, Rn. 12; Kohler, Urheberrecht, S. 29; Eggert, UFITA 138 (1999), 183 m.w.N.
38 Siehe nur Rehbinder, Rn. 12 unter Verweis auf die Institutiones II.1.33 und Digesta XLI. 1.9.1.
39 Haberstumpf, Handbuch, Rn. 37.
40 Ziegler, Sp. 1968.
41 Kohler, Autorrecht, S. 456.
42 Die umfassendste Untersuchung zum Plagiat in der griechischen Literatur stammt von Stemplinger; zahlreiche Beispiele für Plagiatsfälle in der antiken Literatur bieten auch Ziegler, Sp. 1962 ff., sowie Kohler, Autorrecht, S. 456 f; siehe zum Plagiat in der Antike insgesamt auch Kastner, NJW 1983, 1151 ff.
43 Ziegler, Sp. 1970.
44 Unter Verweis auf Diogenes Laertius II 60 Ziegler, Sp. 1970 f.

Quellen entlehnt zu haben. Die *Stoiker* wurden von *Cicero* sogar beschuldigt, ihre „ganze Philosophie" der aristotelischen Schule entlehnt zu haben.[45]

Die Überlieferung derartiger Plagiatsvorwürfe geht auf das Entstehen eines eigenen Literaturzweigs, der sog. „Plagiatsliteratur", zurück. Seit hellenistischer Zeit begann man, umfangreiche Plagiatssammlungen herzustellen, in der die existierende Literatur auf Übereinstimmungen, Ähnlichkeiten oder Abhängigkeiten untersucht wurde.[46] Dabei wurde jedoch nicht danach differenziert, ob eine wörtliche Übersetzung, eine freie Übertragung, die Benutzung eines Motivs oder tatsächlich ein Fall des einfachen Abschreibens vorlag. Dieses systematische Aufspüren angeblicher Plagiate, ein Kulturphänomen, das sich bis in die Neuzeit erstreckt, ist daher später vielfach auch als übertriebene und unsinnige „Plagiatsschnüffelei" kritisiert worden.[47]

Aus der Existenz der Plagiatsliteratur darf jedoch nicht geschlossen werden, dass jegliche Form der Entlehnung fremder Werke moralisch missbilligt gewesen wäre. Nach der ästhetischen Theorie der Antike bestand ein bedeutender Unterschied zwischen einer berechtigten Nachahmung und literarischem Diebstahl.[48] Die qualitätsvolle Nachahmung, die „imitatio", wurde in der Ästhetik der Antike grundsätzlich nicht getadelt.[49] Vielmehr stellte sie ein wichtiges Stilmittel der Literatur dar. Selbst wenn die Herkunft des Stoffes nicht genannt wurde, war man weit davon entfernt, hier einen Plagiatsvorwurf zu erheben.[50] Sämtliche Formen der Verarbeitung fremder Gedanken und Stoffe, beispielsweise durch Übersetzung, Umstilisierung, Umdichtung, Nachbildung oder Exzerpieren waren als selbständige Leistung anerkannt.[51] Im Schrifttum wird hier insbesondere auf die rhetorische Figur der Paraphrase hingewiesen. In der Rhetorik der Antike wurde es als eine Kunst verstanden, einen Satz oder längeren Textabschnitt in einer neuen, wirkungsvolleren Form zu umschreiben. Das hatte zum Ziel, die Originalfassung an Präzision, Argumentationskraft und Schönheit zu übertreffen.[52] Häufig sind in der griechischen Literatur auch sog. Komplimentzitate anzutreffen. Hier hatte der Zitierende nicht die Absicht, sich mit fremden Federn zu schmücken, vielmehr sollte

---

45 Stemplinger, S. 73 f.; Ziegler, Sp. 1971 ff.; Dieth, S. 19 f., jeweils mit weiteren Beispielen.
46 Zu den bekanntesten Beispielen werden die Sammlungen von Porphyrios (4. Jhd. v. Chr.) und Klemens von Alexandrien (ca. 150 bis 215 n. Chr.) gezählt, siehe hierzu Engländer, UFITA 3 (1930), 20 sowie Stemplinger, S. 80.
47 Engländer, UFITA 3 (1930), 20, 21.
48 Stemplinger, S. 168.
49 Ebd.; Schack, Rn. 266, weist darauf hin, dass auch heute noch manche Gesellschaften (wie z.B. in Ostasien) Nachahmungen, die nach Perfektion streben und Traditionen verstärken, hoch geschätzt und von den Imitierten als Ehrerweisung angesehen würden.
50 Ziegler, Sp. 1965.
51 Für eine umfassende Analyse der literarischen Praxis des Altertums siehe Stemplinger, S. 170 ff.
52 Unter Verweis auf Plinius Ziegler, Sp. 1965.

das Publikum die Entlehnung erkennen und darin eine Huldigung, ein Kompliment für den Zitierten erkennen.[53]

Der Brauch, eine verwendete Quelle zu benennen und deren Verfasser namentlich anzugeben entwickelte sich erst allmählich. Die frühe Dichtung war von urheberrechtlicher Anonymität gekennzeichnet. Selbst die Nennung des eigenen Namens eines Dichters war zunächst unüblich. Ein schriftstellerisches Selbstgefühl entwickelte sich erst etwa ab dem siebten vorchristlichen Jahrhundert, als die Dichter begannen, sich als Individuen zu begreifen und sich mehr oder weniger deutlich namentlich vorzustellen.[54]

Noch später als in der Dichtung begann man in der Wissenschaft mit der Zitierung von Quellen.[55] Den Grund für die spärliche Rechenschaft über die benutzten Quellen sieht man darin, dass Literaturkundigen die noch überschaubaren Quellen ohnehin bekannt gewesen sein sollen. Darüber hinaus geht man davon aus, dass schriftliche Quellen als allgemeines Kulturgut betrachtet wurden, welches jeder benutzen konnte.[56] Überwiegend soll lange auch die wörtliche Übernahme fremder Textstellen, ohne den Namen des Autors zu nennen, nicht als unredlich empfunden worden sein.[57] Es entsprach zunächst dem Brauch, Quellen nur anzugeben, wenn gegen sie polemisiert oder wenn Angaben richtig gestellt oder ergänzt werden sollten.[58] Erst mit *Aristoteles*, der als Begründer der exakten Wissenschaft gilt,[59] begann eine genauere Art der Quellenangabe.[60] Die *Aristoteles* zugeschriebene Vorliebe für exaktes Zitieren soll den Wissenschaftlern der folgenden Zeit, insbesondere der peripatetisch-alexandrinischen Schule, Vorbild gewesen sein: So sind zahlreiche wissenschaftliche Schriftwerke aus jener Zeit erhalten, bei denen die Autoren schon genau angaben, welche Vorlagen sie benutzt hatten, oder denen sie die ersten Quellenverzeichnisse voranstellten.[61]

53 Ziegler, Sp. 1965; für eine eingehende Untersuchung des Phänomens des Komplimentzitats siehe Stemplinger, S. 196 ff., der auch auf das Polemisieren gegen einen Autor als häufiges Motiv wörtlicher Zitate hinweist.
54 Stemplinger, 172 ff. Den Grund für das Heraustreten des Dichters aus der Anonymität sieht man im Entstehen des Individualismus und der stärker werdenden Verbreitung von Schriftwerken, siehe Ziegler, Sp. 162. f.
55 Stemplinger, S. 177. Die ersten wirklichen Quellenangaben hat man bei Hippias von Ellis und Herodot (beide 5. Jhd. v. Chr.) nachgewiesen, wobei diese auch nur den Zweck verfolgt haben sollen, gegen den jeweils Zitierten zu polemisieren, siehe hierzu Ziegler, Sp. 163.
56 Stemplinger, S. 178.
57 Ziegler, Sp. 163.
58 Stemplinger, S. 180.
59 Ziegler, Sp. 1963.
60 Stemplinger, S. 180 f.
61 Stemplinger, S. 181.

II. Mittelalter

Auch das Mittelalter brachte noch keine wesentlichen Veränderungen für den rechtlichen Schutz geistiger Werke. Die Vorstellung, dass die Übernahme einer schöpferischen Leistung eine Rechtsverletzung darstellen könne, hatte sich noch nicht entwickelt.[62] Ähnlich wie in der Antike betrachtete man den Schöpfer eines Werkes als bloßen Mittler zwischen Gott und den Menschen, so dass die Person des Schöpfers weitgehend in der Anonymität verblieb.[63] Das Wissen stellte sich nach mittelalterlichem Verständnis als Geschenk Gottes dar und das Werk, welches jenes vermittelte, betrachtete man als Allgemeingut der Menschheit.[64] Ein rechtlicher Schutz gegen unberechtigte Entlehnungen fremder Werke bestand nicht und war nach dieser Anschauung auch gar nicht geboten.

Gleichwohl mehren sich im Hoch- und Spätmittelalter Anzeichen für die Bildung eines Urheberbewusstseins.[65] Als Beispiel hierfür wird im Schrifttum häufig die Vorrede *Eike von Repgows* zum Sachsenspiegel (ca. 1230) genannt.[66] Darin wünschte er zur Abschreckung all denjenigen Aussatz und Hölle, die es wagen sollten, seine Autorschaft durch Änderungen des Werkes zu beeinträchtigen.[67] In der Rechtsgeschichte des Mittelalters finden sich auch zahlreiche Fälle von Plagiatsvorwürfen die zeigen, dass die unberechtigte Anmaßung der Urheberschaft als verwerflich und unzulässig angesehen wurde.[68] Vereinzelt hat man im rechtsgeschichtlichen Schrifttum versucht, anhand dieser Beispiele die Entstehung des Rechts des geistigen Eigentums schon für das Mittelalter nachzuweisen.[69] So habe sich die Erkenntnis durchgesetzt, dass Eigentum entgegen dem römisch-rechtlichen Verständnis nicht nur an materiellen, sondern auch an immateriellen Gütern bestehen könne.[70] Überwiegend geht man jedoch nicht so weit, die Entstehung des Rechts des geistigen Eigentums im Mittelalter zu verorten.[71] Obgleich im mittelalterlichen Rechtsdenken bereits ein ausgeprägteres Verständnis für die Schutzwürdigkeit geistiger Schöpfungen als in der Antike vorhanden war, lassen sich rechtliche Regelungen zum Schutz der Urheber gegen unberechtigte Übernahmen im Mittelalter noch nicht nachweisen.

---

62 Ulmer, § 9 I.
63 Rehbinder, Rn. 13.
64 Fuchs, S. 20.
65 Fuchs, S. 18; siehe auch Haberstumpf, Handbuch, Rn. 38.
66 Siehe Fuchs, S. 20; Dieth, S. 30; Kisch, Nachdruck UFITA 110 (1989), 79.
67 Siehe mit Angaben zur Überlieferung der Vorreden zum Sachsenspiegel Fuchs, S. 20.
68 Zu nennen ist hier beispielsweise der Fall des Nicolas von Straßburg, der sich um 1325 ungeniert als Verfasser fremder Werke ausgegeben haben soll, siehe hierzu Hölscher, GRUR 1930, 991, 1006; weitere Beispiele finden sich bei Gieseke, S. 19 f. und Fuchs, S. 26.
69 Hölscher, GRUR 1930, 991, 1006.
70 Ebd.
71 Gieseke, S. 19 m.w.N.; Fuchs, S. 28 ff.

Am Beispiel der wissenschaftlichen Praxis der Glossatoren und Postglossatoren[72] wurde im rechtsgeschichtlichen Schrifttum aufgezeigt, dass sich auch das Gebot zur Quellenangabe in der Wissenschaft weiter verbreitete.[73] So soll *Accursius* in seinem kompilatorischen Hauptwerk, der „glossa ordinaria",[74] fast durchweg zu den exzerpierten oder übernommenen Glossen die Namen der jeweiligen Autoren, wenn auch nur in abgekürzter Form, gesetzt haben.[75] Bei *Azo* hingegen soll eine Quellenangabe nur dann erfolgt sein, wenn sich eine inhaltliche Kontroverse, ein Bedürfnis nach Ergänzung oder die Möglichkeit verschiedener Lösungen an die zitierte Stelle knüpfte. Dagegen sollen Formulierungen, an denen inhaltlich niemand etwas auszusetzen hatte, stillschweigend übernommen worden sein.[76]

III. Wende zur Neuzeit

1. Entstehung des Privilegienwesens

Erst die Wende zur Neuzeit brachte entscheidende Impulse für die Entwicklung urheberrechtlichen Denkens. Seit der Erfindung des Buchdrucks[77] konnten Schriftwerke in großer Zahl hergestellt und verbreitet werden. Mit dieser gravierenden Neuerung ging jedoch auch eine Gefahr für Autoren, Verleger und Drucker einher. Geistiger Diebstahl konnte durch die technische Neuerung jetzt viel einfacher und mit viel größerem Effekt als in der Zeit des handschriftlichen Kopierens begangen werden. Das Bedürfnis nach rechtlichem Schutz gegen unberechtigten Nachdruck wurde daher immer größer. Dabei stand zunächst weniger ein Schutz der Autoren, sondern vielmehr der finanzielle Schutz der Verleger und Drucker im Mittelpunkt. Dieser entwickelte sich allmählich in Gestalt von ausnahmsweise erlassenen Nach-

---

72 Als Glossatoren bezeichnet man die ersten Bearbeiter des römischen Rechts im Mittelalter, die nach der scholastischen Methode der Texterläuterung die Texte des Corpus Iuris Civilis behandelten. Ihre bekanntesten Vertreter sind Irnerius (+1140), Azo (+1236) und Accursius (+1263). Durch ihre Nachfolger, die sog. Postglossatoren, wurde der Rechtswissenschaft im frühen 14. Jahrhundert an den Universitäten eine praktischere Ausrichtung gegeben. Die Hauptvertreter dieser Richtung waren Bartolus de Sassoferrato (1314 bis 1357) und Baldus de Ubaldis (1327 bis 1400). Für eine Einführung zur wissenschaftlichen Methode der (Post-)Glossatoren siehe Schröder, S. 46 ff.
73 Siehe hierzu Kisch, Nachdruck UFITA 110 (1989), 79, 91 ff. m.w.N.
74 Dieses Werk enthielt eine Zusammenfassung der bereits existierenden Glossen und gewann wegen seiner Vollständigkeit in der Rechtswissenschaft eine Autorität, die bis in 18. Jahrhundert reichte, siehe hierzu Schröder, S. 46.
75 Kisch, Nachdruck UFITA 110 (1989), 79, 91 f.
76 Siehe hierzu ausführlich Kisch, Nachdruck UFITA 110 (1989), 79, 89 f. m.w.N.
77 Die Erfindung des Buchdrucks wird Johannes Gutenberg zugeschrieben und mit großer Wahrscheinlichkeit auf das Jahr 1440 datiert.

druckverboten, den sog. Privilegien.[78] Die von Städten, Landesherren oder dem Kaiser verliehenen Privilegien gewährten dem Begünstigten das alleinige, meist befristete Recht, ein bestimmtes Werk zu drucken.[79] Die verschiedenen Formen der Privilegien schützten aber weniger das Geisteswerk als die drucktechnische Erscheinung. Insgesamt waren die Privilegien auf den Schutz des Gewerbes, nicht jedoch des Urhebers ausgerichtet. Dieser genoss allenfalls mittelbaren Schutz im Sinne eines Reflexes des Gewerbeschutzes für Drucker und Verleger.[80] Einen rechtlichen Schutz des Autors gegen die Übernahme seines Werkes oder die Anmaßung der Urheberschaft konnten die Privilegien noch nicht gewährleisten.

2. Ansätze zum Schutz eines Urheberpersönlichkeitsrechts

Gleichwohl ist nicht zu übersehen, dass schon im Privilegienzeitalter Ansätze zu einem Schutz des Urheberpersönlichkeitsrechts erkennbar werden.[81] Durch den wachsenden Einfluss der Renaissance, des Humanismus und der Reformation fiel stärker als im Mittelalter das Licht auf die Persönlichkeit des Urhebers.[82] Insbesondere ein durch die Renaissance ausgelöstes „Erwachen des Individuums" führte zu einem größeren künstlerischen Selbstbewusstsein.[83] Anders als im Mittelalter verstand man im künstlerischen Schaffen nicht mehr den Vollzug göttlicher Ordnung. Vielmehr wurde im Kunstwerk der Ausdruck individueller schöpferischer Leistung der Künstlerpersönlichkeit gesehen. Diese Steigerung des Persönlichkeitsbewusstseins und der Betonung der Individualität führte dazu, dass immer häufiger auch die Urheber selbst versuchten, rechtlichen Schutz für ihre Schöpfungen durchzusetzen.[84] Dass es den Autoren dabei auch um den Schutz gegen unberechtigte Übernahmen ihrer Geisteswerke oder die Anmaßung der Urheberschaft ging, machen zahlreiche Beispiele aus der rechtsgeschichtlichen Forschung deutlich.[85]

---

78 Siehe hierzu insbesondere Kohler, Urheberrecht, S. 32 ff., Rehbinder, Rn. 14 ff. sowie Ulmer, § 9 II. Die verschiedenen Erscheinungsformen der Privilegien (Druck-, Bücher-, General-, Autoren- und Territorialprivilegien) lassen sich zeitlich und inhaltlich jedoch nicht ganz exakt voneinander abgrenzen, siehe hierzu Weber, S. 14.
79 Als erstes Privileg gilt das der Stadt Venedig aus dem Jahre 1469. Venedig hatte Johann von Speyer, der dort den Buchdruck eingeführt hatte, für fünf Jahre das ausschließliche Recht, die Buchdruckkunst in der Stadt auszuüben, eingeräumt, siehe hierzu Kohler, Urheberrecht, S. 34 ff. m.w.N.
80 Weber, S. 16 f.
81 Haberstumpf, Handbuch, Rn. 43.
82 Ulmer, § 9 II.
83 Rehbinder, Rn. 14.
84 Rehbinder, Rn. 17; Ulmer, § 9 II 4, weist darauf hin, dass die Urheber begannen, sich auf die Veröffentlichung ihrer Werke zu berufen und insbesondere auch auf das Recht, einer veränderten oder entstellten Wiedergabe ihrer Werke entgegenzutreten.
85 Weber, S. 17 m.w.N.; Ulmer, § 9 II 4; Gieseke, S. 37 ff.

Wenn auch in der Wissenschaft dieser Zeit ein exakter Umgang mit fremden Quellen noch nicht selbstverständlich war, lässt sich durchaus ein gesteigertes wissenschaftliches Verantwortungsgefühl im Umgang mit fremden Werken beobachten.[86] Ein interessantes Zeugnis für die im 16. Jahrhundert herrschende Entlehnungs- und Zitierpraxis ist bei dem italienischen Juristen *Tiberius Decianus* (1509-1582) zu finden. Zum wissenschaftlichen Umgang mit fremden Werken führte er aus, es solle die Regel sein, zunächst die Autoren anzuführen, die besondere Autorität genössen. Ansonsten seien nur diejenigen zu nennen, die das Thema besonders gut bearbeitet hätten.[87] Diese Äußerung ist bemerkenswert, weil sie das selektive Zitieren als den besten Umgang mit fremden Werken benennt. Sie zeigt damit den Grund auf für eine Entlehnungspraxis, die später häufig als plagiatorische Kompilation kritisiert wurde.[88]

3. Wissenschaftliche Auseinandersetzung mit dem Plagiat

Im 16. Jahrhundert begann man auch, sich mit dem Phänomen des Plagiats wissenschaftlich auseinanderzusetzen.[89] Eine Erklärung hierfür wird vielfach im Humanismus gesehen.[90] Als erste bedeutende wissenschaftliche Abhandlung über das Plagiat wird die 1673 von *Jacob Thomas Thomasius* (1622-1684) verfasste „Dissertatio philosophica de plagio literario" angesehen.[91] *Thomasius* untersuchte das Phänomen des literarischen Diebstahls aus moralphilosophischer und juristischer Sicht.[92] Die Ursache für literarischen Diebstahl sah er in der Ruhm- und Geltungssucht der Gelehrten.[93] Das Plagiat sei eine Lüge, durch die jemand den einem anderen gebührenden Ruf der Gelehrsamkeit stehle. Dies geschehe dadurch, dass der Plagiator die außerordentlichen Gedanken eines anderen an sich reiße und böswilliger Weise als die Seinen ausgebe und die dem anderen zustehende Namensnennung unterlasse.[94]

---

86 Kisch, Nachdruck UFITA 110 (1989), 79, 104.
87 Decian, „Apologia pro iurisprudentibus qui responsa sua edunt" (1579), Cap. XXII, zitiert in der Übersetzung von Schaffstein, S. 213.
88 Siehe hierzu Schaffstein, S. 213.
89 Bereits aus dem Jahre 1528 ist eine an der Universität Leipzig verteidigte Dissertation eines gewissen Muschler bekannt, die sich mit dem literarischen Diebstahl befasste, siehe hierzu Muther, S. 340.
90 Fuchs, S. 55; Stemplinger, S. 2.
91 Der vollständige Titel der Arbeit besagt zwar, dass ein Johann Michael Reinlius das Werk öffentlich verteidigt habe. Man geht jedoch davon aus, dass Thomasius selbst die Arbeit verfasst hat, siehe hierzu Kisch, Nachdruck UFITA 110 (1989), 79, 82.
92 Neben einer Beurteilung verschiedener Formen von Entlehnungen nach moralisch-ethischen Gesichtspunkten, gilt das Hauptinteresse des Werkes einem umfangreichen Katalog vermeintlicher Plagiate aus verschiedenen Epochen, siehe hierzu Stemplinger, S. 3.
93 Thomasius, § 8, zitiert nach Frohne, UFITA 123 (1993), 15, 19.
94 Thomasius, § 95, zitiert nach Frohne, UFITA 123 (1993), 15, 19 f.

Thomasius ging in seiner Untersuchung auch auf verschiedene Formen der Entlehnung ein. So heißt es an einer Stelle, ein Plagiator sei jener, der im Interesse des eigenen Ruhmes ein ganzes Buch eines anderen Verfassers, ohne dessen Namen zu nennen, in seinem eigenen Namen veröffentliche.[95] Neben der wohl drastischsten Form der Anmaßung der Urheberschaft an einem ganzen Werk betrachtete er aber auch Formen der Bearbeitung fremder Werke als Plagiat. So sei auch die Variation eines Textes ohne Namensnennung des ursprünglichen Urhebers nicht zulässig. Da auch die Bearbeitung eines Textes, die diesen verbessere, nicht die Eigentümlichkeit des Vorbildes übersteige, würde sie dem Plagiatsvorwurf vor dem Gericht der Ethik nicht entgehen.[96]

Die effektivste Ahndung des Plagiats sah *Thomasius* darin, den Verfasser der wissenschaftlichen Schmach und Schande verfallen zu lassen.[97] Dieser moralischen Strafe stellte er jedoch auch noch ein Recht auf Wiedergutmachung an die Seite: Dem verletzten Urheber solle durch Nennung seines Namens das zurückerstattet werden, was sein sei.[98] Im Schrifttum sieht man darin einen deutlichen Hinweis auf den Anspruch des Autors auf Nennung und Anerkennung seiner Urheberschaft, der in Antike und Mittelalter – auch im Zusammenhang mit der Verurteilung des Plagiats – noch keineswegs so ausdrücklich hervorgehoben worden war.[99]

Die Arbeit von *Thomasius* wird daher als richtungsweisend für die spätere Entwicklung des Urheberrechts gesehen. Sie soll in der Folgezeit zu einer vermehrt wissenschaftlichen Auseinandersetzung mit dem Phänomen des Plagiats angeregt haben.[100] Man geht davon aus, dass die häufige Behandlung des Themas den Urheberrechtsgedanken gestärkt und dadurch zum Aufkommen der Lehre vom geistigen Eigentum mit beigetragen hat.[101]

---

95 Thomasius, § 20, zitiert nach Frohne, UFITA 123 (1993), 15, 19.
96 Thomasius, §§ 176 ff., zitiert nach Frohne, UFITA 123 (1993), 15, 21 f.
97 Thomasius, § 329, zitiert nach Gieseke, S. 72.
98 Gieseke, S. 72; Frohne, UFITA 123 (1993), 15, 25.
99 Gieseke, S. 72.
100 Stemplinger, S. 3 weist insbesondere hin auf Fabri, Decas Decadum sive Plagiariorum et Pseudonymorum (Leipzig 1689), Almeloveen, Syllabus Plagiariorum (Amsterdam 1694), Crenius, De furibus librariis (Leiden 1705) und Schwartz, De plagio litterario (Leipzig 1706). Fuchs, S. 62 ff. erwähnt darüber hinaus Theodoricus, Theodoricus Judicium Criminale Practicum (Jena 1671), Thurneisen, De recusione librorum furtiva (Basel 1736), Leyser, Meditationes ad Pandectas (Leipzig 1748) sowie Cella, Vom Büchernachdruck (Augsburg 1784). Für den Bereich des Plagiats in der Musik sind besonders die Werke von Kuhnau und Mattheson hervorzuheben, siehe hierzu die umfassende Untersuchung von Pohlmann, S. 72 ff.
101 Gieseke, S. 72.

IV. Beginn des modernen Urheberrechts

1. Theorie vom geistigen Eigentum und Auseinandersetzung mit dem Plagiat

Den Beginn der modernen Urheberrechtsentwicklung sieht man in der Theorie vom geistigen Eigentum.[102] Sie entwickelte sich aus der Naturrechtslehre und der Aufklärung und stellt eine langsame Wendung vom Privilegiendenken zum Gedanken des Urheberschutzes dar. Zurückgehend auf die Lehre *John Lockes*, fand die Idee vom geistigen Eigentum ihre Rechtfertigung in der geleisteten Arbeit.[103] Der Grundgedanke liegt in der Annahme eines aus der Natur der Sache folgenden ausschließlichen Herrschaftsrechts des Urhebers an seiner schöpferischen Leistung.[104] Dieses Recht, das Eigentum am Geisteswerk, wurde vom Eigentum am Manuskript und den einzelnen Exemplaren unterschieden. Erst durch diesen Paradigmenwechsel konnte der überwiegend nur als moralisch verwerflich angesehene Nachdruck zu einer Urheberrechtsverletzung werden.[105] Auch wenn sich in Deutschland das Privilegienwesen noch bis ins 19. Jahrhundert hinein hielt, setzte insbesondere ab der zweiten Hälfte des 18. Jahrhunderts eine intensive Diskussion über die philosophischen und rechtlichen Grundlagen des geistigen Eigentums ein.[106] Zu nennen sind hier insbesondere *Pütter*, *Cella*, *Fichte*, *Kant* und *Hegel*, die grundlegende Erörterungen sowohl zur Differenzierung zwischen Werk und Werkexemplar als auch zwischen Form und Inhalt eines Werkes anstellten und damit die dogmatischen Grundlagen für die weitere Entwicklung des Urheberrechts schufen.[107]

Vereinzelt setzten sich die deutschen Philosophen des 18. und 19. Jahrhunderts auch mit dem Plagiat auseinander. *Fichte* führte hierzu aus, es sei immer „allgemein für verächtlich angesehen worden, wörtlich auszuschreiben, ohne den eigentlichen Verfasser zu nennen."[108] Die allgemeine Missbilligung des Plagiators – *Fichte* spricht hier vom „Plagiar" – liege nicht in dessen Geistesarmut, sondern in dem Unmoralischen seiner Handlung. Die „Ungerechtigkeit" des Plagiats bestehe weniger darin, dass der Plagiator nicht den Namen des wahren Verfassers nenne, denn auch die Anmaßung eines anonym veröffentlichten Werkes als eigenes würde

---

102 Siehe hierzu insbesondere Kohler, Nachdruck UFITA 123 (1993), 99 ff.; ders., Urheberrecht, S. 61 ff.; Gieseke, S. 69 ff.; Ulmer, § 9 III; Vogel, S. 63 ff., sowie Rehbinder, Rn. 21 ff. mit zahlreichen Hinweisen zur Rezeption der Theorie in den verschiedenen Staaten.
103 Siehe hierzu ausführlich Oberndörfer, S. 20 ff.
104 Kreutzer, S. 30.
105 Schack, Rn. 112.
106 Siehe hierzu Haberstumpf, Handbuch, Rn. 44.
107 Siehe hierzu ausführlich Gieseke, 92 ff.; Zur Entwicklung der Theorien vom Persönlichkeitsrecht und dem Immaterialgüterrecht siehe Rehbinder, Rn. 29 f.
108 Fichte, Beweis über die Unrechtmäßigkeit des Büchernachdrucks (1793), Nachdruck UFITA 106, 228.

ebenso als Plagiat bezeichnet. Sie liege vielmehr darin, „dass sich der Plagiar eines Dinges bemächtigt, welches nicht sein ist."[109]

Auch *Hegel* äußerte sich ausdrücklich zum Phänomen des Plagiats. Er sah die „Fortpflanzung der Wissenschaften überhaupt" in der Wiederholung bereits geäußerter Gedanken.[110] Inwiefern „solche Wiederholung in einem schriftstellerischen Werke ein *Plagiat* werde", lasse sich nicht durch eine genaue Bestimmung angeben und könne nicht rechtlich und gesetzlich festgelegt werden. „Das Plagiat müsste daher eine Sache der Ehre seyn und von dieser zurückgehalten werden."[111] Bemerkenswert ist hier, dass *Hegel* damit das Plagiat dem Gebiet des Rechts entzieht. Als „Sache der Ehre" begegnen wir dem Plagiat noch heute in der Wissenschaftsethik, die unabhängig von einem rechtlichen Schutz durch das Urheberrecht den ehrlichen Umgang mit fremdem Geistesgut fordert.[112]

2. Urheberrechtsgesetzgebung

Ab dem Ende des 18. Jahrhunderts fand die Materie des Urheberrechts allmählich Eingang in die Gesetzgebung der deutschen Staaten. Die ersten Gesetze, welche urheberrechtliche Regelungen enthielten, waren jedoch noch weitgehend von den Prinzipien des Privilegienwesens beeinflusst und auf den Schutz des Verlegers ausgerichtet.[113]

Als erstes modernes deutsches Urheberrechtsgesetz betrachtet man das 1837 erlassene Preußische Gesetz zum Schutz des Eigentums an Werken der Wissenschaft und Kunst.[114] Es war strafrechtlich konzipiert, baute jedoch schon klar auf dem Gedanken des Urheberschutzes auf.[115] Zum ersten Mal wurde die Materie des Urheberrechts in einem speziellen Gesetz geregelt. Hiervon beeinflusst, verabschiedeten auch andere Staaten des Deutschen Bundes ähnliche Gesetze.[116] Der Deutsche Bund konnte mangels Gesetzgebungskompetenz zunächst kein einheit-

---

109 Fichte, Beweis über die Unrechtmäßigkeit des Büchernachdrucks (1793), Nachdruck UFITA 106, 229.
110 Hegel, Grundlinien der Philosophie des Rechts, § 69.
111 Ebd.
112 Siehe hierzu S. 168 ff. dieser Arbeit.
113 Zu nennen sind hier insbesondere das Preußische Allgemeine Landrecht (1794), das Badische Landrecht (1810), das Bayerische Strafgesetzbuch (1813) sowie das Nassauische Edikt (Mai 1814), siehe hierzu v. Gamm, Einf. Rn. 4; zur Gesetzgebung im 19. Jhd. insbesondere Fuchs, S. 125 ff.
114 Königl. Preußisches Gesetz vom 11. Juni 1837 zum Schutze des Eigentums an Werken der Wissenschaft und Kunst gegen Nachdruck und Nachbildung, verkündet im 22. Stück der Gesetzsammlung von 1837, im Folgenden: PreußUrhG. Zur Entstehung und Kommentierung des Gesetzes siehe Hitzig (1839), Nachdruck UFITA 107 (1988), 163 ff.
115 Rehbinder, Rn. 26.
116 So z.B. Bayern (1840), Württemberg (1842), Sachsen (1844) und Österreich (1846), siehe hierzu v. Gamm, Einf. Rn. 4 m.w.N.

liches Urheberrechtsgesetz verabschieden.[117] Erst der Norddeutsche Bund stellte die lang ersehnte Rechtseinheit her.[118] Infolge internationaler Vereinbarungen, insbesondere der Berner Übereinkunft von 1886 in der revidierten Pariser Fassung von 1896, bestand im deutschen Urheberrecht weiterer Reformbedarf. Mit dem Gesetz betreffend das Urheberrecht an Werken der Literatur und der Tonkunst vom 19. Juni 1901 (LUG) wurde das SchriftwerkeG 1870 abgelöst.

Der Begriff des Plagiats fand keinen Eingang in die genannten Gesetzeswerke. Sie sind jedoch für die vorliegende Arbeit deshalb von Interesse, da sie die ersten gesetzlichen Regelungen über die Zitierfreiheit und das Gebot zur Quellenangabe enthielten.

Die erste gesetzliche Regelung der Zitierfreiheit findet sich im PreußUrhG. Nach § 4 Ziffer 1 PreußUrhG war das wörtliche Anführen einzelner Stellen eines bereits gedruckten Werkes nicht als Nachdruck anzusehen und damit erlaubt. Eine detaillierte Regelung der Zitierfreiheit enthielt das SchriftwerkeG 1870.[119] Danach stellte das wörtliche Anführen einzelner Stellen nur dann keinen verbotenen Nachdruck dar, wenn es sich bei dem zitierenden Werk um ein selbständiges wissenschaftliches Werk handelte.[120] Von Bedeutung ist hier insbesondere die Einführung der Pflicht zur Angabe des Urhebers oder der benutzten Quelle.[121] Die vorsätzliche oder fahrlässige Verletzung dieser Pflicht war gem. § 24 SchriftwerkeG 1870 mit einer Geldstrafe von bis zu 20 Talern bewehrt. Der Gesetzgeber sah dies als notwendig an, um Täuschungen zu vermeiden und die Rechte des ursprünglichen Urhebers zu wahren.[122]

Durch das LUG von 1901 sollten vor allem die Rechte des Urhebers im persönlichkeitsrechtlichen Bereich weiter gestärkt werden.[123] Dies schlug sich insbesondere bei der neu eingeführten, ausschließlichen Befugnis des Urhebers nieder, den Inhalt des Werkes mitzuteilen[124] und Änderungen am Werk vorzunehmen.[125] Der in der vorzeitigen Inhaltsmitteilung des Werkes liegende Eingriff in das Ur-

---

117 Die zahlreichen von der Bundesversammlung gefassten Beschlüsse, in denen nach und nach die Grundsätze für die nähere Ausgestaltung des Urheberschutzes herausgearbeitet wurden, zeugen jedoch von den Bemühungen um ein einheitliches Urheberrecht, siehe hierzu Weber, S. 32 f.

118 Gesetz betreffend das Urheberrecht an Schriftwerken, Abbildungen, musikalischen Kompositionen und dramatischen Werken, BGBl. 1870, S. 339 ff., sowie RGBl. 1871, S. 87 ff., im Folgenden: SchriftwerkeG 1870.

119 § 7 a) SchriftwerkeG 1870.

120 Diese Voraussetzung findet sich auch heute noch für das sog. wissenschaftliche Großzitat in § 51 Satz 2 Nr. 1 UrhG, siehe hierzu S. 130 f. dieser Arbeit.

121 § 7 a) Satz 2 SchriftwerkeG 1870.

122 Siehe hierzu Fuchs, S. 223.

123 Siehe Fuchs, S. 241 m.w.N.

124 § 11 Abs. 1 S. 2 LUG.

125 §§ 9 Abs. 1, 24 S. 1 LUG.

heberpersönlichkeitsrecht war sogar mit Geldstrafe bedroht.[126] Für die wesentlich umfangreicher als bisher geregelten Fälle der Entlehnungsfreiheit wurde ausdrücklich verlangt, „die Quelle deutlich anzugeben".[127] Für Verstöße gegen diese Pflicht wurde auch die Strafandrohung erhöht.[128] Dadurch wurden die ideellen Belange der Urheber gestärkt. Ein allgemeines Recht auf Anerkennung der Urheberschaft sah jedoch auch das LUG noch nicht vor.[129]

3. Das Plagiat in der Rechtswissenschaft

Noch mehr als durch die Gesetzgebung wurde die Entwicklung des Urheberrechts gegen Ende des 19. Jahrhunderts durch die Rechtswissenschaft vorangetrieben.[130] Die zunehmend persönlichkeitsrechtliche Deutung des Urheberrechts war von entscheidender Bedeutung für die Entwicklung des Urheberpersönlichkeitsrechts („droit moral"), welches noch keinen Eingang in die Gesetzgebung gefunden hatte.[131]

Eine spezifische Beschäftigung mit dem Plagiat spielte in der Rechtswissenschaft des ausgehenden 19. Jahrhunderts hingegen eine eher untergeordnete Rolle. Vereinzelt lassen sich jedoch Ansätze einer rechtlichen Einordnung des Plagiats finden.[132] Erst die weitere Stärkung der persönlichkeitsrechtlichen Aspekte des Urheberrechts durch das LUG zu Beginn des 20. Jahrhunderts führte dazu, dass auch im Schrifttum dem Begriff des Plagiats größere Aufmerksamkeit geschenkt wurde. So kam es verstärkt zu Bestrebungen, das Plagiat als Rechtsbegriff zu definieren.[133] Ein einheitliches Verständnis über die Frage, was ein Plagiat im Rechtssinne sei, konnte dabei jedoch nicht erzielt werden. Anhand einiger Beispiele aus dem Schrifttum wird deutlich, wie sehr die Auffassungen über den Begriff des Plagiats divergierten.

---

126 § 39 LUG, zur Entwicklung des strafrechtlichen Schutzes des Urheberpersönlichkeitsrechts siehe Weber, S. 43 f.
127 § 25 LUG.
128 § 44 LUG sah eine Geldstrafe von bis zu 150 Mark vor. Eine parallele Vorschrift fand sich für den Bereich der Bildenden Kunst in § 40 KUG.
129 Siehe zur geschichtlichen Entwicklung des Namensnennungsrechts Hock, S. 21 ff.
130 Schack, Rn. 120.
131 Kodifiziert wurde das Urheberpersönlichkeitsrecht in Deutschland erst im UrhG von 1965 in den §§ 12-14 UrhG. Zur Entwicklung des Urheberpersönlichkeitsrechts siehe Schack, Rn. 353 ff.
132 Siehe etwa Weyl, S. 85 ff., der betonte, dass das Plagiat in der Rechtswissenschaft nicht die erforderliche Berücksichtigung gefunden habe und die in der Literatur vorhandenen Äußerungen zum Plagiat größtenteils unzureichend, unrichtig und widersprüchlich seien. Weitere Nachweise bei Fuchs, S. 167 ff.
133 Fuchs, S. 263 ff.

Allfeld vertrat die Auffassung, Plagiat im Rechtssinne sei nur die gesetzlich erlaubte Vervielfältigung ohne Quellenangabe.[134] Das Plagiat komme also nur bei erlaubten Entlehnungen in Betracht, bei denen rechtswidrig gegen das Gebot der Quellenangabe gem. § 44 LUG verstoßen werde. Eine andere Verwendung des Begriffs sei für den Bereich des Urheberrechts abzulehnen. Ein anderes Verständnis hatten *Röthlisberger* und *Engländer*.[135] *Röthlisberger* kritisierte die in der Rechtswissenschaft herrschende Unklarheit über den Plagiatsbegriff, der widersprüchlich auf ganz verschiedene Vorgänge angewandt werde.[136] Er definierte das Plagiat als „die unter Usurpation von Erzeugnissen der Geistesarbeit eines anderen begangene Antastung der Autorpersönlichkeit". Nach seiner Auffassung spielte es dabei keine Rolle, ob es sich bei dem benutzten Geistesgut um ein urheberrechtlich geschütztes oder ein gemeinfreies Werk handele.[137] Für *Engländer* hingegen stellte die Anmaßung der Urheberschaft an gemeinfreien Werken kein Plagiat im urheberrechtlichen Sinne dar. Vielmehr handele es sich dabei um ein Phänomen, welches nur der moralischen Verurteilung des Literaturästhetikers oder Wissenschaftlers unterliege.[138] Unter Plagiat im Rechtssinne verstand er diejenige besondere Form einer Urheberrechtsverletzung, die durch den bewusst verübten Eingriff des Plagiators in das Urheberpersönlichkeitsrecht des wahren Autors gekennzeichnet sei.[139] Den Grund für die in der Rechtswissenschaft herrschende Unklarheit über den Begriff des Plagiats sah *Engländer* in der bestehenden Unsicherheit über Inhalt und Umfang des Urheberpersönlichkeitsrechts.[140]

C. Der Plagiatsbegriff im geltenden Urheberrecht

I. Begriffsverständnis des Gesetzgebers

Der Begriff Plagiat kommt im Urheberrechtsgesetz[141] nicht vor. Lediglich in der Gesetzesbegründung zu § 23 UrhG wird der Begriff des Plagiates erwähnt. Es gäbe, heißt es dort, Umarbeitungen eines Werkes, die keine Bearbeitung im eigentlichen

---

134 Allfeld, § 44 LUG, Ziff. 1.
135 Auf die Minderansicht von Marx, GRUR 1917, 179, 180, der nur in der prosaischen Wiedergabe eines Dramas einen Fall des „wirklichen Plagiates" sah, soll hier nicht näher eingegangen werden.
136 Röthlisberger (1917), Nachdruck UFITA 2007/I, 135, 186.
137 Röthlisberger (1917), Nachdruck UFITA 2007/I, 135, 188.
138 Engländer, UFITA 3 (1930), 20, 22 f.
139 Engländer, UFITA 3 (1930), 20, 32.
140 Engländer, UFITA 3 (1930), 20, 24. Zu einer gesetzlichen Normierung des Urheberpersönlichkeitsrechts kam es erst im Urheberrechtsgesetz von 1965 (§§ 12-14 UrhG). Zu den Reformarbeiten zu Beginn des 20. Jahrhunderts siehe Rehbinder, Rn. 37.
141 Urheberrechtsgesetz vom 9. September 1965 (BGBl. I S. 1273), zuletzt geändert durch Artikel 83 des Gesetzes vom 17. Dezember 2008 (BGBl. I S. 2586), im Folgenden: UrhG.

Sinne darstellten.[142] Dies sei der Fall, wenn „der Verfasser der Umarbeitung nicht das Originalwerk zur Geltung bringen, sondern das Ergebnis seiner Arbeit als eigenes ausgeben will (Plagiat)". Fraglich ist jedoch, ob der Gesetzgeber mit dieser Erwähnung des Plagiats eine Definition des Plagiats beabsichtigte. Davon ist nicht auszugehen. Der Begriff Plagiat wäre dann auf Umarbeitungen eines Werks beschränkt, bei denen ein fremdes Werk als eigenes ausgegeben würde. Fälle der identischen Übernahme fremden Geistesguts ohne Angabe des wahren Urhebers wären dann nicht vom Plagiatsbegriff gedeckt. Im Schrifttum geht man davon aus, dass es sich bei der Erwähnung des Wortes Plagiat nur um eine Einordnung dessen in den Anwendungsbereich des § 23 UrhG handele, was im allgemeinen Sprachgebrauch Plagiat genannt werde.[143]

II. Begriffsverständnis der Rechtsprechung

Obwohl der Begriff Plagiat keinen Eingang ins Gesetz gefunden hat, wird er von der Rechtsprechung immer wieder gebraucht. Die Verwendung beschränkt sich dabei nicht auf das Urheberrecht. Vielmehr taucht der Plagiatsbegriff auch in Entscheidungen auf den Gebieten des Presse- und Wettbewerbsrechts, des gewerblichen Rechtsschutzes sowie in verwaltungsrechtlichen Urteilen auf.

Der BGH hat sich lediglich in einer einzigen äußerungsrechtlichen Entscheidung zum Begriff des Plagiats geäußert.[144] Ohne den Plagiatsbegriff urheberrechtlich zu definieren, unterschied der BGH dabei zwischen dem objektiven und dem subjektiven Tatbestand des Plagiats. Für den objektiven Tatbestand des Plagiats sei nicht erforderlich, dass die übernommenen Teile ihrem Umfang oder ihrer Art nach im Verhältnis zum anderen Werk erheblich seien. Vielmehr komme es nur darauf an, ob die übernommenen Werkteile als solche den urheberrechtlichen Schutzvoraussetzungen genügten.[145] In subjektiver Hinsicht sei erforderlich, dass eine bewusste Entlehnung fremden Geistesguts gegeben sei. Auch wenn der BGH die Voraussetzungen des Plagiats in der Entscheidung nicht genauer erörterte, wird deutlich, dass er das Plagiat – über die umgangssprachliche Bedeutung hinaus – als einen rechtlich relevanten Tatbestand auffasst.

Auch in der urheberrechtlichen Rechtsprechung der Instanzgerichte wird der Plagiatsbegriff vereinzelt gebraucht. Soweit ersichtlich, verwenden die Gerichte

---

142 Begründung des Regierungsentwurfes – BT-Drs. IV/270, S. 27-116; abgedruckt in: UFITA 45 (1965), 240, 266.
143 So Bisges, UFITA 2008/III, 643, 646, der darauf hinweist, dass die Formulierung viel zu „holprig" für einen Definitionsansatz und damit keine Begriffsbestimmung beabsichtigt sei.
144 BGH GRUR 1960, 500 – Plagiatsvorwurf; keine Begriffsbestimmung enthält hingegen BGH GRUR 1992, 527 – Plagiatsvorwurf II.
145 BGH GRUR 1960, 500, 503 – Plagiatsvorwurf.

den Begriff des Plagiats dabei jedoch ausnahmslos ohne zu definieren, was unter einem Plagiat im rechtlichen Sinne zu verstehen ist.[146] Gleiches gilt für Entscheidungen auf den Gebieten des gewerblichen Rechtsschutzes[147] sowie des Presse- und Wettbewerbsrechts.[148]

Außerhalb der ordentlichen Gerichtsbarkeit begegnen wir dem Plagiatsbegriff in der verwaltungsgerichtlichen Rechtsprechung auf dem Gebiet des Hochschulrechts. Die Gerichte sprechen in zahlreichen Entscheidungen über die Entziehung akademischer Grade vom Plagiat.[149] Doch auch hier findet sich keine genauere Begriffsbestimmung. Unabhängig von einer urheberrechtlichen Prüfung wird der Begriff von den Gerichten hier für alle Fälle der wörtlichen oder sinngemäßen Übernahme von Textpassagen aus fremden Werken ohne hinreichende Kennzeichnung gebraucht.[150]

Es lässt sich daher feststellen, dass sich weder in der urheberrechtlichen Rechtsprechung noch auf anderen Rechtsgebieten ein einheitliches Verständnis des Plagiatsbegriffs durchzusetzen vermochte. Der Begriff wird vielmehr als Oberbegriff für verschiedene Verletzungstatbestände ohne präzise rechtliche Einordnung verwendet.[151] Soweit ersichtlich, existiert keine einzige Entscheidung, in der ein Gericht einen Sachverhalt unter den Tatbestand des Plagiats subsumiert hätte.

III. Begriffsverständnis des Schrifttums

Obwohl es sich nicht um einen Terminus des Gesetzes handelt, wird das Plagiat – überwiegend im Kontext der Lehre von der freien Benutzung – in allen gängigen

---

146 Nach OLG Hamburg NJW 1996, 1153, 1154 – Power of Blue kommt ein Plagiat nur dann in Betracht, wenn der schöpferische Gehalt zweier Werke übereinstimmt, konkretere Voraussetzungen werden nicht genannt. In anderen urheberrechtlichen Entscheidungen wird der Plagiatsbegriff nur in obiter dicta und ohne Begriffsbestimmung erwähnt, siehe etwa OLG Hamburg ZUM-RD 2007, 125 – Clowns & Heroes; KG Berlin ZUM 2003, 867, 869; LG Hamburg GRUR-RR 2003, 233, 234; OLG Bremen GRUR 1985, 536, 537 – Asterix-Plagiate.

147 Plagiat wird hier von der Rechtsprechung als Bezeichnung für Produkte verwendet, welche fremde Schutzrechte, wie Geschmacksmuster oder Markenrechte, verletzen, siehe etwa OLG Hamburg MarkenR 2009, 329; OLG Frankfurt GRUR-RR 2003, 204, 205 – Catwalk-Uhr.

148 Gegenstand einiger Entscheidungen war die Frage, ob es sich bei dem Vorwurf des Plagiats um eine Meinungsäußerung, so OLG München GRUR-RR 2004, 309 – Billiges Plagiat; OLG Köln GRUR-RR 2003, 26 – Taschenlampe, oder um eine Tatsachenbehauptung, so OLG Frankfurt GRUR 1991, 687 – Plagiarius, handelt.

149 Siehe etwa VGH Baden-Württemberg NVwZ-RR 2009, 285, 286; OVG Nordrhein-Westfalen, Beschluss vom 19.12.2008, Az.: 6 B 1607/08; VG Frankfurt, Urteil vom 23.05.2007, Az.: 12 E 2262/05; Bayerischer VGH, Beschluss vom 11.05.2006, Az.: 7 CE 06.1197; VGH Baden-Württemberg, Urteil vom 19.04.2000, Az.: 9 S 2435/99.

150 Siehe etwa VGH Baden-Württemberg NVwZ-RR 2009, 285, 286.

151 So auch Chakraborty, S. 39.

urheberrechtlichen Kommentaren[152] und Lehrbüchern[153] behandelt. Ebenso befasst sich eine Vielzahl urheberrechtlicher Dissertationen[154] und Aufsätze[155] mit dem Plagiat. Ein einheitliches Verständnis über das Plagiat als Rechtsbegriff konnte sich jedoch auch im urheberrechtlichen Schrifttum nicht durchsetzen.[156] Beinahe jeder Autor definiert das Plagiat auf seine Weise. Die Definitionen ähneln sich zum Teil stark, weichen bisweilen jedoch sowohl hinsichtlich der verwandten Terminologie als auch des Grades der inhaltlichen Präzision voneinander ab.

Schack beispielsweise definiert das Plagiat als „die unveränderte oder veränderte Übernahme eines urheberrechtlich geschützten Werkes oder Werkteils unter Anmaßung der Urheberschaft".[157] Nach *Loewenheim* hingegen lässt sich als Plagiat „diejenige Urheberrechtsverletzung bezeichnen, bei der sich jemand fremde Urheberschaft bewusst anmaßt".[158] Für *Ulmer* schließlich ist Plagiat im Rechtssinn nur „die Benutzung eines geschützten Werkes oder von Teilen desselben unter Anmaßung der Urheberschaft".[159] Dabei sei möglich, dass nur das Urheberpersönlichkeitsrecht verletzt werde. So bei Zitaten oder anderen zulässigen Entlehnungen ohne Quellenangabe oder in Fällen, in denen der Urheber einem anderen ein Nutzungsrecht eingeräumt hat, dieser aber das Werk unter seinem eigenen Namen verwertet. Möglich sei aber auch, dass gleichzeitig in das Verwertungsrecht eingegriffen werde. Dabei gehe es vor allem um die Fälle unfreier Benutzung, bei denen das Werk in veränderter Gestalt wiedergegeben, die Abhängigkeit der Nachschöpfung jedoch verschleiert werde.

Gemeinsam ist den genannten urheberrechtlichen Definitionen des Plagiats, dass sie die Anmaßung fremder Urheberschaft erfordern. Des Weiteren beziehen sie sich nur auf urheberrechtlich geschütztes Geistesgut. Gemeinfreie oder urhe-

---

152 v. Gamm, § 13 Rn. 7; § 24 Rn. 2, 3; Dreier/Schulze/Schulze, § 13 Rn. 15, § 23 Rn. 27; Dreyer/Kotthoff/Meckel/Dreyer, Anh. zu §§ 23, 24 Rn. 1 ff.; Möhring/Nicolini/Ahlberg, § 3 Rn. 41; Fromm/Nordemann/A. Nordemann, §§ 23/24 Rn. 59 ff.; Schricker/Loewenheim/Loewenheim, § 23 Rn. 28; Wandtke/Bullinger/Bullinger, § 13 Rn. 2, § 24 Rn. 12.

153 Siehe nur Rehbinder, Rn. 12, 14, 217, 385, 402; Loewenheim, § 8 Rn. 24 ff.; Schack, Rn. 282 ff.; Ulmer, § 57 III, jeweils m.w.N.

154 So z.B. Dieth; Fischer; Fuchs; Jörger.

155 So etwa v. Becker, FS Hertin, S. 3; Kastner, NJW 1983, 1151; Obergfell, KUR 2005, 46; Seifert, FS Traub, S. 343; Deumeland, SJZ 1975, 205.

156 Siehe nur Rehbinder, Rn. 385, der den Begriff als „sehr unklar" bezeichnet. Vereinzelt wird im Schrifttum die Auffassung vertreten, Plagiat sei gar kein Rechtsbegriff, so E. Schulze, S. 7; Petzl, S. 11; Deumeland, SJZ 1975, 205, 206. Dies resultiert daraus, dass sich die umgangssprachliche und die juristische Verwendung des Begriffs nicht decken und sich keine einheitliche rechtliche Qualifikation mit dem Begriff verbindet. Diese Auffassungen verkennen jedoch, dass die Existenz eines Rechtsbegriffs weder von seinem einheitlichen Gebrauch noch einer Verwendung im Gesetz abhängig ist. Ein Begriff, der – wie das Plagiat – von der Rechtswissenschaft durch Nominaldefinitionen bestimmt wird, stellt einen Rechtsbegriff dar. Siehe zum Begriff des Rechtsbegriffs Wank, S. 6 ff., sowie Röhl, S. 56 ff.

157 Schack, Rn. 283.

158 Schricker/Loewenheim/Loewenheim, § 23 Rn. 28.

159 Ulmer, § 57 III 2.

berrechtlich nicht geschützte Werke können nicht Gegenstand eines Plagiats im juristischen Sinne sein. Auch besteht Einverständnis darüber, dass sich der Tatbestand des Plagiats auch auf Werkteile erstreckt. Voraussetzung ist lediglich, dass es sich bei dem übernommenen Werkteil um eine persönliche geistige Schöpfung gem. § 2 Abs. 2 UrhG handelt. Vielfach ist dann auch von sog. Teil-Plagiaten die Rede.[160] Schließlich erfordert das Plagiat nach überwiegender Ansicht eine Verwertungshandlung des Plagiators: Jemand muss das Werk eines anderen benutzen. Statt von Benutzung wird hier vielfach auch von „Aneignung" und „Übernahme" fremden Geistesguts oder allgemein von einer Urheberrechtsverletzung gesprochen.

Häufig enthalten die urheberrechtlichen Plagiatsdefinitionen darüber hinaus auch subjektive Tatbestandsmerkmale. So wird vertreten, ein Plagiat liege nur bei der bewussten Aneignung fremden Geistesguts vor.[161] Andere sind der Auffassung, ein Plagiat komme nur bei vorsätzlicher Anmaßung der Urheberschaft in Betracht.[162] Das Erfordernis eines subjektiven Tatbestandes wird danach für erforderlich gehalten, um das Plagiat von anderen Urheberrechtsverletzungen – insbesondere von der unbewussten Entlehnung – abzugrenzen. So vertritt *Loewenheim* die Ansicht, vom Plagiat unterscheide sich die unbewusste Entlehnung nur dadurch, dass ihr das subjektive Merkmal der bewussten Anmaßung fehle.[163]

IV. Relevanz des urheberrechtlichen Plagiatsbegriffes

Nach der Darstellung der verschiedenen Definitionen des Plagiats drängt sich dem Leser eine Frage auf: Welchen Sinn hat es, durch juristische Definitionen den Tatbestand des Plagiats zu konstruieren, der im Gesetz keine Grundlage findet? Ist es erforderlich, einen bestimmten Sachverhalt urheberrechtlich als Plagiat zu bezeichnen, wenn sich aus diesem nach dem Gesetz keine anderen Rechtsfolgen ableiten lassen als bei anderen Sachverhalten? Im Schrifttum wird daher die Relevanz des Plagiatsbegriffs im Urheberrecht diskutiert.

Verschiedene Stimmen halten den Plagiatsbegriff im Urheberrecht für verzichtbar. So ist *Seifert* der Ansicht, die Verwendung des Begriffes in der Rechtspraxis trage zur Klarheit und Präzisierung nicht bei.[164] Die Begriffe des Urheberrechtsgesetzes seien für die Rechtsanwendung nicht nur ausreichend, sondern auch we-

---

160 Siehe nur v. Gamm, § 24 Rn. 3.
161 So Dreier/Schulze/Schulze, § 24 Rn. 17; Schricker/Loewenheim/Loewenheim, § 23 Rn. 28; Wandtke/Bullinger/Bullinger, § 24 Rn. 12; Dreyer/Kotthoff/Meckel/Dreyer, Anh. zu §§ 23, 24 Rn. 3.
162 So z.B. Dieth, S. 47.
163 Schricker/Loewenheim/Loewenheim, § 23 Rn. 31; Loewenheim, § 8 Rn. 25.
164 Seifert, FS Traub, S. 366.

sentlich präziser.[165] Die Bedeutung des Begriffes liege vielmehr darin, dass er plakativ die Empörung über die Missachtung geistigen Schaffens zum Ausdruck bringe. Auch *Chakraborty* und *Bisges* halten den Gebrauch des Begriffs im juristischen Bereich für entbehrlich.[166] Es sei ausreichend, wenn sich die Rechtswissenschaft auf die Terminologie des Gesetzes beschränke.[167] Die wohl deutlichste Kritik an der Verwendung des Begriffs übt *Hoeren*. Nach seiner Ansicht enthält der Plagiatsbegriff ein negatives „Konnotat" des moralisch Verwerflichen, das mit Urheberrecht nichts zu tun habe.[168] Von daher sollte auf diesen ungenauen, wertungsbelasteten Terminus im Urheberrecht generell verzichtet werden.

Nach anderer Ansicht ist der Plagiatsbegriff gerade nicht entbehrlich. *Dieth* hält es angesichts der Verbreitung des Begriffs im Urheberrecht für unerlässlich, einen möglichst exakten urheberrechtlichen Bedeutungsgehalt des Begriffs herauszuarbeiten.[169] Auch *Fischer* bezeichnet die Definition eines urheberrechtlichen Plagiatstatbestands als erforderlich.[170] Nach seiner Ansicht kommt dem Begriff eine unmittelbare rechtliche Bedeutung zu, da die spezifische Folge des Plagiats die Berechtigung zur Erhebung des Plagiatsvorwurfs sei. Darüber hinaus ist an dieser Stelle zu berücksichtigen, dass der überwiegende Teil des urheberrechtlichen Schrifttums – die gängigen Kommentare und Lehrbücher – die Frage nach der Relevanz des Plagiatsbegriffs unerörtert lässt. Wie gezeigt wurde, wird der Begriff dort vielfach definiert und als urheberrechtlicher Tatbestand ausgestaltet. Danach spricht einiges dafür, dass die Autoren, die derartige Begriffsbestimmungen vornehmen, nicht auf das Plagiat verzichten wollen.

Setzt man sich mit den dargestellten Argumenten auseinander, ist zuzugeben, dass die wenigen existierenden Ansätze, welche explizit die Erforderlichkeit des Plagiatsbegriffs im Urheberrecht zu begründen versuchen, sehr schwach sind. Die bloße Tatsache der Verbreitung des Begriffs im urheberrechtlichen Schrifttum stellt kein systematisches Argument für seine Unentbehrlichkeit dar. Ebenso wenig überzeugt die Auffassung, die aus äußerungsrechtlichen Überlegungen eine urheberrechtliche Relevanz des Plagiatsbegriffs ableiten will.[171] Dass der Begriff wichtig sei, weil aus dem Vorliegen der Voraussetzungen des Plagiatstatbestandes die Berechtigung zur Erhebung des Plagiatsvorwurfs folge, stellt einen kaum überzeugenden Zirkelschluss dar. Ein Argument für die Verwendung des Begriffs im Urheberrecht kann darin jedenfalls nicht gesehen werden.

---

165 So auch Obergfell, KUR 2005, 46, 50.
166 Chakraborty, S. 40; Bisges, UFITA 2008/III, 643, 649.
167 Bisges, UFITA 2008/III, 643, 649.
168 Hoeren, GRUR 1993, 699.
169 Dieth, S. 39.
170 Fischer, S. 4.
171 So Fischer, S. 3 f.

Vielmehr sprechen die besseren Gründe für die Auffassungen, die den Plagiatsbegriff im Urheberrecht für entbehrlich halten. Denn es ist zweifelhaft – und das ist der Kern der Frage nach der urheberrechtlichen Relevanz des Plagiats – inwieweit es eines „außergesetzlichen" urheberrechtlichen Plagiatstatbestands mit objektiven und subjektiven Voraussetzungen bedarf. Zu Recht weist *Rehbinder* darauf hin, dass es bei der Erhebung eines Plagiatsvorwurfs darauf ankommt, ob ein gesetzlicher Tatbestand einer Urheberrechtsverletzung gegeben ist oder nicht.[172] Kommt es zu einer urheberrechtlichen Streitigkeit, wird der Sachverhalt an den gesetzlichen Anforderungen des Urheberrechtsgesetzes gemessen. Es ist nicht ersichtlich, wieso in der urheberrechtlichen Rechtspraxis unter einen von der Rechtswissenschaft entwickelten Plagiatstatbestand subsumiert werden sollte. Eine Untersuchung der Rechtsprechung hat gezeigt, dass dies auch tatsächlich nicht geschieht. Das Gericht prüft im Urheberrechtsprozess, ob der vorgetragene Lebenssachverhalt Vorschriften des Gesetzes verletzt oder nicht. Dies gilt unabhängig davon, ob der Sachverhalt nun nach der einen oder nach der anderen Auffassung „Plagiat" genannt würde oder nicht. Der Begriff Plagiat ist demnach für das Urheberrecht tatsächlich entbehrlich.

Zu berücksichtigen ist jedoch, dass das Plagiat im Wissenschaftsrecht als Rechtsbegriff verwendet wird. So sehen die von den deutschen Hochschulen und Forschungseinrichtungen verabschiedeten Regelwerke zum Umgang mit wissenschaftlichem Fehlverhalten das Plagiat als Tatbestand wissenschaftlichen Fehlverhaltens vor.[173] „Plagiat" ist dort definiert als die „unbefugte Verwertung unter Anmaßung der Autorschaft".[174] Gegenstand der Verletzung können dabei sowohl „ein von einem anderen geschaffenes urheberrechtlich geschütztes Werk" als auch „von anderen stammende wesentliche wissenschaftliche Erkenntnisse, Hypothesen, Lehren oder Forschungsansätze" sein.[175] Ohne schon an dieser Stelle detailliert auf den Regelungsgehalt dieser Bestimmungen einzugehen, wird ersichtlich, dass der Begriff Plagiat hier als sehr weiter Tatbestand definiert wird. Über Urheberrechtsverletzungen hinaus werden auch Fälle der unbefugten Verwertung urheberrechtlich nicht geschützten Geistesguts – wie beispielsweise wissenschaftliche Forschungsansätze – als Plagiat bezeichnet.

Vor diesem Hintergrund wird deutlich, dass sich der Jurist dem Plagiatsbegriff, selbst wenn er ihn im Urheberrecht für entbehrlich hält, nicht ganz entziehen kann. Im Folgenden soll untersucht werden, inwieweit das Urheberrecht Schutz vor un-

---

172 Rehbinder, Rn. 385.
173 Siehe hierzu ausführlich S. 168 ff. dieser Arbeit.
174 Siehe beispielsweise § 2 Abs. 3 a) Satzung der Albert-Ludwigs-Universität Freiburg zur Sicherung der Selbstverantwortung in der Forschung und zum Umgang mit wissenschaftlichem Fehlverhalten vom 27. Oktober 2004", geändert am 19. September 2007.
175 Ebd.

befugter Verwertung wissenschaftlicher Schriftwerke und Anmaßung der Urheberschaft zu bieten vermag.

Zweiter Teil: Der urheberrechtliche Schutz wissenschaftlicher Schriftwerke vor unbefugter Verwertung und Anmaßung der Urheberschaft

A. Das wissenschaftliche Schriftwerk als Schutzgegenstand des Urheberrechts

Nach § 1 UrhG genießen die Urheber von Werken der Literatur, Wissenschaft und Kunst Schutz für ihre Werke. Während die Vorläufer des UrhG – LUG und KUG – nur Werke der Literatur und Kunst als Gegenstand des Urheberrechts aufführten, nahm der Gesetzgeber mit der Reform des Urheberrechts 1965 die Werke der Wissenschaft ausdrücklich als selbständige Schutzobjekte in das Gesetz auf. Damit hat der Gesetzgeber einerseits die Verwandtschaft zu Werken der Literatur und Kunst, andererseits aber auch die wesensmäßige Selbständigkeit wissenschaftlicher Werke anerkannt.[176] Aus der Gesetzesbegründung folgt, dass mit der Aufnahme der Kategorie „Werke der Wissenschaft" keine sachliche Erweiterung des Kreises der geschützten Werke gegenüber der vor 1965 geltenden Rechtslage beabsichtigt war.[177] Vielmehr sei die Formulierung einer Anpassung an die übliche Umschreibung des urheberrechtlichen Schutzgegenstandes in den internationalen Abkommen geschuldet.[178] Die Erwähnung dieser Werkkategorie[179] empfehle sich, weil manche wissenschaftlichen Werke – als Beispiel werden Atlanten genannt – weder als Werke der Literatur noch als Werke der Kunst bezeichnet werden könnten. Ausdrücklich wird jedoch betont, dass durch die Aufnahme der wissenschaftlichen Werke ein Schutz wissenschaftlicher Ideen und Erkenntnisse nicht begründet werden solle. Nur die persönliche Formgebung wissenschaftlicher Werke, heißt es in der Gesetzesbegründung weiter, unterliege dem Urheberrechtsschutz. Der Gedankeninhalt bleibe frei.[180]

Mit diesen Ausführungen des historischen Gesetzgebers erscheint zunächst klar und eindeutig, inwiefern wissenschaftliche Werke urheberrechtlichem Schutz unterliegen. Nur die Formgebung, nicht der Gedankeninhalt seien vom Gesetz geschützt. Umso erstaunlicher ist es, dass Fragen des Schutzes wissenschaftlicher

---

176 Troller, UFITA 50 (1967), 385, 397.
177 Begründung des Regierungsentwurfs zu § 1 UrhG, UFITA 45 (1965), 240, 251.
178 Erwähnt werden hier Art. 2 RBÜ und Art. I WUA.
179 Als „Werkkategorien" sollen im Folgenden die in § 1 UrhG genannten Bereiche „Literatur, Wissenschaft und Kunst" bezeichnet werden. Die Terminologie ist in der Literatur bisweilen uneinheitlich; synonym wird auch von „Werkgattungen" gesprochen, siehe z.B. Hoffmann, S. 71. Die in § 2 Abs. 1 Nr. 1 bis 7 UrhG aufgezählten Beispiele werden, wie ganz überwiegend, als „Werkarten" bezeichnet.
180 Ebd.

Werke in Rechtsprechung und Schrifttum keineswegs unumstritten sind. Während der Grundlagenstreit über die Frage, ob sich der Urheberschutz auf die Form oder den Inhalt eines Werkes gründet und welches dieser Elemente er umfasst, für den Bereich der künstlerischen Werke seit langem geschlichtet ist, gilt dies nicht gleichermaßen für die Werke der Wissenschaft.[181] Hier, so *Haberstumpf*, tobe der Streit dagegen heftiger denn je.[182] Zunächst stellt sich jedoch die Frage, was unter einem Werk der Wissenschaft im Sinne des Urheberrechtsgesetzes überhaupt zu verstehen ist. Während das Werk in § 2 Abs. 2 UrhG als „persönliche geistige Schöpfung" definiert wird, verzichtet das Gesetz gänzlich auf eine Konkretisierung des Begriffs Wissenschaft. Auch die Gesetzesbegründung gibt – von dem dort angeführten Beispiel der Atlanten einmal abgesehen – hierüber keinerlei Auskunft.

I. Der Begriff des wissenschaftlichen Werkes

1. Zum Begriff der Wissenschaft

Was Wissenschaft ist, wodurch sich ihr Wesen auszeichnet, ist eine alte und umstrittene Frage.[183] Im Schrifttum wird vielfach darauf hingewiesen, dass es selbst der Wissenschaftstheorie bislang nicht gelungen sei, sich auf eine einheitliche Umschreibung ihres Forschungsgegenstandes „Wissenschaft" zu einigen.[184] Gleichwohl existiert eine Vielzahl von Definitionen des Wissenschaftsbegriffs. Eine umfassende Analyse der unterschiedlichen Ansätze soll hier nicht vorgenommen werden.[185] In der Wissenschaftstheorie scheint jedoch Einigkeit über bestimmte Anforderungen zu bestehen, bei deren Nichtvorliegen jedenfalls nicht mehr von Wissenschaft gesprochen werden kann. *Wohlgenannt* hat diese Anforderungen als „Minimalkriterien der Wissenschaftlichkeit" bezeichnet: das Streben nach Er-

---

181 Haberstumpf, GRUR Int 1992, 865.
182 Ebd.
183 So v. Moltke, S. 20 ff.
184 Insbesondere auf Grund der Vielschichtigkeit und Komplexität des Begriffs Wissenschaft sowie seiner Wandelbarkeit im Lauf der Zeit wird eine Definition, die allen Kategorien und Disziplinen gerecht werden könnte, für unmöglich erachtet, siehe Altenpohl, S. 34; Classen, S. 73 m.w.N.
185 Als Beispiel für die Ausdifferenziertheit wissenschaftstheoretischer Definitionen sei auf Wohlgenannt, Was ist Wissenschaft, S. 197 verwiesen. Nach seiner Auffassung verstehen wir unter Wissenschaft „einen widerspruchsfreien Zusammenhang von Satzfunktionen (Aussageformen) oder geschlossenen Satzformeln (Aussagen), die einer bestimmten Reihe von Satzbildungsregeln entsprechen und den Satztransformationsregeln (logischen Ableitungsregeln) genügen oder aber wir verstehen darunter einen widerspruchsfreien Beschreibungs- oder Klassifikations- und/oder Begründungs- oder Ableitungszusammenhang von teils generellen, teils singulären, zumindest indirekt intersubjektiv prüfbaren, faktischen Aussagen, die einer bestimmten Reihe von Satzbildungsregeln entsprechen und den logischen Ableitungsregeln genügen.".

kenntnis, die Überprüfbarkeit von Aussagen sowie das Befolgen der Regeln der Logik.[186] Nur wenn diese Kriterien erfüllt sind, soll es erlaubt sein, von Wissenschaft zu sprechen. Kennzeichnend für jede wissenschaftliche Tätigkeit ist also zunächst das Bemühen, zu „wahren" oder „richtigen" Aussagen und „gültigen" Schlüssen zu gelangen.[187] Zu betonen ist hier, dass es um das *Streben* nach derartigen Ergebnissen geht. In der Wissenschaftstheorie ist dargelegt worden, dass Wahrheit im Sinne letztgültiger Allgemeinverbindlichkeit nicht zu erzielen ist.[188] Wissenschaft ist daher immer auf den Versuch beschränkt, die „Wahrheit" herauszufinden. Konstitutiv ist neben der Wahrheitssuche auch die prinzipielle Unabgeschlossenheit des Erkenntnisprozesses.[189] Alle wissenschaftlichen Erkenntnisse oder Theorien sind nur vorläufiger Natur.[190] Jedes für sicher gehaltenes Wissen sei mithin nur „der gegenwärtige Stand des Irrtums".[191] Wissenschaft könne ihre Ergebnisse also immer nur mit der Klausel „Irrtum vorbehalten" liefern.[192]

Nach der Definition des BVerfG ist Wissenschaft „alles, was nach Inhalt und Form als ernsthafter planmäßiger Versuch zur Ermittlung der Wahrheit anzusehen ist".[193] Der Begriff Wissenschaft stellt dabei den Oberbegriff für Forschung und Lehre dar.[194] Nach dem verfassungsrechtlichen Begriffsverständnis werden die Wahrheitssuche, die prinzipielle Unabgeschlossenheit des Erkenntnisprozesses sowie die Generierung von generellem, nicht nur einzelfallbezogenem Wissen als

---

186 Dabei handelt es sich aber nur um „Leitvorstellungen" eines vorläufigen Wissenschaftsbegriffs, Wohlgenannt, Wissenschaftsbegriff, S. 238, 247 ff.

187 Siehe hierzu Wohlgenannt, Wissenschaftsbegriff, S. 248; Dähne, S. 140 m.w.N.

188 Classen, S. 79 m.w.N.

189 Jarass/Pieroth/Jarass, Art. 5 GG, Rn. 121; ähnlich Classen, S. 79 f.

190 So auch Plander, UFITA 76 (1976), 25, 31.

191 Rehbinder, Rechtssoziologie, Rn. 55; ähnlich auch Dähne, S. 140. Erwähnenswert hier auch BVerfGE 49, 89, 143 – Kalkar: „Erfahrungswissen (...), selbst, wenn es sich zur Form des naturwissenschaftlichen Gesetzes verdichtet hat, ist, solange menschliche Erfahrung nicht abgeschlossen ist, immer nur Annäherungswissen, das nicht volle Gewissheit vermittelt, sondern durch jede neue Erfahrung korrigierbar ist und sich insofern immer nur auf dem neuesten Stand unwiderlegten möglichen Irrtums befindet".

192 Roellecke, FS Schiedermair, S. 491, 503.

193 BVerfG NJW 1973, 1176 – Hochschulurteil; BVerfG NJW 1994, 1781, 1782 – Jugendgefährdende Schriften, dort unter Verzicht auf das Adjektiv „planmäßig". Dabei lehnt sich das BVerfG an eine Formulierung von Rudolf Smend aus dem Jahre 1927 an: „Was sich als ernsthafter Versuch zur Ermittlung (...) der wissenschaftlichen Wahrheit darstellt, ist Forschung...", Smend, S. 67. In der Literatur wird die Smendsche Definition als tautologisch und daher wenig hilfreich kritisiert, siehe Dähne, S. 138.

194 Jarass/Pieroth/Jarass, Art. 5 GG Rn. 121 ff. Dabei dient „Forschung", als Unterfall der Wissenschaft, der selbständigen „Gewinnung wissenschaftlicher Erkenntnisse", BVerfGE 61, 237, 244. Unter „Lehre" ist die „wissenschaftlich fundierte Übermittlung der durch die Forschung gewonnenen Erkenntnisse" zu verstehen, BVerfGE 35, 79, 113.

konstitutive Voraussetzungen angesehen.[195] Ausführungen zum Wesen der Wissenschaft begegnen wir auch in einer älteren Entscheidung des BVerwG. Dort definierte das Gericht Wissenschaft als „die Gesamtheit der Erkenntnisse auf einzelnen Wissensgebieten".[196] Eine wissenschaftliche Tätigkeit erfordere ein möglichst lückenloses, geschlossenes Erfassenwollen eines bestimmten Teilbereichs der wirklichen Welt, das Beobachten aller Schritte, die bei der Erfassung des Gegenstandsbereichs gemacht werden, sowie das folgerichtige Aufbauen einer Erkenntnis auf die andere. Schließlich setze Wissenschaft die Sicherung der systematisch und methodisch gewonnenen Erkenntnisse und das geordnete Zusammenfügen voraus.[197]

Es lässt sich feststellen, dass auch die Rechtsprechung bei der Beantwortung der Frage, was Wissenschaft ist, auf die in der Wissenschaftstheorie anerkannten Kriterien zurückgreift. Inwieweit dies auch für den Bereich des Urheberrechts gilt und welcher Wissenschaftsbegriff dort maßgeblich ist, soll im Folgenden untersucht werden.

2. Zum Wissenschaftsbegriff im Urheberrecht

Nach überwiegender Auffassung sind die in §§ 1 und 2 Abs. 1 UrhG genannten Begriffe „Literatur, Wissenschaft und Kunst" weit auszulegen.[198] Der Begriff Wissenschaft soll jedenfalls nicht auf Forschung und Lehre im engeren verfassungsrechtlichen Sinn beschränkt sein.[199] Wissenschaft wird im Urheberrecht also im weitesten Sinne verstanden.[200] Überwiegend definiert das urheberrechtliche Schrifttum Wissenschaft in Anlehnung an den verfassungsrechtlichen Wissenschaftsbegriff als das „methodisch-systematische Streben nach Erkenntnis".[201] Ob es sich bei einem Werk um ein wissenschaftliches handelt, soll dabei nicht nach förmlichen Kriterien sondern anhand des gedanklichen Gehalts zu bestimmen

---

195   Jarass/Pieroth/Jarass, Art. 5 GG Rn. 121. Der verfassungsrechtliche Wissenschaftsbegriff, dem sich das Schrifttum weitgehend angeschlossen hat, ist jedoch nicht unumstritten. So wird hervorgehoben, dass er mangels Präzision wenig hilfreich sei, wenn es gelte, Grenzfälle zu bewältigen. Als weiteres Kriterium müsse hinzutreten, dass die angewandte Methode auch durch die scientific community als wissenschaftlich anerkannt werde, so Dähne, S. 139.
196   BVerwGE 29, 77, 78.
197   BVerwGE 29, 77, 78.
198   Siehe nur Schricker/Loewenheim/Loewenheim, § 2 Rn. 4 m.w.N.
199   So ausdrücklich BGH GRUR 1991, 130, 132 – Themenkatalog; ebenso OLG Düsseldorf NJW 1989, 1162.
200   Altenpohl, S. 35 m.w.N.
201   Rehbinder, Rn. 490; ähnlich Möhring/Nicolini/Waldenberger, § 51 Rn. 13; Dreier/Schulze/Dreier, § 51 Rn. 8; Schricker/Loewenheim/Schricker/Spindler, § 51 Rn. 31; Wandtke/Bullinger/Lüft, § 51 Rn. 13; Dreyer/Kotthoff/Meckel/Dreyer, § 51 Rn. 22; Bisges, GRUR 2009, 730, 731; Brauns, S. 38.

sein.[202] Entscheidend ist, ob der durch das Werk mitgeteilte Gedankeninhalt dem Bereich der Wissenschaft entstammt. Dabei ist unerheblich, ob es sich um unmittelbar selbst gewonnene Erkenntnisse des Urhebers oder nur um die Auseinandersetzung mit oder Verbreitung von fremden wissenschaftlichen Erkenntnissen handelt.[203] Ferner ist nicht erforderlich, dass sich das Werk etwa an ein wissenschaftliches Publikum richten müsse. Nach ganz überwiegender Auffassung gehören auch die sog. populärwissenschaftlichen Werke zum Kreis der wissenschaftlichen Werke.[204] Als populärwissenschaftlich werden solche Werke bezeichnet, die sich in allgemeinverständlicher und unterhaltender Form an weite Bevölkerungskreise wenden und überwiegend keine eigenen Forschungsergebnisse mitteilen.[205] Nicht mehr zum Kreis der wissenschaftlichen Werke gehören jedoch solche, die hauptsächlich der Unterhaltung dienen. Im Grenzbereich der zunehmenden Verschmelzung wissenschaftlicher Information und unterhaltender Darstellung soll es darauf ankommen, ob die wissenschaftliche Auseinandersetzung den Unterhaltungszweck eindeutig überwiege.[206]

Verschiedentlich wird im Schrifttum die Auffassung vertreten, um ein wissenschaftliches Werk handele es sich nur dann, wenn es die Absicht verfolge, die Wissenschaft zu fördern und der Belehrung zu dienen.[207] Voraussetzung sei also, dass der Urheber subjektiv das Ziel der Wissenserweiterung seiner Leser oder Hörer verfolge.[208] Es bestehen jedoch Zweifel am Erfordernis einer derartigen Belehrungsabsicht des Urhebers. Grund hierfür ist der im Urheberrecht geltende Grundsatz der Zweckneutralität des Werkbegriffs.[209] Danach ist es für den Urheberrechtsschutz unerheblich, ob das Werk überhaupt zu irgendeinem Zweck bestimmt ist.[210] Auch die völlig fehlende Zweckbestimmung durch den Urheber, wie beispielsweise bei geheimen Tagebüchern, spielt für die Werkeigenschaft keine Rolle.[211] Ob ein Wissenschaftler durch sein Schaffen die Wissenschaft fördern oder überhaupt irgendeinen Adressaten erreichen oder belehren will, ist für die Prüfung

202 Siehe v. Gamm, § 51 Rn. 9; v. Moltke, S. 18 ff.
203 v. Gamm, § 51 Rn. 9.
204 Ebd.; Schricker/Loewenheim/Schricker/Spindler, § 51 Rn. 31; Möhring/Nicolini/Waldenberger, § 51 Rn. 13; Wandtke/Bullinger/Lüft, § 51 Rn. 13; Dreyer/Kotthoff/Meckel/Dreyer, § 51 Rn. 22; Fromm/Nordemann/Dustmann, § 51 Rn. 24; Brauns, S. 39 ff.; a. A. soweit ersichtlich nur Leinveber, GRUR 1966, 479, 480; sowie ders., GRUR 1969, 130.
205 Siehe umfassend zur Einordnung der populärwissenschaftlichen Werke Brauns, S. 39 ff.
206 Dreier/Schulze/Dreier § 51 Rn. 8.
207 Fromm/Nordemann/Dustmann, § 51 Rn. 24 unter Verweis auf LG Berlin GRUR 1962, 207 – Maifeiern; Wandtke/Bullinger/Lüft, § 51 Rn. 13; v. Moltke, S. 28 ff.
208 So etwa v. Moltke, S. 31.
209 Der Grundsatz der Zweckneutralität des Werkbegriffs ist im Gesetz nicht ausdrücklich geregelt, er wird jedoch im Schrifttum ganz einhellig vertreten, siehe Ulmer, § 21 III; Fromm/Nordemann/A. Nordemann, § 2 Rn. 14; Schricker/Loewenheim/Loewenheim, § 2 Rn. 44; Wandtke/Bullinger/Bullinger, § 2 Rn. 29.
210 Schricker/Loewenheim/Loewenheim, § 2 Rn. 44.
211 Fromm/Nordemann/A. Nordemann, § 2 Rn. 14.

der Werkeigenschaft irrelevant. Eine andere Auffassung führt zu Wertungswidersprüchen. Wenn auch Autoren wissenschaftlicher Werke in der überwiegenden Zahl der Fälle einen belehrenden Zweck verfolgen mögen, so sind doch zumindest theoretisch Werke denkbar, die ein Urheber aus reinem Forschungsdrang oder fachlichem Eigeninteresse nur um ihrer selbst Willen und ohne Veröffentlichungsabsicht schafft. Derartige Werke vom Kreis der wissenschaftlichen Werke auszugrenzen, scheint wenig überzeugend. Richtigerweise wird man daher mit *Altenpohl* darauf abstellen, dass wissenschaftliche Werke *objektiv* zur Belehrung geeignet sein oder anders ausgedrückt einen „belehrenden Charakter" aufweisen müssen.[212]

Folgerichtig kann von einem wissenschaftlichen Werk im Sinne des UrhG gesprochen werden, wenn sein gedanklicher Inhalt auf die methodisch-systematischen Gewinnung von Erkenntnissen gerichtet ist oder in der Auseinandersetzung mit oder der Verbreitung von auf diese Weise gewonnenen Erkenntnissen besteht.[213]

II. Die wissenschaftlichen Werkarten

Nachdem untersucht wurde, wodurch sich ein wissenschaftliches Werk von Werken anderer Kategorien unterscheidet, soll kurz gezeigt werden, in welchen Erscheinungsformen wissenschaftliche Werke auftreten. In § 2 Abs. 1 Nr. 1 bis 7 UrhG werden verschiedene Werkarten aufgezählt. Schon aus dem Wortlaut der Vorschrift („insbesondere") folgt, dass der Werkartenkatalog des § 2 Abs. 1 UrhG keine abschließende Aufzählung der schutzfähigen Werkarten enthält.[214] Von den dort beispielhaft genannten Werkarten kommen für den Bereich der Wissenschaft folgende in Betracht: Sprachwerke (Nr. 1), Lichtbildwerke[215] (Nr. 5), Filmwerke[216] (Nr. 6) sowie Darstellungen wissenschaftlicher oder technischer Art (Nr. 7).[217] Außerhalb des Werkartenkatalogs können auch die sog. Multimediawerke[218] zur Kategorie der wissenschaftlichen Werke zählen. Sie werden über-

---

212 So auch Siegwart, S. 48.
213 Siehe hierzu Schricker/Loewenheim/Schricker/Spindler, § 51 Rn. 31, die als wissenschaftlich Werke bezeichnen, „die solche (methodisch-systematisch gewonnene, scil.) Erkenntnis erarbeiten oder sich mit ihr auseinandersetzen oder sie verbreiten". Ähnlich auch Dreier/Schulze/Dreier, § 51 Rn. 8; Haberstumpf, Handbuch, Rn. 332; Hoeren/Sieber/Raue/Hegemann, 7.3 Rn. 98.
214 Siehe hierzu auch die Begründung des Regierungsentwurfes zu § 2 UrhG, UFITA 45 (1965), 240, 251: „Sollten sich im Lauf der Zeit neue Werkarten bilden, sind diese somit ohne weiteres geschützt.".
215 Einschließlich Lichtbilder gem. § 72 UrhG.
216 Einschließlich Laufbilder gem. § 95 UrhG.
217 Siehe hierzu auch v. Moltke, S. 34 ff.
218 Wie z.B. komplexere Internetseiten, siehe hierzu Schack, MMR 2001, 9, 12.

wiegend als neue – von § 2 Abs. 1 UrhG erfasste – unbenannte Werkkategorie eingeordnet.[219] Darüber hinaus können wissenschaftliche Werke auch in Form von Sammelwerken i.S.v. § 4 Abs. 1 UrhG auftreten. Auch wenn es sich beim Sammelwerk um ein Werk eigener Art handelt, das nicht zwingend in eine Werkkategorie des § 2 Abs. 1 UrhG einzuordnen ist,[220] können Sammelwerke wissenschaftlichen Inhalts zum Kreis der wissenschaftlichen Werke gezählt werden.[221]

1. Die Sprachwerke des UrhG

Die beispielhafte Aufzählung der bisher bekannten Werkarten in § 2 Abs. 1 UrhG beginnt mit den Sprachwerken, dem klassischen Gegenstand des Urheberrechts.[222] Das Sprachwerk, insbesondere das Schriftwerk, stellt für den Bereich der Wissenschaft die mit Abstand wichtigste Werkart da. Wissenschaft ist ohne die Niederlegung und Formulierung von Gedanken in Wort und Schrift nicht denkbar.[223]

Unter Sprachwerken sind Werke zu verstehen, deren gedanklicher Inhalt mit dem Mittel der Sprache ausgedrückt wird.[224] Unerheblich ist dabei die Wahl der Sprache: Ob es sich um eine fremde, eine lebende oder tote, um eine Kunstsprache wie Esperanto oder um eine Programmiersprache handelt, spielt für die Qualifikation als Sprachwerk keine Rolle. Ebenso kommen Bilder- oder Symbolsprachen, Zahlen oder mathematische Zeichen sowie Gebärden oder Signale als Ausdrucksmittel eines Sprachwerks in Betracht.[225] Allgemein verstehen wir unter Sprache ein System von Mitteilungssymbolen, die nach einer Konvention unter den Beteiligten einen bestimmten Bedeutungsgehalt haben.[226]

Entscheidend für das Vorliegen eines Sprachwerks ist die sprachliche Mitteilung eines gedanklichen Inhalts. Daher scheiden Geisteserzeugnisse, bei denen Sprachsymbole entgegen ihrer normalen Verwendung als Bedeutungs- oder Informati-

---

219 Siehe zum Multimediawerk Rehbinder, Rn. 239 ff.; Schack, Rn. 248; Wandtke/Bullinger/
    Bullinger, § 2 Rn. 151 ff.; Möhring/Nicolini/Ahlberg, § 2 Rn. 41.
220 Siehe hierzu umfassend Waitz, S. 54 ff.
221 Siehe auch BGH GRUR 1982, 37, 39 – WK-Dokumentation. Da Gegenstand der vorlie-
    genden Untersuchung jedoch der Schutz wissenschaftlicher Sprachwerke ist, soll auf eine
    weitere Abgrenzung der anderen Werkarten hier verzichtet werden.
222 So Schack, Rn. 201.
223 v. Moltke, S. 34.
224 Siehe aus der jüngeren Rechtsprechung OLG Köln, Urteil vom 31. Juli 2009, Aktenzeichen:
    6 U 52/09; OLG Düsseldorf GRUR 1990, 263, 265 – Automatenspielplan; aus dem Schrift-
    tum statt vieler Möhring/Nicolini/Ahlberg, § 2 Rn. 3 m.w.N.
225 Rehbinder, Rn. 163. In der Literatur werden darüber hinaus auch Lautzeichen wie Pfeif-
    oder Trompetensignale, die Gebärden der Taubstummensprache oder Flaggensignale in der
    Seefahrt als Beispiele genannt, siehe Schricker/Loewenheim/Loewenheim, § 2 Rn. 80
    m.w.N.
226 Schricker/Loewenheim/Loewenheim, § 2 Rn. 80.

onsträger nur als künstlerische Ornamente verwendet werden, aus dem Kreis der Sprachwerke aus.[227] Gleiches gilt, wenn sich der gedankliche Inhalt nicht aus dem Geisteserzeugnis selbst ergibt, sondern erst mittels außerhalb des Gebildes liegender Anweisungen verständlich wird.[228]

Als Unterarten der Sprachwerke nennt das Gesetz in § 2 Abs. 1 Nr. 1 UrhG Schriftwerke, Reden und Computerprogramme. Mit dieser Einteilung stellt das Gesetz klar, dass eine schriftliche Fixierung des Werkes nicht erforderlich ist. Auch der frei gehaltene wissenschaftliche Vortrag kann als Rede Urheberrechtsschutz genießen. Denn generell gilt für alle Werkarten, dass die Flüchtigkeit des Vortrags eines Werkes seiner Schutzfähigkeit nicht entgegensteht.[229] Während auch Reden und Computerprogramme[230] im Bereich der Wissenschaft eine Rolle spielen, sollen im Folgenden ausschließlich die wissenschaftlichen Schriftwerke untersucht werden.

2. Das wissenschaftliche Schriftwerk

Unter einem Schriftwerk verstehen wir einen durch Zeichen äußerlich erkennbar gemachten sprachlichen Gedankenausdruck, der Erzeugnis einer schöpferisch geistigen Leistung des Urhebers ist.[231] Bei den verwendeten Zeichen muss es sich freilich um Schriftzeichen handeln.[232] Darunter sind Zeichen zu verstehen, die Bestandteil eines Systems von Zeichen sind, mit denen die gesprochene Sprache festgehalten und lesbar gemacht wird.[233] Anders als Reden erfordern Schriftwerke dabei eine körperliche Fixierung auf einem Träger, durch den der Gedankeninhalt vermittelt wird.[234] Während Schriftwerke ihre Fixierung traditionell durch das Be-

---

227 Zu denken ist etwa an aus Buchstaben erzeugte Bilder oder Figuren, Haberstumpf, Handbuch, Rn. 120; siehe auch Möhring/Nicolini/Ahlberg, § 2 Rn. 4.

228 So stellt beispielsweise ein Rechenschieber kein in sich verständliches Sprachwerk, sondern nur ein mathematisches Arbeitsgerät dar, BGH GRUR 1963, 633, 634 – Rechenschieber.

229 Siehe Schack, Rn. 201, 253, der darauf hinweist, dass sich lediglich im Bereich der bildenden Kunst sowie bei den Darstellungen wissenschaftlicher oder technische Art (§ 2 Abs. 1 Nr. 7 UrhG) aus der Natur der Sache ergibt, dass das Werk zumindest in einer Skizze verkörpert sein müsse, weil es sonst nicht wahrgenommen werden könne.

230 Computerprogramme wurden 1985 durch eine Gesetzesnovelle in den Katalog des § 2 Abs. 1 UrhG aufgenommen. Gehören sie danach auch zu den Sprachwerken, ist ihr Schutz speziell in den §§ 69 a - 69 g UrhG geregelt. § 69 a Abs. 4 UrhG bestimmt dabei, dass ergänzend die für Sprachwerke geltenden Bestimmungen Anwendung finden.

231 BGH GRUR 1981, 352, 353 – Staatsexamensarbeit; BGH GRUR 1963, 633, 634 – Rechenschieber; BGH GRUR 1961, 85, 87 – Pfiffikus-Dose; Möhring/Nicolini/Ahlberg, § 2 Rn. 6.

232 So v. Moltke, S. 35.

233 Schriftwerke sind damit nicht auf herkömmliche Schriftzeichen wie Buchstaben und Zahlen beschränkt, vielmehr sind auch andere Zeichen wie z.B. niedergeschriebene Morse-Codes im weit gefassten Begriff des Schriftzeichens eingeschlossen.

234 Möhring/Nicolini/Ahlberg, § 2 Rn. 6.

schreiben oder Bedrucken von Papier oder anderen Materialien fanden, hat sich der Kreis der in Betracht kommenden Schriftträger durch die Entwicklung der neuen Medien erheblich erweitert. So können heute auch Webseiten, Homepages und Benutzeroberflächen bei Computerprogrammen Träger eines schriftlich vermittelten Gedankeninhalts sein und somit Schutz als Sprachwerke genießen.[235] Schon an dieser Stelle ist zu erwähnen, dass die Schutzfähigkeit eines Schriftwerkes unabhängig von seinem quantitativen Umfang ist. Auch einzelne Sätze, im Extremfall sogar einzelne Wörter oder Formulierungen, können als Schriftwerke geschützt sein.[236]

Zu den wissenschaftlichen Schriftwerken gehören typischer Weise Abhandlungen und Aufsätze, Dissertationen und Habilitationsschriften, Kommentare und Lehrbücher, Lexika und Monographien, populärwissenschaftliche Werke, Prüfungsarbeiten sowie Skripte und wissenschaftliche Zeitungsartikel. Die Aufzählung ist natürlich nicht abschließend. Von der Rechtsprechung wird darüber hinaus ein weiterer Kreis von Erscheinungsformen den wissenschaftlichen Schriftwerken zugeordnet. Hierzu zählen beispielsweise: Abstracts,[237] Anwaltsschriftsätze,[238] Dienstanweisungen,[239] Fragensammlungen,[240] Gutachten,[241] Geschäftsbedingungen,[242] Lehrpläne,[243] Prüfungsaufgaben[244] sowie Vertragstexte[245] oder der wissenschaftliche Apparat einer Ausgabe.[246] Schließlich werden aus dem Bereich der neuen Medien auch Webseiten, Blogs und Online-Lexika als wissenschaftliche Schriftwerke in Betracht kommen können.

In Rechtsprechung und Schrifttum lässt sich eine klare Trennlinie zwischen den verschiedenen Gruppen von Sprachwerken häufig nicht erkennen.[247] Insbesondere ist zu berücksichtigen, dass Schriftwerke wissenschaftlichen und technischen Inhalts häufig als eine Gruppe behandelt werden. So spricht etwa der BGH vielfach von der Gruppe der „wissenschaftlichen oder technischen" (Schrift-)werke, ohne

---

235 Dreier/Schulze/Schulze, § 2 Rn. 101.
236 Siehe zum Schutz von Werkteilen S. 126 ff. dieser Arbeit.
237 OLG Frankfurt GRUR 2008, 249 – Abstracts.
238 BGH GRUR 1986, 739, 740 – Anwaltsschriftsatz; siehe speziell zum Schutz rechtswissenschaftlicher Texte Werner, UFITA 2008/I, 7 ff.
239 Für Dienstanweisungen bei medizinischen Untersuchungen, OLG Nürnberg GRUR-RR 2001, 225 ff. –Dienstanweisung.
240 So für eine Fragensammlung, die als Arbeitskontrolle zu einem medizinischen Fachbuch dienen soll, BGH GRUR 1981, 520, 522 – Fragensammlung.
241 OLG München NJW-RR 1992, 741.
242 LG München I GRUR 1991, 50, 51 – Geschäftsbedingungen.
243 Für einen Lehrplan für sozialtherapeutische Fortbildungskurse, BGH GRUR 1991, 130, 132 – Themenkatalog.
244 Für Multiple-Choice-Klausuren LG Köln ZUM 2000, 597, 598; LG Köln GRUR 1993, 901, 902 ff. – BGB-Hausarbeit.
245 Für einen Host-Providing-Mustervertrag LG Berlin ZUM 2005, 842 ff.; LG Hamburg GRUR 1987, 167 – Gesellschaftsvertrag.
246 KG GRUR 1991, 596 ff. – Schopenhauer-Ausgabe.
247 So auch A. Nordemann, FS Nordemann, S. 61.

danach zu differenzieren, ob es sich um ein Werk wissenschaftlichen oder technischen Inhalts handelt.[248] Auch wenn Werke technischen Inhalts (wie z.B. ein technisches Regelwerk)[249] nicht unbedingt den Kriterien wissenschaftlicher Werke entsprechen, werden sie von der Rechtsprechung wie diese behandelt. Ähnliches gilt für die Gruppe der Gebrauchszwecken dienenden Schriftwerke, wie beispielsweise Bedienungsanweisungen. Auch diese werden in Rechtsprechung häufig ohne klare Unterscheidung in einem Atemzug mit wissenschaftlichen Werken genannt.[250] Bei der Untersuchung wissenschaftlichen Schriftwerke sind demnach auch Rechtsprechung und Schrifttum zu technischen sowie Gebrauchszwecken dienenden Schriftwerken zu berücksichtigen.

III. Die Schutzvoraussetzungen wissenschaftlicher Schriftwerke

Sind bisher die verschiedenen Erscheinungsformen wissenschaftlicher Werke untersucht worden, wurde die für den Urheberrechtsschutz entscheidende Frage noch nicht behandelt: Unter welchen Voraussetzungen verdient ein Geisteserzeugnis den Schutz des Gesetzes? Die Antwort findet sich in § 2 Abs. 2 UrhG: Werke im Sinne des Urheberechtsgesetzes sind nur „persönliche geistige Schöpfungen". Mit dieser – wegen ihrer Unklarheit auch vielfach kritisierten – Definition[251] macht das Gesetz noch nicht hinreichend deutlich, wodurch sich das urheberrechtlich geschützte Werk von sonstigen kulturellen Erzeugnissen unterscheidet. Der Werkbegriff hat jedoch in Rechtsprechung und Schrifttum seine Konkretisierung erfahren. Dem Begriff der persönlichen geistigen Schöpfung werden überwiegend vier Elemente zugeschrieben, die auch als Schutzvoraussetzungen bezeichnet werden.[252] Ein Werk liegt danach nur vor, wenn es sich um eine *persönliche Schöpfung* handelt, die einen *geistigen Gehalt* aufweist, *sinnlich wahrnehmbar* ist und die *Individualität* des Urhebers zum Ausdruck bringt. Im Folgenden sollen diese Voraussetzungen in der gebotenen Kürze, stets mit Blick auf die Besonderheiten wissenschaftlicher Schriftwerke, erläutert werden.

---

248 BGH GRUR 2002, 958, 960 – Technische Lieferbedingungen; BGH GRUR 1993, 34, 36 – Bedienungsanweisung; BGH GRUR 1987, 704, 705 – Warenzeichenlexika; BGH GRUR 1985, 1041, 1047 – Inkasso-Programm.
249 BGH GRUR 2002, 958 – Technische Lieferbedingungen.
250 So etwa BGH GRUR 1993, 34, 36 – Bedienungsanweisung. Siehe zu den sog. Gebrauchstexten eingehend A. Nordemann, FS Nordemann, S. 59 ff.
251 Rehbinder, Rn. 146 bezeichnet sie als „nicht glücklich"; Schack, Rn. 181 als „reichlich verschwommen".
252 Wenn hier auch vereinzelt terminologische Unterschiede bestehen, herrscht in der Sache doch überwiegend Einigkeit über die vier genannten Schutzvoraussetzungen, siehe Schricker/Loewenheim/Loewenheim, § 2 Rn. 9.

1. Persönliche Schöpfung

Eine persönliche Schöpfung setzt zunächst voraus, dass das Werk auf einer menschlich-gestalterischen Tätigkeit des Urhebers beruht.[253] Dem Merkmal der persönlichen Schöpfung kommt damit zunächst eine Abgrenzungsfunktion zu: Nur der Mensch kann individuelle Kreativität entfalten. Tier- und Naturerzeugnisse, die ohne Einfluss des menschlichen Willens auf den konkreten Entstehungsprozess erzeugt werden, können keine geschützten Werke darstellen.[254] Gleiches gilt für Erzeugnisse, die ausschließlich durch Maschinen oder Apparate ohne menschlichen Einfluss auf den Gestaltungsprozess erzeugt werden.[255] Einer Einordnung als persönliche Schöpfung steht jedoch nicht entgegen, dass sich der Urheber technischer Hilfsmittel bedient. Erforderlich ist, dass die Gestaltung des Erzeugnisses noch auf einen geistigen Schöpfungsakt zurückgeführt werden kann.[256] Die Frage, ob dies der Fall ist, stellt sich insbesondere im Bereich der wissenschaftlichen Werke. Wie nie zuvor in der Geschichte der Wissenschaft wird Forschung heute – insbesondere in den Naturwissenschaften – mit höchst komplexen technischen Hilfsmitteln, wie Computer- und Versuchsanlagen, Analyse- und Messgeräten betrieben. Werden nun mittels derartiger Hilfsmittel gewonnene Daten und Informationen festgehalten, ist fraglich, ob darin eine persönliche Schöpfung gesehen werden kann.

Entscheidend ist hier eine differenzierte Betrachtungsweise. Die durch Computerprogramme, Versuchsanlagen, Messgeräte und andere technische Hilfsmittel gewonnenen Daten und Informationen sind als solche nicht als persönliche Schöpfungen anzusehen.[257] Auch wenn die Versuchsanordnung vom Menschen erdacht, Informationen oder Daten vom Menschen vorgegebenen werden und dieser auch das technische Hilfsmittel in Gang setzt, bleibt das z.B. durch ein Computerprogramm hervorgebrachte Messergebnis ein Produkt des technischen Hilfsmittels. Die vom Computer ausgegebenen Daten beruhen nämlich nicht auf einer menschlich-gestalterischen Tätigkeit sondern ausschließlich auf der Aktivität des Computerprogramms.[258]

253 Schricker/Loewenheim/Loewenheim, § 2 Rn. 11.
254 Schack, Rn. 183 f. Die von Kummer (S. 75 f., 102 ff.) begründete „Präsentationslehre", wonach es für die Werkeigenschaft ausreichen soll, dass etwas Vorgefundenes als Werk präsentiert wird, ist im Schrifttum fast einhellig abgelehnt worden, siehe hierzu Schricker/Loewenheim/Loewenheim, § 2 Rn. 16 f.
255 So z.B. bei mit Computerprogrammen hergestellten Übersetzungen. Erst wenn die computergenerierte Übersetzung durch gestalterische Korrekturen ihre Prägung erhält, soll Urheberrechtsschutz in Betracht kommen, siehe Möhring/Nicolini/Ahlberg, § 2 Rn. 51.
256 Möhring/Nicolini/Ahlberg, § 2 Rn. 51.
257 v. Moltke, S. 173 f.; a. A. Koch-Krumrei, S. 26 ohne nähere Begründung.
258 v. Moltke, S. 173. Dass es sich bei dem eingesetzten technischen Hilfsmittel (z.B. einem Computerprogramm) seinerseits um ein schutzfähiges Werk handeln kann, ändert hieran nichts.

Werden hingegen die mit technischen Hilfsmitteln hervorgebrachten Daten zu einer wissenschaftlichen Erkenntnis, Theorie oder Lehre verarbeitet und nach wissenschaftlichen Methoden dargestellt, kann darin durchaus eine persönliche Schöpfung gesehen werden.[259] Gleiches kann sogar gelten, wenn die gewonnenen Daten bloß durch die Art und Form der Auswahl, Einteilung und Anordnung besonders übersichtlich dargestellt werden oder bestimmte Zusammenhänge erkennen lassen.[260] Die menschlich-gestalterische Tätigkeit liegt hier jeweils nicht im Erzeugen der Daten mittels technischer Hilfsmittel, sondern in der wissenschaftlich-methodischen Durchdringung, Verarbeitung und Darstellung der gefundenen Ergebnisse.[261]

2. Geistiger Gehalt

Eine persönliche Schöpfung kommt aber nur dann als geschütztes Werk in Betracht, wenn sie einen *geistigen Gehalt* aufweist.[262] Dies ist der Fall, wenn der menschliche Geist durch Mitteilung von Gedanken oder Gefühlen im Werk in umfassender Weise seinen Niederschlag findet.[263] Als geistig kann dabei alles angesehen werden, was von der Vernunft mittels Kombination abstrakter Begriffe im Bewussten oder im Unbewussten geschaffen wird.[264] Erforderlich ist, dass das Werk eine über die sinnlich wahrnehmbare Form hinausgehende Aussage enthält, welche dem Bereich der Gedanken, des Ästhetischen oder sonstiger menschlicher Reaktionsweisen angehört.[265] Nicht zu den geistigen Schöpfungen gehören daher lediglich durch mechanische Tätigkeit entstandene, rein handwerkliche Erzeugnisse oder dem Zufall überlassene Schöpfungen.

Je nach Werkart findet der geistige Gehalt seinen Ausdruck in unterschiedlicher Form. Bei den wissenschaftlichen Schriftwerken muss ein durch das Mittel der Sprache ausgedrückter Gedankeninhalt vorliegen.[266] Der urheberrechtliche Schutz wird bei dieser Werkart kaum am Merkmal der geistigen Schöpfung scheitern: Wissenschaftliche Schriftwerke weisen in der Regel den notwendigen geistigen Gehalt auf.[267] Zu Recht wird im Schrifttum darauf hingewiesen, dass wissenschaftliche Geisteserzeugnisse gerade darauf angelegt sind, geistige Inhalte in

---

259 So zutreffend v. Moltke, S. 173 f.
260 So zur Schutzfähigkeit von Tabellen als Darstellungen wissenschaftlicher Art gem. § 2 Abs. 1 Nr. 7 UrhG Dreier/Schulze/Schulze, § 2 Rn. 235.
261 v. Moltke, S. 174.
262 Schack, Rn. 185.
263 Rehbinder, Rn. 148.
264 Schramm, S. 103.
265 Schricker/Loewenheim/Loewenheim, § 2 Rn. 18.
266 Schricker/Loewenheim/Loewenheim, § 2 Rn. 19.
267 Dreyer/Kotthoff/Meckel/Dreyer, § 2 Rn. 56.

Form von Erkenntnissen, Theorien oder Lehren zu vermitteln.[268] Ein wissenschaftliches Werk ohne geistigen Gehalt sei danach gar nicht denkbar.

3. Sinnliche Wahrnehmbarkeit

Das Geisteserzeugnis muss ferner eine sinnlich wahrnehmbare Ausdrucksform angenommen haben. Voraussetzung ist also, dass sich die Gedanken des Urhebers zu einer konkreten Gestaltung verdichtet haben und diese Gestaltung aus der inneren Sphäre des Urhebers für jeden wahrnehmbar in die äußere Erscheinungswelt entlassen wird.[269] Nur eine sinnlich wahrnehmbare Formgestaltung kann urheberrechtlichen Schutz beanspruchen, der noch nicht geäußerte Gedanke hingegen ist nicht schutzfähig und bedarf auch keines Schutzes.[270] *Kummer* hat dies zugespitzt so formuliert: „Niemand hat je erwogen, anderes als diese Form, nämlich Nichtform, das vom Urheber noch gar nicht Geäußerte, zu schützen."[271]

Dabei darf das Erfordernis einer wahrnehmbaren Formgebung nicht mit der körperlichen Fixierung des Geisteserzeugnisses verwechselt werden. Wie bereits erwähnt, ist für die Frage des urheberrechtlichen Schutzes weder eine körperliche noch eine dauerhafte Festlegung erforderlich.[272] Ebenso ist unerheblich, ob das Geisteserzeugnis unmittelbar oder nur mittelbar mit technischen Hilfsmitteln wahrgenommen werden kann.[273] Es genügt also, wenn das Geisteserzeugnis auf einem Datenträger gespeichert wird und sich mittelbar unter Zuhilfenahme technischer Geräte wahrnehmbar machen lässt.[274] Weiterhin muss das Werk auch noch nicht vollendet sein. Es können also auch der ausgearbeitete Plan oder die Skizze einer wissenschaftlichen Arbeit schutzfähige Werke sein.[275] Das Kriterium der sinnlichen Wahrnehmbarkeit oder Formgestaltung macht also klar, dass an einer ungestalteten Idee kein Urheberrecht besteht.[276] Gleiches gilt für Stoffe, Themen oder Motive. Jedem steht die Behandlung eines wissenschaftlichen Themas, mit dem er sich befassen will, frei.[277] Gleichermaßen scheiden wissenschaftliche Methoden als solche vom urheberrechtlichen Schutz aus.[278]

268 v. Moltke, S. 176.
269 v. Gamm, § 2 Rn. 8.
270 Schricker/Loewenheim/Loewenheim, § 2 Rn. 20.
271 Kummer, S. 8.
272 Siehe zu den sog. ephemeren Werken Rehbinder, Rn. 150.
273 Schricker/Loewenheim/Loewenheim, § 2 Rn. 21.
274 Ebd.
275 Rehbinder, Rn. 149.
276 Ebd. Zum Schutz bereits entwickelter Ideen siehe Ulmer, § 21 II 2. Grundlegend zum Rechtsschutz der Idee Hubmann, UFITA 24 (1957), 1 ff.
277 Dreier/Schulze/Schulze, § 2 Rn. 39.
278 v. Gamm, § 2 Rn. 11.

4. Individualität

Das entscheidende Merkmal des Werkbegriffs ist die Individualität.[279] Nur wenn sich ein Geisteserzeugnis als Ergebnis des individuellen geistigen Schaffens des Urhebers darstellt, kann es vom Urheberrecht geschützt werden. Durch die Individualität hebt sich das urheberrechtlich geschützte Werk von der ungeschützten Masse alltäglicher oder banaler Erzeugnisse ab. Nach herrschender Auffassung trägt die rein handwerkliche oder routinemäßige Leistung nicht den Stempel der Individualität, mag sie auch noch so solide oder fachmännisch erbracht sein.[280] Individualität scheidet auch da aus, wo bereits Vorgegebenes nur eins zu eins wiedergegeben oder nachgeahmt wird. Die für den Werkschutz konstitutive Individualität ist weder mit künstlerischer, ästhetischer oder wissenschaftlicher Qualität, noch mit der Priorität oder Neuheit des Geisteserzeugnisses gleichbedeutend. Entscheidend ist jedoch die im Werk zum Ausdruck kommende Kreativität des Urhebers.[281] Individualität kann sich nur dort entfalten, wo gewisse Gestaltungsmöglichkeiten für den Urheber bestehen.[282] Individuelles Schaffen soll dort nicht möglich sein, wo sich Gestaltung oder Darstellung bereits aus der Natur der Sache ergeben oder durch Gesetze der Logik oder durch Zweckmäßigkeit oder technische Notwenigkeit vorgegeben sind.[283] Wie noch zu zeigen sein wird, erweist sich diese Anforderung für die Schutzfähigkeit wissenschaftlicher Schriftwerke als besonders problematisch.

Die Frage der Individualität hängt letztlich vom geistig-schöpferischen Gesamteindruck im Vergleich zu schon bestehenden Gestaltungen ab.[284] Urheberrechtlicher Schutz erfordert, dass die konkrete Gestaltung die durchschnittliche gestalterische Tätigkeit überragt. Sie muss sich durch eine schöpferische „Gestaltungshöhe"[285] vom Handwerksmäßigen und Durchschnittlichen abheben.[286] Hohe Anforderungen werden dabei an den Grad der Schöpfung nicht gestellt.[287] Untergrenze

---

279 Schricker/Loewenheim/Loewenheim, § 2 Rn. 23; Wandtke/Bullinger/Bullinger; § 2 Rn. 21; Schack, Rn. 189. Im Schrifttum und in der Rechtsprechung werden zum Teil unterschiedliche Begriffe für die Schutzvoraussetzung gebraucht. Möhring/Nicolini/Ahlberg, § 2 Rn. 74 sprechen in Anlehnung an die Gesetzesbegründung von 1965 von der „Eigentümlichkeit" des Werkes. Der BGH spricht auch von „schöpferischer Eigentümlichkeit", BGH GRUR 1998, 916, 917 – Stadtplanwerk oder von „schöpferischer Eigenart", BGH GRUR 1992, 382, 385 – Leitsätze. In der Sache haben diese terminologischen Unterschiede jedoch keine Bedeutung, siehe Schricker/Loewenheim/Loewenheim, § 2 Rn. 23.
280 Statt vieler Schricker/Loewenheim/Loewenheim, § 2 Rn. 26 m.w.N.
281 Rehbinder, Rn. 151.
282 Schack, Rn. 192.
283 Schricker/Loewenheim/Loewenheim, § 2 Rn. 29 m.w.N.
284 Möhring/Nicolini/Ahlberg, § 2 Rn. 76.
285 Siehe ausführlich zur Gestaltungshöhe bei wissenschaftlichen Schriftwerken S. 95 ff. dieser Arbeit.
286 Rehbinder, Rn. 152; Möhring/Nicolini/Ahlberg, § 2 Rn. 76.
287 Schack, Rn. 192.

des Werkschutzes ist nach allgemeiner Auffassung die sogenannte „kleine Münze".[288] Grundsätzlich können also auch Geisteserzeugnisse geschützt sein, die nur einen geringen Schöpfungsgrad aufweisen.[289]

B. Besonderheiten des Schutzes wissenschaftlicher Schriftwerke

I. Einführung

Die Schutzfähigkeit eines Werkes ist Vorfrage für die Feststellung einer Urheberrechtsverletzung.[290] Mit anderen Worten, eine Rechtsverletzung kommt überhaupt nur dann in Betracht, wenn das übernommene oder benutzte Geistesgut ein vom UrhG geschütztes Werk oder einen geschützten Werkteil darstellt. Wie bereits erwähnt, gelten bei den wissenschaftlichen Schriftwerken Besonderheiten, die die Schutzfähigkeit dieser Werkart erschweren. Es ist im Grundsatz völlig unbestritten, dass wissenschaftliche Werke dem Urheberrechtsschutz unterliegen.[291] Unklarheiten bestehen jedoch darüber, wo die Grenzen des Schutzes verlaufen. Zu Recht wird im Schrifttum darauf hingewiesen, dass sich hier verschiedene Problemkreise überlagern, die in der Diskussion nicht immer klar auseinander gehalten werden.[292] Im Wesentlichen handelt es sich dabei um die Frage, inwieweit der wissenschaftliche Inhalt bei der Prüfung der Werkeigenschaft herangezogen und damit auch geschützt werden kann. Weiter ist fraglich, inwieweit die im wissenschaftlichen Bereich übliche Ausdrucks- oder Gestaltungsweise individuell und damit schutzfähig sein kann. Schließlich besteht Uneinigkeit darüber, ob bei wissenschaftlichen Werken höhere Anforderungen an die Gestaltungshöhe zu stellen sind. Angesichts dieser Besonderheiten wurde im Schrifttum bereits geäußert, dass das

---

288 Der Ausdruck geht zurück auf Elster, Gewerblicher Rechtsschutz (1921), S. 41. Im Schrifttum ist die Schutzfähigkeit der kleinen Münze seit langem heftig umstritten. Zum Teil wird vorgeschlagen, das Kriterium der Gestaltungshöhe als generelle Schutzvoraussetzung „über Bord" zu werfen, so Schricker, FS Kreile, S. 715, 720; ders. GRUR 1996, 815, 818 f.; zustimmend A. Nordemann, FS Nordemann, S. 59, 68, oder zumindest die Gestaltungshöhe für alle Werkarten gleich niedrig anzulegen, so dass die kleine Münze ausnahmslos Schutz genießt, siehe Fromm/Nordemann/A. Nordemann, § 2 Rn. 38; Möhring/Nicolini/Ahlberg, § 2 Rn. 78 ff.; Loewenheim, GRUR Int 2004, 765, 767. Nach anderer Auffassung sollte die Schutzschwelle des Urheberrechts angehoben und die kleine Münze aus dem Urheberrecht ausgeklammert und dem Wettbewerbsrecht oder einem noch zu schaffenden Leistungsschutzrecht überlassen werden, siehe Schack, Rn. 298, Rehbinder, Rn. 153; Knöbl, S. 159 ff.; Schulze GRUR 1987, 769, 777 ff.; Köhn, ZUM 1994, 278, 285 ff.
289 Möhring/Nicolini/Ahlberg, § 2 Rn. 78.
290 Dreier/Schulze/Dreier, § 97 Rn. 11.
291 BGH GRUR 1991, 523, 525 – Grabungsmaterialien; BGH GRUR 1986, 739, 740 – Anwaltsschriftsatz; BGH GRUR 1981, 352, 353 – Staatsexamensarbeit; BGH GRUR 1980, 227, 230 – Monumenta Germaniae Historica; statt vieler Dreier/Schulze/Schulze, § 2 Rn. 93 m.w.N.
292 Schricker/Loewenheim/Loewenheim, § 2 Rn. 61.

„fatale Zusammentreffen übersteigerter Anforderungen an die Gestaltungshöhe mit dem Postulat der Gemeinfreiheit des Werkinhalts" die Gefahr in sich berge, dass wissenschaftlichen Werken der Urheberrechtsschutz versagt bleibe.[293] Bevor diese Problemkreise im Einzelnen untersucht werden können, ist auf zwei Prämissen einzugehen, welche die gesamte Diskussion über den Schutz wissenschaftlicher Werke durchziehen. Gemeint sind der Grundsatz von der Freiheit wissenschaftlicher Gedanken und Lehren sowie die Dichotomie von Form und Inhalt.

1. Der Grundsatz der Freiheit wissenschaftlicher Gedanken und Lehren

Der Grund für die Sonderstellung wissenschaftlicher Werke gegenüber anderen Werkarten wurzelt in dem seit der Aufklärung als unumstößlich anerkannten Prinzip der Freiheit der Gedanken, Ideen und Lehren. Die Forderung nach der Freiheit der Gedanken diente zwar zunächst als politischer Kampfruf gegen Bevormundung und Unterdrückung; gleichzeitig sollte sie aber auch besagen, dass Ideen unter niemands Kontrolle und in niemands Eigentum stehen dürfen.[294] Bereits *Fichte* formulierte in seiner philosophischen Unterscheidung zwischen Stoff und Form, dass die Gedanken mit dem Erscheinen des Buches „frei" werden. Nur die Form der Gedanken verbleibe beim Urheber als sein ausschließliches Eigentum.[295] Diese Erkenntnis wurde in der Rechtswissenschaft zu der allgemeinen Lehre ausgebaut, dass nur die Form eines Werkes, nicht hingegen sein Inhalt vom Urheberrecht geschützt werden könne.[296] Während dies grundsätzlich nicht mehr gilt, geht man im Bereich der wissenschaftlichen Werke auch heute noch überwiegend von der Schutzunfähigkeit des Werkinhalts aus. Im Schrifttum wird darauf hingewiesen, dass sich diese Sichtweise zum Rang eines nahezu unberührbaren Dogmas gefestigt habe.[297] Zur Begründung der Schutzunfähigkeit des Inhalts werden dabei überwiegend die folgenden rechtspolitischen Erwägungen ins Feld geführt:

Wissenschaftlicher Fortschritt sei nur möglich, wenn die gewonnenen Erkenntnisse rechtlich frei seien. Die fundamentale Bedeutung der Wissenschaft für alle Lebensbereiche und das allgemeine Interesse an ihrer Fortentwicklung verböten es, Erkenntnisse in der Person des Wissenschaftlers zu monopolisieren.[298] Die freie geistige Auseinandersetzung bilde den Nährboden der Wissenschaft, die vom

---

293 So Schricker, FS GRUR, S. 1095, 1112.
294 Hubmann, UFITA 24 (1957), 1.
295 Fichte, Beweis über die Unrechtmäßigkeit des Büchernachdrucks (1793), Nachdruck UFITA 106, 228.
296 Ulmer, § 19 II.
297 v. Moltke, S. 58.
298 Plander, UFITA 76 (1976), 25, 31.

Streit, der Kontroverse und dem Disput lebe.[299] Im Interesse des wissenschaftlichen Fortschritts müsse es jedem rechtlich möglich sein, sich mit wissenschaftlichen Lehren oder Theorien mit dem Ziel auseinanderzusetzen, sie zu bestätigen, zu verwerfen oder weiterzuentwickeln.[300] Der Grundsatz von der Freiheit der Wissenschaft erfordere im Interesse der freien wissenschaftlichen Diskussion und des Fortschritts die Gemeinfreiheit wissenschaftlicher Erkenntnisse, Lehren und Theorien.[301] Diese müssten jedermann frei zugänglich bleiben. Könnten wissenschaftliche Erkenntnisse durch das Urheberrecht monopolisiert werden, käme die kulturelle Freizügigkeit im Austausch und in der Weiterentwicklung von Gedanken rasch zum Erliegen.[302]

So entspricht es der ganz herrschenden Auffassung, dass wissenschaftliche Erkenntnisse, Lehren und Theorien als solche urheberrechtlich nicht schutzfähig sind.[303] Nach der Rechtsprechung des BGH gilt, dass das wissenschaftliche Gedankengut, die wissenschaftliche Lehre und ihre Ergebnisse frei und jedermann zugänglich bleiben müssen und daher dem Urheberrechtsschutz grundsätzlich nicht unterfallen.[304] Herrschende Lehre und Rechtsprechung gehen davon aus, dass wissenschaftliche Werke Urheberrechtsschutz folglich niemals wegen der beschriebenen Ergebnisse, sondern nur wegen der konkreten Darstellungsform genießen können.[305]

Dieser generelle Ausschluss des Inhalts wissenschaftlicher Werke vom Urheberrechtsschutz ist im Schrifttum vielfach kritisiert worden.[306] Doch auch hier besteht Einvernehmen darüber, dass die Freiheit und der Fortschritt der Wissenschaft nicht durch das Urheberrecht behindert werden dürfen. Dass wissenschaftliche Erkenntnisse, Lehren und Theorien der freien Auseinandersetzung zugänglich bleiben müssen, wird nicht in Frage gestellt. Gleichwohl wird vertreten, dass die Freiheit wissenschaftlichen Gedankenguts nicht die völlige urheberrechtliche Schutzlosigkeit des wissenschaftlichen Inhalts eines Werkes voraussetze.[307] So wird mit

---

299 Götting, FS Nordemann, S. 9 f.
300 Siehe hierzu Schricker/Loewenheim/Loewenheim, § 2 Rn. 65.
301 Heermann, GRUR 1999, 468, 470 m.w.N.
302 Schack, Rn. 194, der auf die Ausnahme des Schutzes von Erfindungen durch das Patentrecht hinweist.
303 Schricker/Loewenheim/Loewenheim, § 2 Rn. 62; Dreier/Schulze/Schulze, § 2 Rn. 93; Fromm/Nordemann/A. Nordemann, § 2 Rn. 43; Möhring/Nicolini/Ahlberg, § 2 Rn. 36; Wandtke/Bullinger/Bullinger, § 2 Rn. 38; Dreyer/Kotthoff/Meckel/Dreyer, § 2 Rn. 106.
304 Siehe – mit nur in Nuancen unterschiedlichen Formulierungen – BGH GRUR 1994, 39, 40 – Buchhaltungsprogramm; BGH GRUR 1991, 130, 132 – Themenkatalog; BGH GRUR 1985, 1041, 1047 – Inkasso-Programm; BGH GRUR 1981, 520, 522 – Fragensammlung; BGH GRUR 1981, 352, 353 – Staatsexamensarbeit.
305 Siehe hierzu S. 60 ff. dieser Arbeit.
306 Siehe insbesondere Rehbinder, Rn. 51; Plander, UFITA 76 (1976), 25 ff.; Haberstumpf, Sprachwerke; Altenpohl; v. Moltke.
307 Siehe v. Moltke, S. 58.

zum Teil ganz unterschiedlichen Ansätzen auch die Schutzfähigkeit des wissenschaftlichen Inhalts begründet.[308]

2. Die Unterscheidung von Form und Inhalt

Ob sich der Urheberrechtsschutz auf die Form oder den Inhalt eines Werkes gründet und welches dieser Elemente er umfasst, ist eine alte Kontroverse.[309] Im älteren Schrifttum herrschte über längere Zeit die Auffassung vor, die Individualität eines Werkes könne nur auf der Formgebung beruhen. Der Inhalt eines Werkes hingegen sei frei und könne in neuer Form beliebig zur Darstellung gebracht werden.[310] Diese Auffassung stieß jedoch in der Rechtsprechung auf Widerspruch. So setzte sich allmählich[311] die Ansicht durch, dass die Schutzfähigkeit eines Werkes auch auf dessen Inhalt beruhen könne. Mit dem Inkrafttreten des UrhG stellte der Gesetzgeber 1965 klar, dass sowohl der Inhalt als auch die Form schutzfähig sein können. So heißt es in der Gesetzesbegründung zu § 2 UrhG, als persönliche geistige Schöpfungen seien Erzeugnisse anzusehen, die durch ihren Inhalt, durch ihre Form oder durch die Verbindung von Inhalt und Form etwas Neues und Eigentümliches darstellen.[312] Trotz dieser gesetzgeberischen Grundentscheidung für die Schutzfähigkeit des Inhalts, spielt die Diskussion um Form und Inhalt bei den wissenschaftlichen Werken noch immer eine Rolle. Bevor die Frage der Schutzfähigkeit der verschiedenen Elemente des wissenschaftlichen Werkes untersucht wird, ist zu erläutern, was unter den Begriffen Form und Inhalt beim wissenschaftlichen Schriftwerk verstanden wird.

a) Form und Inhalt im Schrifttum

Seit *Kohler* wird im Schrifttum zwischen der „äußeren" und der „inneren" Form des Werkes unterschieden.[313] *Kohler* führte diese Differenzierung ein, da sich der

---

308 Siehe hierzu ausführlich S. 70 ff. dieser Arbeit.
309 Siehe Schricker/Loewenheim/Loewenheim, § 2 Rn. 54; Berking, S. 22 ff.; Haberstumpf, GRUR Int 1992, 865; Götting, FS Nordemann, S. 9 bezeichnet die antithetische Gegenüberstellung von Inhalt und Form als einen „Grundstein der Architektur des Urheberrechts". Im angloamerikanischen Rechtskreis wird die Thematik unter dem Stichwort „Idea/Expression Dichotomy" diskutiert, siehe hierzu etwa Davies, GRUR Int 2008, 635.
310 Siehe hierzu ausführlich Ulmer, § 19 II.
311 So erstmalig KG GRUR 1926, 441 ff. – Jung-Heidelberg.
312 Begründung des Regierungsentwurfes zu § 2 UrhG, UFITA 45 (1965), 240, 252.
313 Kohler, Urheberrecht, S. 146 ff. Darüber hinaus bestand nach Kohler für die Werke der Kunst noch eine dritte Schicht, das urheberrechtlich freie „imaginäre Bild", siehe hierzu Kohler, Urheberrecht, S. 149 f.

traditionelle Schutz der äußeren Form als lückenhaft erwiesen hatte.[314] Als *äußere Form* bezeichnet man „die am Ausdruck orientierte Gestaltung".[315] Darunter ist die Art und Weise zu verstehen, wie der Urheber den gedanklichen Inhalt gestaltet. Bei Schriftwerken besteht die äußere Form im Wortlaut und der äußerlichen Wortfolge, der Satzkonstruktion, dem Sprach- und Satzrhythmus, der Wortwahl und damit in der konkreten Art der Formulierung, Gestaltung und Darstellung des gedanklichen Inhalts.[316]

Unter der *inneren Form* versteht man hingegen die Art und Weise der Gedankenfolge und den Aufbau des Werkes. Dazu gehören Gliederung, Auswahl und Anordnung des gedanklichen Inhalts. Beim wissenschaftlichen Schriftwerk wird auch die Sammlung des zu behandelnden wissenschaftlichen Materials, dessen Auswahl und Systematisierung sowie die Beweisführung zur inneren Form gezählt.[317] Selbst wenn es sich bei dem behandelten Thema um einen urheberrechtlich freien Stoff (z.B. ein historisches Ereignis) handelt, ist davon auszugehen, dass er von verschiedenen Urhebern auch auf verschiedene Weise ausgedrückt werden kann. Die innere Form wird damit als Ausdruck des individuellen Geistes verstanden, die dem Urheber zuzurechnen ist.[318]

Vereinfacht lässt sich also sagen: unter der äußeren Form versteht man die Wortwahl und den Satzbau, unter der inneren Form den Aufbau und die Gedankenfolge des Werkes.[319]

Als Inhalt wird im Allgemeinen der *gedankliche Gehalt* des Werkes bezeichnet, den der Urheber durch Ausdrucksmittel und Ausdrucksform mitteilt. Im Schrifttum wird der Inhalt auch als „Sinngehalt",[320] „die geistige Mitteilung",[321] oder „das Substrat des Werkes, das nach Abzug der Form noch übrig bleibt"[322] definiert. Nach einer weiteren Auffassung ist Inhalt alles, was Objekt des inneren Vorstellungsbildes eines Menschen sein und was in materiellen Ausdrucksmitteln niedergelegt und wiedergegeben werden könne.[323] Zum Inhalt eines wissenschaftlichen Schriftwerkes werden die zu einer bestimmten Frage entwickelte Lehre, die Beschreibungen oder die Mitteilung von Ergebnissen, Erkenntnissen oder Entde-

---

314   Siehe hierzu Ulmer, § 19 II.
315   Rehbinder, Rn. 48.
316   v. Moltke, S. 47.
317   v. Moltke, S. 48.
318   Rehbinder, Rn. 49.
319   Haberstumpf, UFITA 96 (1983), 41, 47.
320   Kummer, S. 8.
321   Troller, UFITA 50 (1967), 385, 397.
322   Nordemann, NJW 1970, 881, 882.
323   Schramm, S. 62. In seinem erkenntnistheoretischen Ansatz bezeichnet er den Inhalt abstrakt als den „objektivierten Eindruck", die Form als den „objektivierten Ausdruck", Schramm, S. 59.

ckungen, die Entwicklung von Theorien, Hypothesen und Interpretationen gezählt.[324] Darüber hinaus werden neben dem Kerngehalt der wissenschaftlichen
Aussage auch die in dem Werk enthaltenen Begründungen dem Inhalt zugerech-
net.[325] Als Inhalt lässt sich also die gesamte Aussage des Werkes bezeichnen.

b) Form und Inhalt in der Rechtsprechung

Auch in der Rechtsprechung begegnen wir der Unterscheidung von Form und Inhalt. Überwiegend bedient sich der BGH dabei jedoch einer anderen Terminologie
als das Schrifttum. So finden die Begriffe der „inneren" und „äußeren" Form dort
keine Verwendung. In der älteren Rechtsprechung zum Schriftwerkschutz erkannte
der BGH an, dass sich das geistige Wirken auf die „bloße Formgebung, auf die
Sammlung, Einteilung, und Anordnung vorhandenen Stoffes beschränken", grundsätzlich aber auch der Inhalt eine schöpferische Eigenart aufweisen könne.[326]
Für alle Sprachwerke unterscheidet der BGH dabei zwei Arten der Formgebung,
die Ähnlichkeiten mit der aus dem Schrifttum bekannten Unterscheidung von innerer und äußerer Form aufweisen.[327] In ständiger Rechtsprechung erklärt der
BGH, bisweilen mit kleinen Abweichungen in der Formulierung, bei einem
Sprachwerk könne die persönliche geistige Schöpfung grundsätzlich sowohl in der
„Gedankenformung und -führung des dargestellten Inhalts" als auch in der „Form
und Art der Sammlung, Einteilung und Anordnung des dargebotenen Stoffs" liegen.[328]
Diese beiden vom BGH immer wieder gebrauchten Formeln sind im Schrifttum
als undeutlich und missverständlich kritisiert worden.[329] So sei unklar, ob mit dem
ersten Gesichtspunkt („Gedankenformung und -führung des dargestellten Inhalts")
die Handhabung des Ausdrucksmittels Sprache und damit die „äußere Form"[330]
oder ob wegen der Bezugnahme zum Werkinhalt die „innere Form" gemeint sein

---

324   Siehe v. Moltke, S. 49 f., der mit zahlreichen Beispielen den Inhalt auch als das „wissen-
      schaftliche Substrat" bezeichnet. Siehe auch Troller, § 19 III, der als wissenschaftlichen
      Gehalt, „die wissenschaftliche Idee, die Aussagen über festgestellte oder angenommene
      Eigenschaften, Verhaltensweisen, Verbindungen, Möglichkeiten von irgendwelchem Sei-
      enden materieller, seelische oder geistiger Art" bezeichnet.
325   Haberstumpf, GRUR Int 1992, 865, 866.
326   BGH GRUR 1961, 85, 87, 88 – Pfiffikus-Dose. Zur Entwicklung der Rechtsprechung des
      Reichsgerichts siehe Götting, FS Nordemann, S. 12 ff.
327   Hubmann, FS Uchtenhagen, S. 178 f.
328   BGH GRUR 1999, 923, 924 – Tele-Info-CD; BGH GRUR 1987, 704, 705 – Warenzei-
      chenlexika; BGH GRUR 1986, 739, 740 – Anwaltsschriftsatz; BGH GRUR 1985, 1041,
      1047 – Inkasso-Programm; BGH GRUR 1984, 659, 660 – Ausschreibungsunterlagen; BGH
      GRUR 1982, 37, 39 – WK-Dokumentation; BGH GRUR 1981, 520, 521 – Fragensamm-
      lung.
329   v. Moltke, S. 47.
330   So Hubmann, FS Uchtenhagen, S. 183; v. Moltke S. 47.

soll.[331] Ebenso besteht keine Klarheit darüber, wie der zweite Gesichtspunkt („Form und Art der Sammlung, Einteilung und Anordnung des dargebotenen Stoffes") einzuordnen ist. Zum Teil wird vertreten, damit meine der BGH die „innere Form",[332] andere sehen darin die „äußere Formgestaltung".[333]

In der Tat lässt sich eine klare Abgrenzung der vom BGH gebrauchten Wendungen nicht vornehmen. Eine Analyse der maßgeblichen Entscheidungen zum Schriftwerkschutz ergibt nämlich, dass der BGH die hierzu entwickelten Formeln nicht einheitlich verwendet. In einigen Entscheidungen bezieht sich die Formel von der „Gedankenformung und -führung" eindeutig auf die Sprachgestaltung des Werkes und damit auf die Form.[334] In anderen Entscheidungen hingegen nimmt er mit dieser Formulierung auf den Werkinhalt Bezug.[335]

II. Der Schutz der Form wissenschaftlicher Schriftwerke

1. Rechtsprechung des BGH

a) Sprachgestaltung (äußere Form)

Nach der Rechtsprechung des BGH erfordert die Schutzfähigkeit wissenschaftlicher Schriftwerke, dass die persönliche geistige Schöpfung „in der individuellen Darstellung selbst, also in der Formgestaltung zum Ausdruck kommen" müsse.[336] Die erste Besonderheit besteht nun darin, dass sich nach der Rechtsprechung des BGH, wegen des Grundsatzes der Freiheit der Wissenschaft, Beschränkungen nicht nur für den Schutz des Inhalts, sondern auch für deren Darstellung und Gestaltung ergeben. Inwiefern sich Einschränkungen schon in Bezug auf die äußere Form, die sprachliche Gestaltung des Werkes, ergeben könnten, formulierte der BGH zum ersten Mal in der Entscheidung „Staatsexamensarbeit", welche die Frage

---

331 So Loewenheim, Anmerkung zu BGH GRUR 1987, 704, 706 – Warenzeichenlexika.
332 v. Moltke, S. 48.
333 Loewenheim, Anmerkung zu BGH GRUR 1987, 704, 706 – Warenzeichenlexika.
334 Zuletzt BGH GRUR 2011, 134, 137 – Perlentaucher: Bei einem Schriftwerk könne „die urheberrechtlich geschützte, individuelle geistige Schöpfung sowohl in der von der Gedankenführung geprägten Gestaltung der Sprache als auch in der Sammlung, Auswahl, Einteilung und Anordnung des Stoffs zum Ausdruck kommen"; ähnlich auch BGH GRUR 2002, 958, 959 – Technische Lieferbedingungen; BGH GRUR 1981, 520, 521 – Fragensammlung.
335 So hat der BGH in einer Vielzahl von Entscheidungen formuliert, dass bei wissenschaftlichen Werken ein geistig-schöpferischer Gehalt in der Gedankenformung und -führung des dargestellten Inhalts „weitgehend" oder „von vornherein" ausscheide und für den Urheberrechtsschutz nur die Form und Art der Sammlung, Einteilung und Anordnung des Materials in Betracht komme, siehe BGH GRUR 1999, 923, 924 – Tele-Info-CD; BGH GRUR 1987, 704, 705 – Warenzeichenlexika; BGH GRUR 1985, 1041, 1047 – Inkasso-Programm.
336 BGH GRUR 1984, 659, 660 – Ausschreibungsunterlagen.

der Schutzfähigkeit einer Abschlussarbeit im Fach Biologie betraf.[337] Dort führte der BGH aus, „dass der im fraglichen wissenschaftlichen Fachbereich üblichen Ausdrucksweise regelmäßig eigenschöpferische Prägung fehlen wird".[338] Dies bekräftigte der BGH in einigen weiteren Entscheidungen.[339] Danach kann ein wissenschaftliches Schriftwerk nicht als eine eigenschöpferische Darstellung angesehen werden, „wenn diese aus wissenschaftlichen Gründen in der gebotenen Form erforderlich und vorgegeben" sei oder „wenn es bei ihr allein um die Anwendung von Fachkenntnissen und Erfahrungssätzen" gehe.[340]

b) Sammlung, Auswahl, Einteilung und Anordnung (innere Form)

Weitaus häufiger als zur sprachlichen Gestaltung wissenschaftlicher Werke, äußerte sich der BGH zum Schutz der inneren Form dieser Werkart. In der Entscheidung „Monumenta Germaniae Historica", welche die Frage der Schutzfähigkeit von Einleitung, Anmerkungen und Register einer Sammlung mittelalterlicher Texte betraf, sah der BGH die Individualität des Werkes „in der schöpferischen Sammlung, Anordnung und Darbietung des dargestellten wissenschaftlichen Materials".[341] Die streitgegenständlichen Texte beruhten nach Auffassung des BGH auf einer „Konzeption", welche die wissenschaftliche Bearbeitung der gesammelten und kommentierten Texte unter den verschiedensten Gesichtspunkten berücksichtige – dies sei als urheberrechtsschutzfähige persönliche geistige Leistung zu bewerten.[342]

In der Entscheidung „Staatsexamensarbeit" stellte der BGH jedoch klar, dass die dort in Bezug auf die sprachliche Gestaltung aufgestellten Einschränkungen auch für die innere Form des wissenschaftlichen Werkes gelten können. Danach sollen auch Aufbau und Darstellungsart, „die aus wissenschaftlichen Gründen ge-

---

337 BGH GRUR 1981, 352 – Staatsexamensarbeit. Insgesamt beschäftigen sich nur relativ wenige Entscheidungen des BGH mit der Schutzfähigkeit wissenschaftlicher Schriftwerke: zuletzt BGH GRUR 1991, 130 – Themenkatalog; BGH GRUR 1987, 704 – Warenzeichenlexika; BGH GRUR 1986, 739 – Anwaltsschriftsatz; BGH GRUR 1984, 659 – Ausschreibungsunterlagen; BGH GRUR 1982, 37, 39 – WK-Dokumentation; BGH GRUR 1981, 520 – Fragensammlung; BGH GRUR 1981, 352 – Staatexamensarbeit; BGH GRUR 1980, 227 – Monumenta Germaniae Historica. Ausführungen zu wissenschaftlichen Schriftwerken finden sich darüber hinaus in vor Erlass der §§ 69 a ff. UrhG ergangenen Entscheidungen zum Schutz von Computerprogrammen: BGH GRUR 1991, 449 – Betriebssystem; BGH GRUR 1985, 1041 – Inkasso-Programm.
338 BGH GRUR 1981, 352, 353 – Staatsexamensarbeit.
339 BGH GRUR 1984, 659, 661 – Ausschreibungsunterlagen; BGH GRUR 1991, 130, 133 – Themenkatalog; ähnlich für ein Computerprogramm als wissenschaftliches Schriftwerk BGH GRUR 1985, 1041, 1047 – Inkasso-Programm.
340 BGH GRUR 1991, 130, 133 – Themenkatalog.
341 BGH GRUR 1980, 227, 230 – Monumenta Germaniae Historica.
342 BGH GRUR 1980, 227, 231 – Monumenta Germaniae Historica.

boten oder in Fragen des behandelten Gebiets weitgehend üblich sind" nicht als eigentümliche geistige Leistung angesehen werden können.[343]

In einer Reihe späterer Entscheidungen scheint der BGH jedoch einen etwas milderen Maßstab an die Schutzfähigkeit der inneren Form zu legen. So bejahte das Gericht die Schutzfähigkeit einer als Arbeitskontrolle zu einem medizinischen Fachbuch konzipierten Fragensammlung, obwohl er auch das Ordnungsprinzip der Fragensammlung durch Aufbau und Inhalt des Fachbuches als vorgegeben ansah. Der BGH stufte die Fragensammlung als schutzfähiges Werk ein, da es sich „nicht um eine bloß mechanisch routinemäßige Zusammenstellung vorgegebener Fakten", sondern um eine Auswahl aus dem Werk handele, die neben der Durchdringung des Inhalts die Fähigkeit voraussetze, „zwischen Wichtigem und Unwichtigem zu unterscheiden".[344] Ähnliche Ausführungen finden sich in der Entscheidung „WK-Dokumentation", in welcher der BGH die persönliche geistige Schöpfung einer historischen Dokumentation in der „geschichtswissenschaftlichen Leistung" sah, „das vorhandene Material zu erschließen zu sichten und zu ordnen".[345] In der Entscheidung „Warenzeichenlexika" führte der BGH aus, die Individualität des streitgegenständlichen Lexikons könne „in der Art der Materialauswahl, -einteilung und -anordnung" liegen; an der Eigentümlichkeit könne es nur dann fehlen, „wenn praktisch kein individueller Gestaltungsspielraum verbliebe", wenn also die Auswahl und Anordnung des dargebotenen Stoffes durch zwingende Kriterien weitgehend vorgezeichnet sei.[346]

2. Rechtsprechung der Instanzgerichte

Eine Analyse der weitaus zahlreicheren Entscheidungen zum Schutz wissenschaftlicher Schriftwerke aus der Rechtsprechung der Instanzgerichte vermittelt ein un-

---

343 BGH GRUR 1981, 352, 353 – Staatsexamensarbeit; ebenso BGH GRUR 1984, 659, 661 – Ausschreibungs-unterlagen; BGH GRUR 1991, 130, 133 – Themenkatalog.
344 BGH GRUR 1981, 520, 522 – Fragensammlung.
345 BGH GRUR 1982 37, 39 – WK-Dokumentation.
346 BGH GRUR 1987, 704, 706 – Warenzeichenlexika; ähnlich auch BGH GRUR 1991, 130, 133 – Themenkatalog, wo der BGH die eigenschöpferische Leistung des Verfassers darin sah, dass er „auf der Grundlage der wissenschaftlichen Erfassung des Stoffes vermocht habe, den Ausbildungsgegenstand in einer besonderen Weise zu betrachten, zusammenzufassen und zu ordnen".

einheitliches Bild.[347] Um die unterschiedlichen Ansätze der Gerichte zu illustrieren, sollen hier nur einige wenige Entscheidungen exemplarisch angeführt werden.

Zum Teil wird unter Verweis auf die BGH-Entscheidungen „Staatsexamensarbeit" und „Ausschreibungsunterlagen" die Auffassung vertreten, dass der im fraglichen wissenschaftlichen Fachbereich üblichen Ausdrucksweise „grundsätzlich" keine urheberrechtsschutzfähige eigenschöpferische Prägung zukommen könne; gleiches soll für Aufbau und Darstellungsart des Werkes gelten.[348] Exemplarisch für diesen restriktiven Ansatz sei die Entscheidung „Unternehmen Tannenberg" des OLG Frankfurt erwähnt. In dieser Entscheidung verneinte das Gericht die Schutzfähigkeit der Darstellung und Gestaltung eines geschichtswissenschaftlichen Manuskripts, weil es in seinem Aufbau im Wesentlichen nur der zeitlichen Abfolge des historischen Geschehens folge und es sachlich und mit nüchternen Worten wiedergebe.[349] Nach Auffassung des Gerichts könne das Manuskript nicht urheberrechtlich geschützt sein, da eine sachliche Darstellung historischer Ereignisse in der Reihenfolge ihres zeitlichen Verlaufs in Schriftwerken zur Geschichte aus wissenschaftlichen Gründen geboten, zumindest aber im Bereich der Geschichtswissenschaften weitgehend üblich sei.[350]

---

347 Urheberrechtsschutz bejaht: für nichtamtliche Leitsätze OLG Köln ZUM 2009, 243; für Allgemeine Geschäftsbedingungen OLG Köln K&R 2009, 488; für Lektionen eines lateinischen Lehrbuchs LG München I ZUM 2006, 255 (nicht rechtskräftig); für einen Host-Providing-Mustervertrag ZUM 2005, 842; für eine medizinische Dienstanweisung GRUR-RR 2001, 225; für Multiple-Choice-Klausuren im Fach Chemie ZUM 2000, 597; für eine Berufungsschrift OLG Hamburg GRUR 2000, 146; für juristische Aufsätze OLG Köln GRUR 2000, 414 – GRUR/GRUR Int; für Beiträge in einem Literaturhandbuch OLG München ZUM 2000, 404; für ein Informationspapier über eine Therapieform OLG Frankfurt OLGR Frankfurt 1998, 317; für eine historische Dokumentation OLG Zweibrücken GRUR 1997, 363 – Jüdische Friedhöfe; für kurze Beschreibungen elektronischer Schaltungen LG München I ZUM 1996, 709; für die Aufgabenstellung einer juristischen Hausarbeit LG Köln GRUR 1993, 901 – BGB-Hausarbeit; für ein Wörterbuch LG Berlin AfP 1994, 62; für eine populärwissenschaftliche Abhandlung auf dem Gebiet der Hirnforschung OLG München ZUM 1994, 362; für den wissenschaftlichen Apparat einer philosophischen Ausgabe KG GRUR 1991, 596 – Schopenhauer-Ausgabe. Urheberrechtsschutz verneint: für ein presserechtliches Warnschreiben OLG München GRUR 2008, 337; für ein juristisches Gutachten KG GRUR-RR 2006, 252 – Schuldenberatung; für einzelne Textpassagen eines wissenschaftlichen Werkes OLG Hamburg ZUM 2004, 767 – Markentechnik; für wissenschaftliche Thesen und Begriffe OLG Hamburg ZUM-RD 2004, 75 – Opus Dei; für Artikel über Softwareprodukte in einer Computerzeitschrift ZUM 2003, 496; für technische Regelwerke OLG Köln GRUR 2000, 1022; für statistische Durchschnittsberechnungen OLG Köln ZUM-RD 1998, 547; für ein juristisches Gutachten OLG München NJW-RR 1992, 741; für ein geschichtswissenschaftliches Manuskript OLG Frankfurt GRUR 1990, 124 – Unternehmen Tannenberg; in einigen der genannten Entscheidungen werden Ausführungen zu wissenschaftlichen Schriftwerken nur in obiter dicta gemacht.

348 Siehe etwa OLG Köln GRUR 2000, 1022 – Technische Regelwerke; LG Köln GRUR 1993, 901, 902 – BGB-Hausarbeit; OLG München NJW-RR 1992, 741; OLG Frankfurt GRUR 1990, 124 – Unternehmen Tannenberg.

349 OLG Frankfurt GRUR 1990, 124, 126 – Unternehmen Tannenberg.

350 OLG Frankfurt GRUR 1990, 124, 126 – Unternehmen Tannenberg.

Wohl überwiegend vertreten die Instanzgerichte jedoch eine mildere und differenzierte Auffassung. So stand beispielsweise für das OLG Köln die Urheberrechtsschutzfähigkeit rechtswissenschaftlicher Aufsätze und Entscheidungsbearbeitungen insbesondere im Hinblick auf deren Form außer Zweifel: Gerade wissenschaftliche Aufsätze besäßen, so das OLG, in Bezug auf die von der Gedankenführung geprägte Sammlung, Auswahl, Einteilung und Anordnung des vorhandenen Stoffs ein hinreichendes Maß an Individualität.[351] Regelmäßig behandle ein Autor ein konkretes Thema, welches gerade nicht an einen zwingend vorgegebenen logischen Aufbau anknüpfe. Die Problemstellung und die jeweilige Lösung ließen sich auf vielfältige Weise darstellen. Insbesondere könne der Autor unterschiedliche Schwerpunkte setzen, an denen er sich bei der Abfolge seiner Darstellung orientiere.[352]

In einer Entscheidung zur Schutzfähigkeit anwaltlicher Schriftsätze, die von der Rechtsprechung als wissenschaftliche Schriftwerke eingeordnet werden, differenzierte das OLG Düsseldorf zwischen verschiedenen wissenschaftlichen Fachrichtungen.[353] So könne es im naturwissenschaftlichen Bereich durchaus Werke geben, in denen der Autor bei der Darstellung eines wissenschaftlichen Ergebnisses sich nur vorgegebener Formeln und Kürzel bedienen könne, deren Auswahl allein vom Ergebnis her diktiert werde. Anders verhalte es sich jedoch im Bereich der Geisteswissenschaften. Dem Autor verbleibe hier in der Regel genug Spielraum, um die Darstellung des wissenschaftlichen Anliegens persönlich schöpferisch zu prägen. Die gegenteilige Auffassung würde nach Auffassung des OLG bedeuten, dass beispielsweise einem Werk der juristischen Literatur die Individualität abzuerkennen wäre, nur weil es sich mit juristischen Begriffen und Denkgesetzen befasse.[354] Vom Postulat des BGH, dass der „üblichen Fachsprache" grundsätzlich keine urheberrechtsrelevante Individualität zukommen könne, ist in den zuletzt genannten Entscheidungen keine Rede.

3. Schrifttum

Auch im Schrifttum besteht keine Einigkeit, inwieweit die Schutzfähigkeit der Form wissenschaftlicher Schriftwerke besonderen Einschränkungen unterliegt. Ein großer Teil der Kommentarliteratur vertritt, bisweilen mit Einschränkungen, die vom BGH vertretene These, wonach die im fraglichen wissenschaftlichen Fachbereich übliche Ausdrucksweise sowie die aus wissenschaftlichen Gründen gebo-

---

351 OLG Köln GRUR 2000, 414, 416 – GRUR/GRUR Int.
352 Ebd.
353 OLG Düsseldorf GRUR 1983, 758, 759 – Anwaltsschriftsatz, aufgehoben von BGH GRUR 1986, 739 – Anwaltsschriftsatz.
354 OLG Düsseldorf GRUR 1983, 758, 759 – Anwaltsschriftsatz.

tene Darstellungsart und der hierfür übliche Aufbau die im Urheberrecht verlangte hinreichende Individualität nicht erreichen.[355] Texte, die lediglich in der üblichen Fachsprache formuliert worden sind, bleiben danach schutzlos.[356]

Nach anderer Auffassung werden derart pauschale Einschränkungen des Formschutzes wissenschaftlicher Schriftwerke abgelehnt.[357] Die Verwendung der üblichen Fachsprache sowie ein üblicher Aufbau sollen der Schutzfähigkeit eines wissenschaftlichen Werkes nicht entgegenstehen. So wird betont, dass das Erfordernis wissenschaftlicher Genauigkeit nicht die Möglichkeit schöpferischer Leistung ausschließe: Ungeachtet einer fachspezifischen Terminologie und der Bindung an einen bestimmten Forschungsgegenstand stünden bei wissenschaftlichen Abhandlungen in der Regel genügend individualitätsbegründende Ausdrucksmittel zur Verfügung.[358] Zum Teil wird jedoch auch hier eine zwischen Natur- und Geisteswissenschaften differenzierende Betrachtungsweise gewählt. Es wird darauf hingewiesen, dass die Wissenschaftssprache besonders in den Naturwissenschaften wenig Spielraum für eine individuelle Gestaltung lasse, weil hier Aussagen regelmäßig in Kunst- oder Fachsprachen formuliert würden; die gewonnene Erkenntnis erzwinge hier häufig die sprachliche Darstellungsform.[359] Insbesondere in Bezug auf die Geisteswissenschaften wird jedoch hervorgehoben, dass der Wissenschaftler grundsätzlich genügend Spielraum für eine individuelle sprachliche Gestaltung sowie für einen individuellen Aufbau des Werkes habe. Auch wenn sich der Verfasser an eine bestimmte Fachsprache zu halten habe, komme es selten vor, dass der wissenschaftliche Gehalt nicht in ganz unterschiedlichen Formulierungen ausgedrückt werden könnte.[360] Wissenschaftliche Werke sollen daher regelmäßig in der äußeren Form, in Stil und Sprache eine individuelle Prägung aufweisen und dadurch schutzfähig sein.[361]

4. Stellungnahme

Die in Rechtsprechung und Schrifttum zum Teil vertretene These, wonach die Verwendung einer in der Wissenschaft üblichen Fachsprache sowie ein aus wissenschaftlichen Gründen gebotener oder üblicher Aufbau der Schutzfähigkeit wissenschaftlicher Werke grundsätzlich entgegensteht, ist abzulehnen. Zu welchen

---

355 Dreier/Schulze/Schulze, § 2 Rn. 93; Schricker/Loewenheim/Loewenheim, § 2 Rn. 29, 60; Möhring/Nicolini/Ahlberg, § 2 Rn. 55, 90; Dreyer/Kotthoff/Meckel/Dreyer, § 2 Rn. 196; ebenso Götting, FS Nordemann, S. 8; Werner, UFITA 2008/I, 7, 9.
356 Dreier/Schulze/Schulze, § 2 Rn. 26.
357 Altenpohl, S. 83 ff.
358 Altenpohl, S. 96.
359 Ausführlich zur Sprache in der Wissenschaft Haberstumpf, UFITA 96 (1983), 41, 43 ff.
360 Altenpohl, S. 101.
361 Rehbinder, Rn. 58; Altenpohl, S. 108, 111.

Konsequenzen diese Auffassung führt, macht die skizzierte Entscheidung „Unternehmen Tannenberg" des OLG Frankfurt deutlich, wonach einem historischen Manuskript der Schutz nur deswegen versagt wurde, weil es den geschichtlichen Gehalt mit sachlichen und nüchternen Worten entsprechend seiner zeitlichen Abfolge wiedergab.[362] Eine konsequente Verfolgung dieser Auffassung hieße nämlich, einem Großteil der wissenschaftlichen Schriftwerke den Schutz des Urheberrechts zu versagen. Denn ganz überwiegend werden Urheber wissenschaftlicher Werke darum bemüht sein, die gewonnenen Forschungsergebnisse oder wissenschaftlichen Aussagen sachlich, nüchtern und möglichst exakt darzustellen.[363] Von einem Wissenschaftler zu verlangen, sich etwa einer blumigen Sprache zu bedienen, um Urheberrechtsschutz für sein Werk zu erlangen, kann nicht ernsthaft in Erwägung gezogen werden. Gleichwohl ist anzuerkennen, dass es insbesondere im Bereich der Naturwissenschaften Fallgestaltungen geben kann, bei denen die Formgebung des Werkes so stark vom behandelten Gegenstand bestimmt ist, dass dem Autor kein hinreichender Gestaltungsspielraum für eine individuelle Darstellung seines Werkes verbleibt. Ein derartiger Sachverhalt mag der Entscheidung „Staatsexamensarbeit" zu Grunde gelegen haben, was den BGH zu dem zitierten Diktum von der Schutzunfähigkeit der üblichen Fachsprache bewog. Zu berücksichtigen ist jedoch, dass es sich hier um einen Sonderfall der Beschreibung eines naturwissenschaftlichen Sachverhaltes handelte. Pauschal lassen sich die in dieser Entscheidung geforderten Einschränkungen jedoch nicht auf wissenschaftliche Schriftwerke generell übertragen. Nicht zuletzt stünde dies auch in einem Wertungswiderspruch zur Bewertung der Schutzfähigkeit anderer Schriftwerksarten. Werden simpelste Gebrauchsschriften wie etwa Bedienungsanleitungen, bei denen die Darstellung auch maßgeblich vom zu beschreibenden Gegenstand bestimmt ist, als individuelle Schöpfungen anerkannt,[364] darf nichts anderes für wissenschaftliche Schriftwerke gelten, die „ein hohes Maß an geistiger Energie, Kritikfähigkeit, schöpferischer Phantasie und Gestaltungskraft"[365] erfordern können. Hier ist *Ulmer* zuzustimmen, wonach es auch bei wissenschaftlichen Schriftwerken genügt, dass dem Urheber trotz der Stoffgebundenheit Spielraum für das individuelle Schaffen verbleibt.[366]

---

362 OLG Frankfurt GRUR 1990, 124, 126 – Unternehmen Tannenberg.
363 So auch Haberstumpf, UFITA 96 (1983), 41, 43, der darin gerade ein charakteristisches Merkmal dieser Werkart sieht.
364 Nachweise bei Dreier/Schulze/Schulze, § 2 Rn. 98 ff.
365 So OLG Düsseldorf GRUR 1983, 758, 759 – Anwaltsschriftsatz.
366 Ulmer, § 19 V 2.

III. Der Schutz des Inhalts wissenschaftlicher Schriftwerke

1. Die herrschende Auffassung von der Schutzunfähigkeit des Inhalts

Die zweite Besonderheit der Schutzfähigkeit wissenschaftlicher Schriftwerke betrifft ihren Inhalt. Während die Schutzfähigkeit des Inhalts eines Werkes grundsätzlich anerkannt ist, gilt dies nach herrschender Auffassung nicht für den Bereich der wissenschaftlichen Werke.

Nach der Rechtsprechung des BGH scheiden bei der Beurteilung der Schutzfähigkeit wissenschaftlicher Werke inhaltliche Merkmale von vornherein aus. Ausdrücklich betonte der BGH zum ersten Mal in der Entscheidung „Flughafenpläne", dass bei wissenschaftlichen Werken die persönliche geistige Schöpfung „in der Darstellung selbst, also in ihrer Formgestaltung liegen" müsse.[367] Dagegen komme es nicht auf den wissenschaftlichen oder technischen Inhalt an. Das wissenschaftliche und technische Gedankengut, die wissenschaftliche und technische Lehre als solche seien nicht Gegenstand des Urheberrechtsschutzes und könnten daher auch nicht zur Begründung der Schutzfähigkeit herangezogen werden. Diese Auffassung bekräftigte der BGH in der Entscheidung „Staatsexamensarbeit". Er führte aus, der Schutz des Urhebers eines wissenschaftlichen Schriftwerkes erfordere eine „sorgfältige Trennung von wissenschaftlichem Ergebnis und Lehre einerseits und Darstellung und Gestaltung der Lehre im Schriftwerk andererseits."[368] Er konkretisierte weiter, dass die wissenschaftliche Lehre frei und jedermann zugänglich und daher auch nicht urheberrechtsschutzfähig sei. Wohl aber könne „die konkrete Gestaltung und Darstellung, in der die Lehre dargeboten" werde, schutzfähig sein.[369] In der Entscheidung „Themenkatalog" präzisierte der BGH seine Vorstellung von der Inhaltsfreiheit indem er statuierte, dass „die wissenschaftliche Lehre, die ihr entnommenen Begriffe, ihr Sprachgebrauch und die Ergebnisse, zu denen sie gelangt ist" „urheberrechtlich frei und jedermann zugänglich sei".[370] In anderen Entscheidungen hat der BGH formuliert, dass bei wissenschaftlichen Werken ein geistig-schöpferischer Gehalt in der Gedankenformung und -führung des dargestellten Inhalts „weitgehend" oder „von vornherein" ausscheide und für den Urheberrechtsschutz nur die Form und Art der Sammlung, Einteilung und Anordnung

---

367 BGH GRUR 1979, 464, 465 – Flughafenpläne.
368 BGH GRUR 1981, 352, 353 – Staatsexamensarbeit.
369 Ebd.; BGH GRUR 1981, 520, 522 – Fragensammlung.
370 BGH GRUR 1991, 130, 132 – Themenkatalog; der Grundsatz, dass die „wissenschaftliche Lehre frei und jedermann zugänglich und daher nicht urheberrechtsschutzfähig ist" wird auch betont in BGH GRUR 1985, 1041, 1047 – Inkasso-Programm; BGH GRUR 1981, 520, 522 – Fragensammlung; BGH GRUR 1981, 352, 353 – Staatsexamensarbeit.

des Materials in Betracht komme.[371] In der jüngeren Entscheidung „Technische Lieferbedingungen" hat der BGH diese Rechtsprechung bekräftigt.[372]

Auch der überwiegende Teil des Schrifttums geht davon aus, dass der Schutzfähigkeit wissenschaftlicher Schriftwerke „von vornherein" gewisse Grenzen gesetzt seien, weil wissenschaftliche Lehren und Erkenntnisse frei und jedermann zugänglich bleiben müssten.[373] Zum Teil wird hier von einem „allgemeinen Freihaltebedürfnis" gesprochen, das für die wissenschaftliche Lehre wie für das Gemeingut bestehe.[374] Von anderen wird jede wissenschaftliche Lehre, Theorie und Erkenntnis von vornherein zum Gemeingut gezählt.[375] Der urheberrechtliche Schutz wissenschaftlicher Werke soll sich demnach allein auf die Formgestaltung beschränken.[376] Der Inhalt des Werkes hingegen, die beschriebenen Ergebnisse, die wissenschaftlichen Erkenntnisse, Lehren oder Theorien sollen dem Urheberrechtsschutz als solche entzogen sein. Sie können daher ohne Einschränkung von jedem frei übernommen und benutzt werden.

Im Folgenden sollen die Argumente der herrschenden Auffassung untersucht werden, mit denen die Schutzunfähigkeit des Inhalts wissenschaftlicher Werke überwiegend begründet wird.

a) Keine Individualität wissenschaftlicher Erkenntnisse

aa) These

Nach einer vor allem im älteren Schrifttum vertretenen Auffassung können wissenschaftliche Erkenntnisse von vornherein nicht als individuell angesehen werden: Sie seien dem Menschen vorgegeben und somit gemeinfrei.[377] Nach dieser Ansicht stellt ein Wissenschaftler bloß objektive Wahrheiten der Natur dar, er erzeugt nichts Neues sondern entdeckt lediglich ein bisher verborgenes Dasein. Seine Forschungsergebnisse seien durch die Gesetze der Logik und andere wissen-

---

371 BGH GRUR 1999, 923, 924 – Tele-Info-CD; BGH GRUR 1987, 704, 705 – Warenzeichenlexika; BGH GRUR 1985, 1041, 1047 – Inkasso-Programm.
372 Dort führte er aus, dass bei wissenschaftlichen oder technischen Schriftwerken Urheberrechtsschutz nicht in Betracht komme, wenn „die schöpferische Kraft (...) allein im innovativen Charakter des Inhalts" liege, BGH GRUR 2002, 958, 959 – Technische Lieferbedingungen; so auch allgemein für Schriftwerke BGH GRUR 2011, 134, 137 – Perlentaucher.
373 Siehe statt vieler Dreier/Schulze/Schulze, § 2 Rn. 93.
374 Möhring/Nicolini/Ahlberg, § 2 Rn. 55.
375 Ulmer, § 19 III 2.
376 Möhring/Nicolini/Ahlberg, § 2 Rn. 55; Schack, Rn. 195; Wandtke/Bullinger/Bullinger, § 2 Rn. 38; Fromm/Nordemann/A. Nordemann, § 2 Rn. 46; Dreier/Schulze/Schulze, § 2 Rn. 93; Dreyer/Kotthoff/Meckel/Dreyer, § 2 Rn. 53.
377 Kohler, Urheberrecht, S. 128, 143, 149; Hubmann, UFITA 24 (1957), 1, 7 ff.; Troller, UFITA 50 (1967), 385, 401 f., 412 f.

schaftsimmanente Vorgaben begrenzt, die keinen Raum für persönliche Gestaltung offen ließen.[378] *Kohler* führte aus, die Aufgabe des wissenschaftlichen Werkes sei die Darstellung einer wissenschaftlichen Wahrheit und die Erörterung der Gründe, warum sie angenommen werden müsse.[379] Die Wahrheit aber sei „Gegenstand der Entdeckung, nicht der Schöpfung": ein Urheberrecht könne hieran nicht bestehen.[380] *Hubmann* erklärte, die meisten Ideen seien „von außen in den menschlichen Geist gelangt und ihm bereits vorgegeben".[381] Diese vorgegebenen Ideen seien offenbar von Natur aus für alle bestimmt und für jeden da, der in der Lage sei, sie in sich aufzunehmen. Sie seien daher geistiges Gemeingut und entzögen sich wegen ihrer Einmaligkeit selbst dann der Aneignung durch einzelne, wenn sie nur mit besonderem Aufwand an Geist, Mühe und Geld gefunden werden könnten.[382]Doch auch im jüngeren Schrifttum lebt die dargestellte Argumentation fort. So konstatiert beispielsweise *Schulze*, dass wissenschaftliche Erkenntnisse, Lehren und Theorien schutzlos seien, da sie „vom Urheber nicht geschaffen", sondern „grundsätzlich vorhanden" seien und vom Urheber „nur ans Tageslicht geholt – erkannt – werden" müssten.[383]

bb) Kritik

Die Auffassung von der Vorgegebenheit wissenschaftlicher Erkenntnis beruht auf überholten wissenschaftstheoretischen Vorstellungen.[384] In der modernen Wissenschaftstheorie ist anerkannt, dass wissenschaftliche Erkenntnisse und Theorien nicht auf an sich gegebenen Wesenheiten basieren.[385] Man geht davon aus, dass es weder im Bereich der Naturwissenschaften noch im Bereich der Geisteswissenschaften objektive Wahrheiten gebe, die es nur aufzudecken gelte. Wissenschaft bestehe vielmehr aus Paradigmen, die zunächst bestätigt und vergrößert, dann aber ersetzt werden, sobald sich neue Erkenntnisse nicht mehr mit dem alten Paradigma

---

378 Siehe Altenpohl, S. 115.
379 Kohler, Urheberrecht, S. 142 f.
380 Kohler, Urheberrecht, S. 143.
381 Hubmann, UFITA 24 (1957), 1, 7.
382 Hubmann, UFITA 24 (1957), 1, 7; ähnlich auch Troller, UFITA 50 (1967), 385, 401, wonach die geistige Leistung, die ein wissenschaftliches Werk entstehen lasse, nicht individuell sein könne. Natur- und geisteswissenschaftliche Entdeckungen bezögen sich nur auf „Seiendes, das unabhängig vom Wissenschaftler" bestehe, der es feststelle. Die individuelle Leistung im urheberrechtlichen Sinne könne also nur beim Hervorbringen eines ästhetischen Werkes vorliegen.
383 Dreier/Schulze/Schulze, § 2 Rn. 41; ähnlich Wittmer, S. 90.
384 Siehe hierzu Haberstumpf, ZUM 2001, 819, 821; ders., Sprachwerke, S. 68 ff.; v. Moltke, S. 62 ff.; Altenpohl, S. 115 ff.
385 Siehe hierzu ausführlich Haberstumpf, Sprachwerke, S. 68 ff. m.w.N.

erklären ließen.[386] Wissenschaftliche Erkenntnis könne niemals vorgegeben sein, da die Erkenntnis selbst aus nichts anderem als einer Anzahl von Aussagen über Fakten bestehe, die in einen bestimmten Zusammenhang gebracht würden.[387] Des Weiteren geht man davon aus, dass die Erkenntnisgewinnung des Wissenschaftlers über bisher unbekannte Zusammenhänge nicht nach vorgegebenen Verfahren und Mustern erfolgen könne. So gebe es keine allgemeinen Regeln, mit deren Hilfe sich Hypothesen oder Theorien aus empirisch festgestellten Daten mechanisch gewinnen ließen.[388]

Damit ist jedoch noch nicht gesagt, ob wissenschaftliche Erkenntnisse oder Lehren individuell im Sinne des Urheberrechts sein können. Entscheidend wird dabei neben wissenschaftstheoretischen Überlegungen darauf abzustellen sein, ob und inwieweit der Entstehungsprozess eines wissenschaftlichen Werkes schöpferisch und individuell ist.[389] Wie bereits erwähnt, kommt es bei der Beurteilung der urheberrechtlichen Individualität entscheidend auf die im Werk zum Ausdruck kommende Kreativität des Urhebers an.[390] In der modernen Kreativitätsforschung geht man überwiegend davon aus, dass es sich beim Entstehungsprozess eines wissenschaftlichen Werkes um eine kreative Leistung handelt.[391] Am deutlichsten wird sich die Kreativität des Wissenschaftlers in der Bildung von Hypothesen oder Theorien ausdrücken. In dieser Phase des Erkenntnisprozesses bedarf es in hohem Maße schöpferischer Kräfte.[392] Das Aufstellen neuer Hypothesen und Theorien anhand gesammelter Daten, die Verifizierung oder Falsifizierung bereits bekannter Thesen sowie deren Weiterentwicklung wird vielfach kreativitätsspezifische Fähigkeiten des Wissenschaftlers fordern. Bereichsspezifisches Wissen, Problemlösungsverhalten und Motivation sind hier unverzichtbar.[393] Daneben sind auch Phantasie, Flexibilität und Intuition gefragt. Dies wird für Natur- wie Geisteswissenschaften gleichermaßen gelten. Das Aufstellen eines mathematischen Theorems

---

386 Mijatovic, S. 227 m.w.N.
387 Siehe v. Moltke, S. 66.
388 Hempel, S. 15; siehe hierzu auch Haberstumpf, Sprachwerke, S. 66; Altenpohl, S. 118.
389 v. Moltke, S. 66 kritisiert, dass erkenntnisphilosophische Erwägungen hier nicht weiterführten, sondern den Streit um die Vorgegebenheit wissenschaftlicher Erkenntnis auf eine „philosophische Glaubensfrage" reduzierten.
390 Als Kreativität bezeichnet man in der Psychologie „die Fähigkeit, etwas Neues zu schaffen" (Barron, The psychology of creativity, 1965) oder „die Fähigkeit des Menschen, Denkergebnisse beliebiger Art hervorzubringen, die im Wesentlichen neu sind und demjenigen, der sie hervorgebracht hat, vorher unbekannt waren" (Drevdahl, Factors of importance for creativity, 1956), siehe ausführlich zu diesen und weiteren Definitionsansätzen Weimar, S. 63 ff. sowie Kühne, S. 25 ff.
391 Kühne, S. 34, 37; Weimar, S. 64. Zur Einführung in die moderne Kreativitätsforschung siehe Rehbinder, Psychologische Dimension, S. 9 ff.
392 Plett, S. 76; siehe hierzu auch Hempel, S. 15 der betonte, die Entwicklung wissenschaftlicher Hypothesen oder Theorien erfordere ebenso wie ihr Beweis schöpferische Erfindungskraft, sie verlange „glückliches Raten".
393 Siehe hierzu Kühne, S. 33 f., die insbesondere auf die Arbeit von Amabile, The social psychology of creativity (1983), hinweist.

erfordert ebenso viel wissenschaftliche Kreativität und Phantasie wie die Entwicklung einer juristischen Theorie, das Konstruieren einer philosophischen Lehre oder das Aufdecken und Erläutern historischer Zusammenhänge.[394]

Der wissenschaftliche Erkenntnisprozess erschöpft sich also keineswegs im bloßen Aufdecken von unbekannten, aber vorgegebenen Tatsachen oder Zusammenhängen. Vielmehr handelt es sich um einen Vorgang, der ganz besondere geistige Fähigkeiten fachlicher und kreativer Natur verlangt, um die hinter bestimmten Gegebenheiten liegenden Gesetzmäßigkeiten erkennen zu können.[395] Wenn danach der Erkenntnisprozess als eine kreative Leistung bezeichnet werden kann, gilt dies auch für das Ergebnis dieser Leistung:[396] die wissenschaftliche Erkenntnis, Theorie oder Lehre – der Inhalt – kann also durchaus die für das Urheberrecht erforderliche Individualität aufweisen.[397]

Zu berücksichtigen ist freilich, dass nicht der Inhalt eines jeden wissenschaftlichen Werkes die erforderliche Individualität aufweisen wird. Entscheidend ist, ob das Werk subjektiv neue Erkenntnisse beinhaltet.[398] So wird im Schrifttum darauf hingewiesen, dass es ein grundlegender Unterschied sei, ob eine wissenschaftliche Erkenntnis zum ersten Mal gewonnen werde oder ob nur die Erkenntnisse und Gedankengänge eines anderen nachvollzogen oder überprüft würden.[399] Während das Hervorbringen neuer Erkenntnis die Fähigkeit erfordere, verschiedene unterschiedliche Fakten zu kombinieren, neu zu ordnen und dahinter Gesetzmäßigkeiten zu erkennen, könne die Nachvollziehung und Überprüfung schon gewonnener Erkenntnisse dagegen mit gewöhnlichen Mitteln ausgeführt werden.[400] Die Individualität des Inhalts eines wissenschaftlichen Werkes kann also nicht angenommen werden, wenn der Wissenschaftler bloß die Erkenntnisse, Lehren oder Theorien eines anderen übernimmt.[401] Gleiches gilt, wenn sich seine geistige Tätigkeit auf das schlichte Zusammenfügen bereits bekannter Erkenntnisse oder Tatsachen beschränkt und, etwa aus methodischen Gründen, auch die jeweilige Art und Weise des Zusammenfügens vorgegeben ist.[402] Auch für wissenschaftliche Daten, Messergebnisse und Fakten, welche die Natur, die Geschichte oder die Menschen liefern, kann kein Urheberrechtsschutz beansprucht werden, da derartige Tatsachen nicht auf der schöpferischen Geistestätigkeit des Wissenschaftlers beruhen.[403] Werden

---

394 v. Moltke, S. 73 f.
395 Altenpohl, S. 123.
396 Siehe hierzu auch Peukert, S. 66, der Kreativität als ein notwendiges Merkmal geistigen Schaffens und seines Ergebnisses, der Schöpfung, bezeichnet.
397 Siehe auch v. Moltke, S. 73 f.
398 v. Moltke, S. 183 f.
399 Engel, GRUR 1982, 705, 708.
400 Ebd.
401 Siehe hierzu auch Haberstumpf, Sprachwerke, S. 65.
402 v. Moltke, S. 183.
403 v. Moltke, S. 187 m.w.N.

jedoch aus derart vorgegebenen Tatsachen Theorien und Hypothesen abgeleitet, werden Schlussfolgerungen gezogen oder Gesetzmäßigkeiten formuliert, kann darin eine individuelle Leistung gesehen werden.[404] Entscheidend ist, dass der Wissenschaftler einen Gestaltungsspielraum zur Entwicklung und Verwirklichung eigener kreativer Gedanken gehabt und diesen auch ausgeschöpft hat. Dabei muss die wissenschaftliche Erkenntnis nicht in allen Zügen vollkommen neu und ausschließlich das Ergebnis einer schöpferischen Leistung sein. Dies würde dem Wesen wissenschaftlicher Tätigkeit, die zum großen Teil darin besteht, sich mit fremden Ansätzen, Gedanken und Theorien auseinanderzusetzen, nicht gerecht. Die Individualität kann daher auch schon dann bejaht werden, wenn der Wissenschaftler bereits bestehende Theorien durch seine persönliche Geistestätigkeit derart verdeutlicht oder weiterentwickelt, dass das Wissen in nicht nahe liegender Weise erweitert wird.[405] Wegen ihres individuellen Inhalts können nicht nahe liegende Erkenntnisse als „neue Sicht der Welt" durchaus als schutzfähige Werke angesehen werden.[406]

Im Ergebnis ist festzuhalten, dass entgegen der früher vertretenen Ansicht nicht von der allgemeinen Vorgegebenheit wissenschaftlicher Erkenntnisse ausgegangen werden kann. Vielmehr haben die moderne Wissenschaftslehre und die Kreativitätsforschung gezeigt, dass wissenschaftliche Erkenntnisse niemals vorgegeben sind und der wissenschaftliche Erkenntnisprozess durchaus eine schöpferische Tätigkeit darstellen kann. Bei Vorliegen der erforderlichen Gestaltungshöhe[407] kann also der Inhalt eines wissenschaftlichen Werkes die für den Urheberrechtsschutz notwendige Individualität aufweisen, wenn er in neuen Erkenntnissen, Theorien oder Lehren besteht, das Werk also neues wissenschaftliches Gedankengut mitteilt.[408] Das erste der untersuchten Argumente steht der Schutzfähigkeit des Inhalts wissenschaftlicher Werke demnach nicht entgegen.

b) Die Abgrenzung von den technischen Schutzrechten

aa) These

Ein weiteres Argument gegen die Schutzfähigkeit des Inhalts wissenschaftlicher Werke findet sich in zwei älteren Entscheidungen des BGH.[409] In der Entscheidung

---

404 Ebd.
405 Altenpohl, S. 149; Wittmer, S. 91.
406 Rehbinder, Rn. 51.
407 Siehe hierzu S. 95 ff. dieser Arbeit.
408 Siehe auch v. Moltke, S. 74; Haberstumpf, Sprachwerke, S. 81.
409 BGH GRUR 1979, 464, 465 – Flughafenpläne; BGH GRUR 1984, 659, 660 – Ausschreibungsunterlagen.

„Ausschreibungsunterlagen" begründete der BGH die Nichtberücksichtigung des Inhalts wissenschaftlicher Schriftwerke mit „dem Wesen des Urheberrechtsschutzes und seiner Abgrenzung gegenüber den technischen Schutzrechten".[410] Bei einem urheberrechtlichen Schutz der technischen Lehre, so der BGH, würde in das bestehende Ordnungssystem der technischen Schutzrechte mit ihren anders gearteten formellen und materiellen Schutzvoraussetzungen und ihrer wesentlich kürzeren Schutzdauer eingegriffen.

bb) Kritik

Im Schrifttum ist dieses Argument als nicht stichhaltig kritisiert worden.[411] Die Abgrenzung der Schutzbereiche von Urheberrecht und technischen Schutzrechten sei auch dann möglich, wenn der Inhalt wissenschaftlicher Werke bei der Begründung der Werkeigenschaft berücksichtigt werde.[412] Begründet wird dies mit der unterschiedlichen Schutzrichtung der verschiedenen Rechtsregime. Schutzgegenstand des Patent- und Gebrauchsmusterrechts ist die technische Erfindung, verstanden als Lehre zum technischen Handeln, mit der ein technisches Problem gelöst wird.[413] Darunter fallen etwa im Patentrecht technische Erzeugnisse sowie technische Herstellungs- und Arbeitsverfahren. Ausdrücklich ausgenommen vom Schutz des Patent- und Gebrauchsmusterschutzes sind wissenschaftliche Theorien, mathematische Methoden und ästhetische Formschöpfungen.[414] Das Patent gewährt dem Patenrechtsinhaber das ausschließliche Recht, die patentierte Erfindung zu benutzen. Ihm ist es vorbehalten, ein patentiertes Erzeugnis herzustellen oder anzubieten, ein patentiertes Verfahren anzuwenden oder ein unmittelbar durch ein patentiertes Verfahren hergestelltes Erzeugnis in den Verkehr zu bringen.[415] Das Patent- und das Gebrauchsmusterrecht monopolisieren damit das Ausführen einer technischen Handlungsanweisung; sie schützen hingegen nicht davor, dass die technischen Erzeugnisse und Verfahren dargestellt, beschrieben oder vorgetragen werden.[416] Dies fällt in den Bereich des Urheberrechts. Kommt beispielsweise einem Schriftwerk, das eine technische Erfindung oder ein technisches Verfahren beschreibt, Urheberrechtsschutz zu, schützen die urheberrechtlichen Verwertungsrechte etwa vor einer unbefugten Vervielfältigung, Verbreitung oder öffentlichen

---

410 BGH GRUR 1984, 659, 660 – Ausschreibungsunterlagen.
411 Siehe zur Kritik insbesondere v. Moltke, S. 59 ff.; Haberstumpf, UFITA 96 (1983), 41, 50 ff.; ders., Sprachwerke, S. 72 ff.; Altenpohl, S. 153 ff.
412 v. Moltke, S. 62.
413 Ilzhöfer, Rn. 93 ff.
414 §§ 1 Abs. 3 Nr. 1, 2 PatG, 1 Abs. 2 Nr. 1, 2 GebrMG.
415 Siehe § 9 PatG mit weiteren Tatbeständen; für das Gebrauchsmusterrecht siehe § 11 GebrMG.
416 Haberstumpf, Sprachwerke, S. 74; v. Moltke, S. 62.

Zugänglichmachung des Schriftwerks. Das Urheberrecht kann hingegen niemanden daran hindern, sich entsprechend den im Schriftwerk dargestellten technischen Handlungsanweisungen zu verhalten, also beispielsweise die beschriebene Erfindung zu konstruieren oder das dargestellte Verfahren anzuwenden.[417] Diese Handlungen fallen nicht mehr in den Schutzbereich eines urheberrechtlich geschützten Schriftwerkes.[418] Danach gilt: Unabhängig von der Frage, ob eine technische Lehre den Schutz des Patent- oder Gebrauchsmusterrechts genießt oder nicht, erstreckt sich der Schutz des Urheberrechtes niemals auf die in einem wissenschaftlichen Schriftwerk dargestellten Anwendungsmöglichkeiten.[419] Ein wissenschaftliches Schriftwerk kann also sowohl urheberrechtlich gegen die unbefugte Verwertung als auch auf Grund der technischen Schutzrechte gegen die unbefugte gewerbliche Verwertung der in ihm enthaltenen technischen Lehre geschützt sein, ohne dass es zu einem Konflikt beider Systeme kommt. Soweit ersichtlich, hat auch der BGH Abstand von diesem Argument genommen.[420]

Danach bleibt festzuhalten, dass auch das Argument der Abgrenzung von den technischen Schutzrechten der Schutzfähigkeit des Inhalts wissenschaftlicher Schriftwerke nicht entgegensteht.

c) Die Monopolisierung wissenschaftlicher Erkenntnisse

aa) These

„Es wäre für die ganze Wissenschaft im höchsten Grade verderblich, wenn eine neue Entdeckung der Geschichte, Rechts- oder Heilwissenschaft jahrelang nur von dem Entdecker selbst kundgegeben werden dürfte, so dass im Übrigen die Wissenschaft wissentlich Falsches lehren müsste, so lange bis die Entdecker das Zeitliche gesegnet haben!" Mit diesen Worten äußerte sich bereits *Kohler*[421] zur Gefahr der Monopolisierung wissenschaftlicher Erkenntnisse. Im Kern lebt diese Argu-

---

417 Haberstumpf, Sprachwerke, S. 73; v. Moltke, S. 62.
418 Anders verhält es sich im Bereich der Kunst. Werden gemäß § 2 Abs. 1 Nr. 4 UrhG geschützte Entwürfe der bildenden Künste, der Baukunst oder der angewandten Kunst ausgeführt, handelt es sich bei der Ausführung des Entwurfs um eine Vervielfältigung des Werkes, die nur mit Zustimmung des Urhebers erfolgen darf. Schutzgegenstand ist hier das im Entwurf vorgesehene Werk selbst. Auf Darstellungen wissenschaftlicher oder technischer Art oder gar Schriftwerke triff dies jedoch nicht zu, siehe Ulmer § 22 II 4.
419 Altenpohl, S. 158.
420 In den seit BGH GRUR 1984, 659 – Ausschreibungsunterlagen ergangenen Entscheidungen zum Schutz wissenschaftlicher Werke findet sich diese Argumentation nicht mehr. In BGH GRUR 1991, 449, 450 – Betriebssystem führte der BGH aus, dass ein möglicherweise in Betracht kommender Patentschutz einem Urheberrechtsschutz nicht zwingend entgegenstehe.
421 Kohler, Urheberrecht, S. 128 f.

mentation bis heute fort. Wie wir bereits gesehen haben, soll nach verbreiteter Auffassung der Inhalt eines wissenschaftlichen Werkes bei der Prüfung der Werkqualität keine Berücksichtigung finden. Anderenfalls könnte der Urheber wissenschaftliches Gedankengut durch die ihm nach dem Urheberrechtsgesetz zustehenden Ausschließlichkeitsrechte monopolisieren.[422] Wissenschaftliche Erkenntnisse, Lehren und Theorien seien aber im Interesse der Allgemeinheit und im Interesse des wissenschaftlichen Fortschritts vor jeder Art der Monopolisierung zu schützen. Es müsse jedem erlaubt sein, fremde Erkenntnisse aufzugreifen, zu überprüfen, weiterzuentwickeln oder auch nur darzustellen. Der Grundsatz der Freiheit wissenschaftlicher Erkenntnisse diene dem Fortschritt der Wissenschaft, der wissenschaftlichen Diskussion und der Weiterentwicklung wissenschaftlicher Lehren.[423] Ein rechtliches Monopol an wissenschaftlichem Gedankengut sei hiermit unvereinbar. Niemandem solle es möglich sein, andere auf Grund des Urheberrechts daran hindern zu können, Erkenntnisse wörtlich oder mit anderen Worten, jedoch inhaltsgleich zu übernehmen.[424]

bb) Kritik

Dass wissenschaftliche Erkenntnisse, Theorien und Lehren im Interesse einer freien und ungehinderten wissenschaftlichen Auseinandersetzung und im Interesse des wissenschaftlichen Fortschritts für jedermann frei zugänglich und benutzbar sein müssen, ist im Grundsatz unbestritten. Einhellig geht man daher auch im kritischen Schrifttum davon aus, dass dies nicht durch die Ausübung von urheberrechtlichen Ausschließlichkeitsrechten verhindert werden darf. Gleichwohl ist die von der herrschenden Auffassung vertretene Schutzunfähigkeit des Inhaltes wissenschaftlicher Werke vielfach kritisiert worden. Denn – so die Quintessenz der Kritik – die Nichtberücksichtigung des Inhalts wissenschaftlicher Werke führe konsequent angewendet zum Ausschluss dieser Werke aus dem Kreis der schutzfähigen Schöpfungen.[425] Im Schrifttum wurden daher verschiedene Lösungen vorgeschlagen, wie das Problem der drohenden Gedankenmonopolisierung mit einem adäquaten

---

422   Siehe hierzu Dreyer/Kotthoff/Meckel/Dreyer, § 2 Rn. 106; Heermann, GRUR 1999, 468, 470; so bereits Ghiron, UFITA 5 (1932), 34, 43.
423   Hubmann, FS Uchtenhagen, S. 185. Kummer, S. 107 betont, der freie Zugang zu den wissenschaftlichen Arbeitsergebnissen sei tragende Säule unserer Kulturauffassung: wer sich der Wissenschaft verschreibe, mache sich zu ihrem Diener, trete in die Anonymität des Heeres der Forscher, die sich alle für ein das gesamte Wissen umfassendes, mächtiges Gemeinschaftswerk im Dienste des Erkennens einsetzten.
424   Siehe hierzu umfassend v. Moltke, S. 74 f.
425   Siehe statt vieler Haberstumpf, ZUM 2001, 819, 820. Als Beispiel wird häufig der Fall eines Wissenschaftlers angeführt, dessen Werk deshalb schutzlos bleiben soll, da die Form nicht den urheberrechtlichen Schutzvoraussetzungen genüge und der Inhalt grundsätzlich nicht schutzfähig sei, siehe v. Moltke, S. 92.

Schutz wissenschaftlicher Werke in einen gerechten Einklang zu bringen sei. Im Folgenden sollen die wichtigsten Vorschläge erläutert und anschließend überprüft werden.

2. Die Minderansicht von der Schutzfähigkeit des Inhalts

a) Der Vorschlag Planders

Plander vertritt die Auffassung, dass sich die für den Urheberrechtsschutz konstitutive Individualität eines wissenschaftlichen Werkes auch aus den in ihm wiedergegebenen Erkenntnissen ergeben könne.[426] Die Eigenart wissenschaftlicher Werke schließe es nicht von vornherein aus, ihnen Urheberrechtsschutz auch im Hinblick auf den Inhalt zuzuerkennen. *Plander* differenziert dabei zwischen der Begründung der Werkeigenschaft und dem Schutzumfang des Werkes. Der auch von ihm anerkannte Grundsatz der Freiheit wissenschaftlicher Erkenntnisse sei noch nicht bei der Prüfung der Werkeigenschaft, sondern erst bei der Festlegung des Schutzumfangs zu berücksichtigen. Maßgeblich für den Schutzumfang wissenschaftlicher Werke sei der Zeitpunkt der Veröffentlichung gem. § 6 Abs. 1 UrhG: Vor der Veröffentlichung stünden dem Wissenschaftler sowohl an der Form als auch am Inhalt des Werkes Urheberpersönlichkeitsrechte und Verwertungsrechte uneingeschränkt zu.[427] Nach der Veröffentlichung gelte dies weiterhin für die Form des Werkes. Ab dem Zeitpunkt der Veröffentlichung müssten jedoch wissenschaftliche Erkenntnisse mit Rücksicht auf die Freiheit der wissenschaftlichen Auseinandersetzung frei benutzbar sein.[428] Nach der Veröffentlichung könne der Urheber also weder Urheberpersönlichkeitsrechte noch Verwertungsrechte im Hinblick auf den Inhalt geltend machen. [429]

b) Der Vorschlag Haberstumpfs und Altenpohls

Haberstumpf und *Altenpohl* schlagen einen anderen Weg vor, wie das Interesse der Allgemeinheit an der freien wissenschaftlichen Auseinandersetzung mit dem Interesse der wissenschaftlichen Urheber in Einklang zu bringen sei.[430] Nach ihrer

---

426 Plander, UFITA 76 (1976), 25, 44 f.
427 Plander, UFITA 76 (1976), 25, 68 f.
428 Ähnlich bereits Ghiron für das italienische Urheberrecht in der Übersetzung von Smoschewer, UFITA 5 (1929), 34, 42 ff.
429 Plander, UFITA 76 (1976), 25, 69.
430 Haberstumpf, Sprachwerke, S. 77 ff., 81 f.; ders., UFITA 96 (1983), 41, 50 ff.; ders., ZUM 2001, 819, 822 ff.; Altenpohl, S. 194 ff.

Ansicht bedarf es zur Lösung der Konfliktlage keines Eingriffs in das bewährte urheberrechtliche System. Vielmehr habe der Gesetzgeber bereits die erforderlichen Vorschriften geschaffen, um die Freiheit der wissenschaftlichen Auseinandersetzung gegenüber den Urheberinteressen zur Geltung zu bringen.[431] Denn den weit reichenden urheberrechtlichen Befugnissen stünden ausdifferenzierte Schrankenbestimmungen gegenüber, mit denen die Rechte der Urheber wieder eingeschränkt und damit die nötige Feinabstimmung entgegenstehender Belange erreicht werde.[432] Nach dieser Auffassung reichen das Zitatrecht gem. § 51 UrhG, das Recht der freien Benutzung gem. § 24 Abs. 1 UrhG sowie das Recht der Inhaltsmitteilung gem. § 12 Abs. 2 UrhG aus, um eine Monopolisierung wissenschaftlicher Erkenntnisse zu verhindern.[433]

c) Der Vorschlag v. Moltkes

Nach der Auffassung *v. Moltkes* ist der vorstehend dargestellte Ansatz, den Interessenausgleich über die Schrankenbestimmungen herbeizuführen, abzulehnen.[434] Es treffe zwar zu, dass die §§ 51, 24 Abs. 1 und 12 Abs. 2 UrhG in manchen Fällen die Monopolisierung wissenschaftlichen Gedankenguts einschränken oder verhindern könnten, dies sei jedoch nicht immer gewährleistet. Denn in einer Vielzahl der Fälle seien die Tatbestandsvoraussetzungen dieser Vorschriften nicht erfüllt, so dass das Monopolisierungsproblem wieder auflebe.[435] Nach der Ansicht *v. Moltkes* können jedoch nur die Verwertungsrechte, nicht hingegen die Urheberpersönlichkeitsrechte zu einer unerwünschten Monopolisierung wissenschaftlicher Erkenntnisse führen. Er schlägt daher vor, den Schutzumfang wissenschaftlicher Werke so zu begrenzen, dass dem Urheber nur diejenigen Befugnisse verwehrt werden, die eine Gefahr für die freie wissenschaftliche Auseinandersetzung hervorrufen würden. Danach sollen dem Urheber am Inhalt des Werkes nur die Urheberpersönlichkeitsrechte,[436] nicht jedoch die Verwertungsrechte zustehen. An der Form sollen ihm hingegen sowohl sämtliche Urheberpersönlichkeitsrechte als auch sämtliche Verwertungsrechte verbleiben.[437]

---

431 Haberstumpf, Sprachwerke, S. 78; Altenpohl, S. 194 ff., 275; ähnlich auch Rehbinder, Rn. 51; Buchmüller, S. 49 f.
432 Haberstumpf, ZUM 2001, 819, 823.
433 So auch Rehbinder, Rn. 51; Altenpohl, S. 194 ff., 275; Buchmüller, S. 49 f.; a. A. v. Moltke, S. 98 ff.
434 v. Moltke, S. 98 ff.
435 v. Moltke, S. 98.
436 Einschließlich des Rechts auf Zugang zu Werkstücken gem. § 25 UrhG, nicht hingegen das Recht der Inhaltsmitteilung gem. § 12 Abs. 2 UrhG.
437 v. Moltke, S. 148.

Dogmatisch begründet *v. Moltke* seine Lösung mit einer teleologischen Reduktion des § 11 UrhG. Nach dieser Vorschrift werden dem Urheber umfassende persönlichkeitsrechtliche und vermögensrechtliche Befugnisse zugeordnet. § 11 UrhG enthalte jedoch eine verdeckte Regelungslücke, die in der fehlenden Einschränkung bestehe, dass sich das Urheberrecht mit seinen verwertungsrechtlichen Befugnissen nicht auf den Inhalt wissenschaftlicher Werke erstrecke.[438] Diese Lücke könne durch Hinzufügen der erforderlichen Einschränkung – dem Versagen der Verwertungsrechte am Werkinhalt – aufgefüllt werden. Trotz des anders lautenden Gesetzeswortlauts von § 11 UrhG seien dem Urheber die verwertungsrechtlichen Befugnisse am Inhalt des wissenschaftlichen Werkes zu verwehren.[439]

3. Überprüfung der Vorschläge

a) Kritik am Vorschlag Planders

Der Vorschlag *Planders* vom bis zur Veröffentlichung des Werkes reichenden Inhaltsschutz ist überwiegend auf Kritik gestoßen.[440]

Zum einen wird gerügt, dieser Ansatz führe zu einer Spaltung zwischen Begründung und Umfang des Urheberrechtsschutzes, was mit dem geltenden Urheberrecht nicht vereinbar sei.[441] Denn der Inhalt, der bei der Begründung der Werkqualität herangezogen werde, müsse auch nach der Veröffentlichung am Urheberrechtsschutz teilnehmen. Eine Auslegung, die den schutzbegründenden Inhalt nach der Veröffentlichung ungeschützt lasse, stehe im Widerspruch zur Struktur der §§ 1 und 2 UrhG.[442]

Zum anderen wird kritisiert, dass die von *Plander* vorgeschlagene Ausdehnung des urheberrechtlichen Schutzes auf den Werkinhalt nur bis zur Veröffentlichung praktisch bedeutungslos bliebe. Denn der urheberrechtliche Schutz versage gerade dann, wenn es auf ihn ankomme: Nicht vor, sondern nach der Veröffentlichung des Werkes habe der Urheber das größte Interesse daran, seine Rechte wahrzunehmen. So komme es ihm in der Regel erst nach der Veröffentlichung darauf an, als Urheber genannt zu werden und sich gegen Anmaßungen seiner Urheberschaft durch Dritte zur Wehr zu setzen.[443]

---

438 v. Moltke, S. 152 ff.
439 v. Moltke, S. 154 f.
440 Hubmann, FS Uchtenhagen, S. 185 f; Möhring/Nicolini/Ahlberg, § 2 Rn. 56; Schricker/ Loewenheim/Loewenheim, § 2 Rn. 63 f; Haberstumpf, Sprachwerke, S. 5 f.; Engel, GRUR 1982, 705, 709; Götting, FS Nordemann, S. 18; Buchmüller, S. 49 f.; v. Moltke, S. 94 f.; soweit ersichtlich, hat sich lediglich Plett, S. 29 f. der Auffassung Planders angeschlossen.
441 Engel, GRUR 1982, 705, 709.
442 Buchmüller, S. 49; v. Moltke, S. 94.
443 So zutreffend Buchmüller, S. 49; v. Moltke, S. 94; Götting, FS Nordemann, S. 18.

Dem ist zuzustimmen. Der Schutz des Inhalts wissenschaftlicher Werke wäre faktisch wertlos, reichte er nur bis zum Zeitpunkt der Veröffentlichung. Darüber hinaus findet eine derartige Auslegung keine Stütze im Gesetz. Der Schutz des Urheberrechts kann vielmehr nur durch Zeitablauf gem. § 64 Abs. 1 UrhG, nicht aber durch eine Handlung des Urhebers beendet werden.[444] Das Ende des urheberrechtlichen Schutzes an den Tatbestand der Veröffentlichung des Werkes zu knüpfen, erscheint mithin willkürlich. Der Lösungsvorschlag *Planders* ist daher auch nach der hier vertretenen Auffassung abzulehnen.

b) Kritik am Vorschlag Haberstumpfs und Altenpohls

Auch die Auffassung *Haberstumpfs* und *Altenpohls*, wonach wissenschaftliche Theorien, Lehren und Forschungsergebnisse bei richtiger Auslegung der Vorschriften des Zitatrechts, der freien Benutzung sowie des Rechts der Inhaltsmitteilung unproblematisch geschützt werden können, ist im Schrifttum auf Widerspruch gestoßen.[445] *Von Moltke* hat überzeugend dargelegt, dass die §§ 51, 24 Abs. 1 und 12 Abs. 2 UrhG zwar in einigen Fällen die mit dem Inhaltsschutz verbundene Monopolisierung wissenschaftlichen Gedankenguts verhindern oder zumindest einschränken können. Er kommt jedoch zu dem Ergebnis, dass das Monopolisierungsproblem wieder auflebe, sobald die tatbestandlichen Voraussetzungen dieser Vorschriften nicht mehr erfüllt seien.[446] Auch nach der hier vertretenen Auffassung kann eine Monopolisierung wissenschaftlichen Gedankenguts nicht in allen Fällen durch das Zitatrecht, die freie Benutzung und das Recht der Inhaltsmitteilung ausgeschlossen werden. Dies beruht auf folgenden Erwägungen:

aa) Kein ausreichender Schutz vor Monopolisierung durch § 51 UrhG

Sinn und Zweck der in § 51 UrhG geregelten Zitierfreiheit ist es, im Interesse des allgemeinen kulturellen und wissenschaftlichen Fortschritts, der Freiheit der geistigen Auseinandersetzung mit fremden Gedanken zu dienen.[447] Die Vorschrift erlaubt es, Stellen fremder Werke oder sogar ganze Werke zu veröffentlichen, zu verbreiten oder öffentlich wiederzugeben, wenn verschiedene Voraussetzungen

---

444   Dies betont auch v. Moltke, S. 94, der daneben darauf hinweist, dass auch ein ausdrücklicher Verzicht des Urhebers das Urheberrecht nicht zum Erlöschen brächte.
445   v. Moltke, S. 95 ff.
446   v. Moltke, S. 98.
447   BGH GRUR 1994, 800, 803 – Museumskatalog.

erfüllt sind:[448] So muss die Nutzung insbesondere einem bestimmten Zweck, dem sog. Zitatzweck, dienen. Dieser erfordert, vereinfacht ausgedrückt, das Bestehen einer „inneren Verbindung" zwischen dem zitierten und dem zitierenden Werk. Überwiegend wird hier gefordert, das Zitat müsse als „Beleg", „Erörterungsgrundlage" oder als „Hilfsmittel" für das zitierende Werk dienen. Des Weiteren darf die Nutzung einen gewissen Umfang nicht überschreiten und nur in einem selbständigen Werk erfolgen. Darüber hinaus besteht eine Reihe weiterer ungeschriebener Tatbestandsmerkmale. Ohne schon hier eine detaillierte Analyse der einzelnen Voraussetzungen des § 51 UrhG vorwegzunehmen, lässt sich bereits an dieser Stelle sagen, dass die Zitierfreiheit in einer Vielzahl der Fälle eine Monopolisierung wissenschaftlicher Inhalte auszuschließen vermag. Beispielsweise ist nach der höchstrichterlichen Rechtsprechung zum Zitatzweck des Kleinzitats (§ 51 Satz 2 Nr. 2 UrhG) dem Zweckerfordernis genüge getan, wenn die Entlehnungen als Hilfsmittel der eigenen Darstellung benutzt werden, etwa um das fremde Werk kritisch zu beleuchten oder es als Ausgangspunkt, zur Bekräftigung oder Erläuterung des eigenen Gedankengangs auszuwerten.[449] Jedem Wissenschaftler ist es daher auf Grund des Zitatrechts möglich, den Stand der Forschung zu einem bestimmten Thema darzustellen: Indem er fremde Erkenntnisse und Theorien wörtlich wiedergibt, um sich mit ihnen inhaltlich auseinanderzusetzen, sie zu kritisieren oder zu bestätigen. Zu berücksichtigen ist auch, dass es die Regelung des sog. Großzitats gem. § 51 Satz 2 Nr. 1 UrhG sogar erlaubt, ganze Werke in ein wissenschaftliches Werk zu übernehmen, wenn die inhaltliche Auseinandersetzung dies erfordert.[450] Zu Recht wird im Schrifttum darauf hingewiesen, dass damit bereits ein großer Teil wissenschaftlichen Arbeitens abgedeckt werde.[451]

Damit ist jedoch noch nicht die Frage beantwortet, ob die Zitierfreiheit auch eine mit dem Schutz des Inhalts wissenschaftlicher Werke verbundene Monopolisierung wissenschaftlichen Gedankenguts verhindern könnte. Denn es ist zu berücksichtigen, dass das Zitatrecht grundsätzlich nur die identische oder nahezu identische Übernahme fremder Werke oder Werkteile gestattet.[452] Der Zitatbegriff des Urheberrechtsgesetzes geht von einer originalgetreuen Werkwiedergabe aus. § 62 Abs. 1 Satz 1 UrhG bestimmt ausdrücklich, dass bei Zitaten keine Änderungen an dem Werk vorgenommen werden dürfen. Für das Zitieren in und aus Schriftwerken heißt das, dass fremde Texte grundsätzlich nur wortwörtlich in ein anderes Werk übernommen werden dürfen. Dabei wird nicht übersehen, dass auch Ausnahmen

---

448 Siehe zu den Voraussetzungen und den Grenzen der Zitierfreiheit ausführlich S. 123 ff. dieser Arbeit.
449 BGH GRUR 1986, 59, 60 – Geistchristentum; BGH GRUR 1959, 197, 199 – Verkehrskinderlied.
450 Siehe zum wissenschaftlichen Großzitat S. 130 ff. dieser Arbeit.
451 v. Moltke, S. 101.
452 Siehe hierzu ausführlich S. 144 ff. dieser Arbeit.

zu diesem grundsätzlichen Änderungsverbot bestehen. So regelt § 62 Abs. 2 UrhG, dass Übersetzungen des zitierten Werkes oder Werkteils zulässig sein können. Ebenso können solche Änderungen zulässig sein, zu denen der Urheber seine Einwilligung nach Treu und Glauben nicht versagen kann.[453] So soll es nach herrschender Auffassung zulässig sein, Zitate von der direkten Rede in die indirekte Rede umzuwandeln, Wortverschiebungen vorzunehmen oder den Satzbau umzustellen, um das Zitat in ein anderes Satzgefüge einbauen zu können.[454] Im Schrifttum wird jedoch betont, dass hier strenge Maßstäbe anzulegen seien und nur solche Änderungen vorgenommen werden dürften, die im Verkehr als unwesentlich oder üblich angesehen würden.[455]

Diese Grundsätze stehen dem Inhaltsschutz wissenschaftlicher Werke entgegen. Denn sollte das Zitatrecht eine Monopolisierung wissenschaftlichen Gedankenguts wirksam verhindern, müsste es auch geeignet sein, die Vervielfältigung fremder wissenschaftlicher Inhalte durch sinngemäße Übernahmen zu rechtfertigen.[456] Denn die Freiheit der wissenschaftlichen Auseinandersetzung ist nur gewährleistet, wenn es dem Wissenschaftler ohne Einschränkung möglich ist, fremde Theorien, Erkenntnisse oder Lehren auch sinngemäß, aber mit eigenen Worten in seinem Werk darzustellen. Sinngemäße Übernahmen, mit denen zwangsläufig äußerliche und inhaltliche Änderungen der entlehnten Werkstellen einhergehen, lassen sich jedoch nicht mit dem im Rahmen des Zitatrechts bestehenden Änderungsverbot vereinbaren. Übernahmen, bei denen fremde wissenschaftliche Theorien, Lehren oder Forschungsergebnisse mit gleichem Inhalt, jedoch im Gewand einer neuen sprachlichen Gestaltung reproduziert werden, können daher nicht mit der urheberrechtlichen Zitierfreiheit gerechtfertigt werden. § 51 UrhG vermag also eine freie wissenschaftliche Auseinandersetzung nur insoweit zu fördern, als fremde Werke oder Werkteile erkennbar und in ihrer Originalform übernommen werden. Für darüber hinausgehende, insbesondere für sinngemäße Entlehnungen bietet das Zitatrecht hingegen keine Grundlage. Wissenschaftliche Theorien, Lehren und Forschungsergebnisse könnten daher im Falle ihres urheberrechtlichen Schutzes nicht in allen Fällen ungehindert genutzt werden.

bb) Kein ausreichender Schutz vor Monopolisierung durch § 12 Abs. 2 UrhG

Auch § 12 Abs. 2 UrhG ist nach der hier vertretenen Auffassung nicht geeignet, eine Monopolisierung wissenschaftlicher Inhalte zu verhindern. Die Vorschrift ge-

---

453 §§ 62 Abs. 1 Satz 2 i.V.m. 39 Abs. 2 UrhG.
454 Siehe hierzu S. 143 ff. dieser Arbeit.
455 Rehbinder, Rn. 413.
456 So zutreffend v. Moltke, S. 101.

währt dem Urheber das Recht, den Inhalt seines Werkes öffentlich mitzuteilen oder zu beschreiben, solange das Werk nicht veröffentlicht ist.[457] Daraus wird im Umkehrschluss gefolgert, dass nach Verbrauch dieses Mitteilungsrechts jedermann berechtigt ist, den Inhalt eines Werkes öffentlich mitzuteilen oder zu beschreiben. Umstritten ist jedoch, ob sich daraus folgern lässt, § 12 Abs. 2 UrhG den Charakter einer Schrankenbestimmung zuzusprechen, welche geeignet ist, Eingriffe in urheberrechtliche Verwertungsrechte zu rechtfertigen.[458] Zum Teil wird dies in Rechtsprechung und Schrifttum vertreten. Danach könne eine Inhaltsmitteilung, die nach den allgemeinen urheberrechtlichen Grundsätzen eigentlich als einwilligungsbedürftige Bearbeitung einzustufen sei, gestützt auf § 12 Abs. 2 UrhG auch ohne Einwilligung des Urhebers verwertet werden. Lediglich wo eine Inhaltsmitteilung die Lektüre des Originalwerkes ersetze, sei der Anwendungsbereich der Vorschrift verlassen.[459]

Nach der hier vertretenen Auffassung lässt sich § 12 Abs. 2 UrhG nicht als Vorschrift interpretieren, welche im Sinne einer Schrankenbestimmung dazu geeignet ist, Eingriffe in das Urheberrecht zu legitimieren. Schon der Wortlaut von § 12 Abs. 2 UrhG macht deutlich, dass es sich um eine Bestimmung handelt, die *dem Urheber* das Recht vorbehält, den Inhalt seines Werkes mitzuteilen. Eine Auslegung der Vorschrift, welche sich als Schranke nun *gegen den Urheber* richten soll, scheint mit dem Wortlaut kaum vereinbar. Ist ein Schriftwerk nach den allgemeinen Kriterien als unfreie Bearbeitung zu qualifizieren, weil es urheberrechtlich geschützte Teile des benutzten Originalwerkes enthält, darf es nur mit Einwilligung des Urhebers veröffentlicht und verwertet werden. § 12 Abs. 2 UrhG erweist sich danach als gänzlich ungeeignet, im Falle des urheberrechtlichen Schutzes wissenschaftlicher Erkenntnisse, Lehren und Theorien deren ungehinderte Nutzung zu gewährleisten. Dies gilt selbst dann, wollte man mit der Gegenauffassung in § 12 Abs. 2 UrhG eine Schrankenbestimmung sehen. Denn auch die Befürworter jener Auffassung gehen davon aus, dass die Inhaltsmitteilung in keinem Fall die Lektüre des beschriebenen Werkes ersetzen dürfe.[460] Der Inhalt des fremden Werkes dürfe vielmehr nur in seinen wesentlichen Zügen mitgeteilt werden. Zutreffend weist *v. Moltke* darauf hin, dass diese Grenze bei der Mitteilung fremder wissenschaftlicher Erkenntnisse schnell überschritten sei. Denn die wissenschaftliche Auseinandersetzung mit fremden Theorien oder Forschungsergebnissen wird es vielfach erfordern, ihre Herleitung, Ausarbeitung und Begründung, also den gesamten wissen-

---

457 Siehe ausführlich zu § 12 Abs. 2 UrhG S. 163 ff. dieser Arbeit.
458 Siehe zur Diskussion S. 163 ff. dieser Arbeit.
459 Dieser Auslegung von § 12 Abs. 2 UrhG hat der BGH in der jüngst ergangenen Entscheidung „Perlentaucher" eine Absage erteilt, BGH GRUR 2011, 134, 138 f. – Perlentaucher, siehe hierzu auch S. 163 ff. dieser Arbeit.
460 Etwa Haberstumpf, Handbuch, Rn. 205.

schaftlichen Gedankengang, darzustellen und zu erläutern, ohne sich nur auf die wesentlichen Züge des Werkes beschränken zu können.[461]

cc) Kein ausreichender Schutz vor Monopolisierung durch § 24 Abs. 1 UrhG

Fraglich ist schließlich, ob das Rechtsinstitut der freien Benutzung gemäß § 24 Abs. 1 UrhG geeignet ist, die Freiheit der wissenschaftlichen Auseinandersetzung auch im Falle des urheberrechtlichen Schutzes wissenschaftlicher Erkenntnisse, Lehren und Theorien, zu gewährleisten. Nach der Auffassung *Haberstumpfs* ist dies der Fall: Sollte die Übernahme fremder wissenschaftlicher Erkenntnisse nicht vom Zitatrecht oder dem Recht der Inhaltsmitteilung gedeckt sein, sei dies auf Grund des § 24 UrhG möglich. Die freie Benutzung erlaube dabei sowohl die modifizierende als auch die identische Übernahme fremder Inhalte.[462]

Sicherlich ist richtig, dass § 24 UrhG die freie wissenschaftliche Auseinandersetzung in großem Maße begünstigt. Wie auch bei der Zitierfreiheit handelt es sich bei der freien Benutzung um eine Vorschrift, die das Urheberrecht im Interesse der Allgemeinheit am wissenschaftlichen und künstlerischen Fortschritt einschränkt. Sie erlaubt es jedem Wissenschaftler, sich von anderen wissenschaftlichen Werken inspirieren zu lassen, diese weiterzuentwickeln oder als Grundlage des eigenen Schaffens zu verwenden. Gleichwohl bestehen Bedenken, ob die freie Benutzung eine mit dem Inhaltsschutz verbundene Monopolisierung wissenschaftlicher Erkenntnisse, Lehren und Theorien umfassend verhindern könnte. Denn es ist zu berücksichtigen, dass auch § 24 UrhG verschiedene Voraussetzungen vorsieht, die erfüllt sein müssen, um eine Benutzung urheberrechtlich geschützter Werksubstanz von der Einwilligung des Urhebers freizustellen.[463] So erfordert § 24 UrhG in Abgrenzung zur unfreien Bearbeitung nach den von der Rechtsprechung hierzu entwickelten Kriterien, dass das neue Werk einen genügend großen Abstand zu den individuellen Zügen des benutzten Werkes aufweist. Nach ganz herrschender Auffassung ist dies nur dann der Fall, wenn die entlehnten individuellen Züge des älteren Werkes angesichts der Eigenart des neuen Werkes „verblassen".[464] Davon könne grundsätzlich nur dann ausgegangen werden, wenn das ältere Werk nur noch

---

461 v. Moltke, S. 106.
462 Haberstumpf, Sprachwerke, S. 78 f.; Erdmann/Rojahn/Sosnitza/Haberstumpf, Kap. 7 Rn. 201.
463 Siehe zu den Voraussetzungen im Einzelnen S. 152 ff. dieser Arbeit.
464 Zu dieser von Ulmer geprägten Formel vom „Verblassen" siehe S. 152 ff. dieser Arbeit.

„als Anregung zu neuem, selbständigen Werkschaffen" erscheine[465] und die individuellen Züge des älteren Werkes „in den Hintergrund" träten.[466]

Legt man diese Maßstäbe nun auf die Benutzung fremder wissenschaftlicher Erkenntnisse und Theorien an, liegt nahe, dass die Voraussetzungen der freien Benutzung häufig nicht erfüllt sein werden. Denn die wissenschaftliche Auseinandersetzung mit fremden Forschungsergebnissen wird es vielfach erfordern, dass die individuellen Züge des entlehnten Werkes noch deutlich im entlehnenden Werk erkennbar sind. Häufig wird auf den wesentlichen wissenschaftlichen Aussagegehalt der benutzten Erkenntnis oder Lehre so deutlich Bezug genommen werden, dass gerade nicht davon gesprochen werden kann, die individuellen Züge würden „verblassen" oder hätten nur noch als „Anregung" gedient.[467] Dies erkennt auch *Haberstumpf* an.[468] Gleichwohl könnten nach seiner Auffassung derartige Konstellationen in den Anwendungsbereich des § 24 UrhG fallen. Denn der Begriff der freien Benutzung sei als unbestimmter Rechtsbegriff einer weiten Auslegung zugänglich und dürfe auf dem Gebiet der Wissenschaft großzügiger gehandhabt werden als bei anderen Werken.[469]

Nach der hier vertretenen Auffassung bestehen rechtssystematische Bedenken gegen eine derart weite Auslegung des § 24 UrhG. Denn die Frage, ob eine freie Benutzung vorliegt, kann nicht losgelöst von den Bestimmungen über Bearbeitungen und Umgestaltungen nach § 23 UrhG beantwortet werden.[470] Sowohl unfreie Bearbeitung als auch freie Benutzung haben ein anderes Werk zur Grundlage. Beide Formen der Benutzung unterscheiden sich nur durch den Abstand der Benutzungsform vom benutzten Original.[471] Kennzeichnend für die Bearbeitung ist ihre Abhängigkeit vom Originalwerk, welches verändert wird, in seinen Grundzügen jedoch erhalten bleibt. Was freie Benutzung ist, lässt sich nur in Abgrenzung hierzu bestimmen. Schon in der Gesetzesbegründung zu § 24 UrhG heißt es, dass „abweichend von der Regelung in § 23 ein in Anlehnung an ein anderes Werk geschaffenes Werk dann ohne Zustimmung des Urhebers des benutzten Werkes veröffentlicht oder verwertet werden darf, wenn es sich von der Vorlage so weit gelöst hat, dass es als eine völlig selbständige Neuschöpfung anzusehen ist".[472] Nach der Systematik des Urheberrechtsgesetzes stehen Bearbeitung und freie Benutzung al-

---

465 BGH ZUM 2003, 777, 779 – Gies-Adler; BGH GRUR 1999, 984, 987 – Laras Tochter; BGH GRUR 1994, 206, 208 – Alcolix; BGH GRUR 1994, 191, 193 – Asterix-Persiflagen.
466 Rehbinder, Rn. 377; Schricker/Loewenheim/Loewenheim, § 24 Rn. 10; Dreier/Schulze/Schulze, § 24 Rn. 7.
467 So auch v. Moltke, S. 107.
468 Haberstumpf, ZUM 2001, 819, 824.
469 Ebd.; ähnlich auch Chakraborty, S. 115.
470 Siehe hierzu S. 152 ff. dieser Arbeit.
471 v. Gamm, § 24; Rn. 2; Fromm/Nordemann/A. Nordemann, §§ 23/24 Rn. 27.
472 Begründung des Regierungsentwurfes zu § 24 UrhG, UFITA 45 (1965), 240, 266.

so in einem Stufenverhältnis.[473] Wird ein fremdes Werk weiterentwickelt oder umgeformt, bleibt es jedoch in seinem Wesenskern erhalten, liegt eine unfreie Bearbeitung im Sinne des § 23 UrhG vor. Eine freie Benutzung kann hingegen erst dann angenommen werden, wenn die Bearbeitung so weitgehend ist, dass ein neues selbständiges Werk entsteht.[474] Der Grad der Änderung muss also über das Stadium der Umgestaltung oder Bearbeitung hinausgehen.[475] Auch der BGH hat ausgeführt, dass eine freie Benutzung nicht schon immer dann angenommen werden könne, wenn die Bearbeitung weiterführende, über die Entlehnung hinausgehende Erwägungen enthalte, die von selbständiger und schöpferischer Eigenart seien.[476]

Damit wird deutlich, dass im Falle des urheberrechtlichen Schutzes wissenschaftlicher Erkenntnisse und Theorien nicht schon jede modifizierende Übernahme als freie Benutzung qualifiziert werden könnte. Vielmehr käme es in jedem Einzelfall auf den Abstand zu der benutzten Vorlage an. Übernahmen, bei denen die individuellen Züge des benutzten Werkes im neuen Werk nicht verblassten, sondern noch deutlich erkennbar wären, müssten daher grundsätzlich als unfreie Bearbeitung oder Umgestaltung im Sinne des § 23 UrhG eingeordnet werden.[477] Eine Veröffentlichung oder Verwertung der weiterentwickelten Erkenntnis oder Theorie hinge dann von der Einwilligung des Urhebers der benutzten Vorlage ab. Dass dies die freie wissenschaftliche Auseinandersetzung auf inakzeptable Weise beinträchtigen würde, bedarf keiner weiteren Erörterung. Eine Auslegung des § 24 UrhG, welche ungeachtet der Abgrenzung zur unfreien Bearbeitung gewissermaßen in jeder Übernahme fremder wissenschaftlicher Inhalte eine freie Benutzung sehen wollte, lässt sich nach der hier vertretenen Auffassung nicht mit der urheberrechtlichen Systematik von freier und unfreier Benutzung vereinbaren.

Dabei wird nicht übersehen, dass nach der neueren Rechtsprechung des BGH zur Parodie auch deutliche, ja sogar unveränderte Übernahmen fremder Werkteile eine freie Benutzung darstellen können. In mehreren Entscheidungen führte der BGH aus, dass der für eine freie Benutzung erforderliche Abstand auch dadurch gegeben sein könne, dass das neue Werk zu den entlehnten Zügen des älteren Werkes einen so großen „inneren Abstand" halte, dass es dem Wesen nach als selbständig anzusehen sei.[478] Ein ausreichender „innerer Abstand" soll nach dem BGH in der Regel jedoch nur dann gegeben sein, wenn sich das neue Werk mit dem älteren Werk auseinandersetze, wie dies etwa bei der Parodie der Fall sei.[479] Bei

473 v. Gamm, § 24 Rn. 2; Fromm/Nordemann/A. Nordemann, §§ 23/24 Rn. 27 f.; Erdmann, WRP 2002, 1329, 1335.
474 Fromm/Nordemann/A. Nordemann, §§ 23/24 Rn. 9.
475 Dreier/Schulze/Schulze, § 24 Rn. 7.
476 BGH GRUR 1981, 352, 353 – Staatsexamensarbeit.
477 Dies betont auch v. Moltke, S. 106.
478 Zuletzt BGH GRUR 2011, 134, 137 – Perlentaucher; BGH GRUR 1994, 206, 208 – Alcolix; BGH GRUR 1994, 191, 193 – Asterix-Persiflagen.
479 Ebd.

unveränderten Übernahmen soll bei der Prüfung, ob ein selbständiges Werk vorliege, ein strenger Maßstab angelegt werden.[480]

Auch nach der hier vertretenen Auffassung erscheint es möglich, diese Grundsätze des BGH auf die wissenschaftliche Auseinandersetzung zu übertragen.[481] Danach könnte also auch die unveränderte Übernahme fremder wissenschaftlicher Lehren und Theorien als freie Benutzung erlaubt sein, selbst wenn diese noch deutlich erkennbar wären und damit nicht im nachgeschaffenen Werk „verblassten". Erforderlich wäre jedoch, dass eine wissenschaftliche Auseinandersetzung mit den übernommenen Inhalten stattfindet. Nach der Rechtsprechung des BGH müsste das neue Werk durch eigenschöpferische Leistung in dem Maß einen inneren Abstand zu den entlehnten eigenpersönlichen Zügen gewonnen haben, dass von einem selbständigen Werk gesprochen werden kann.[482] Die entlehnten eigenpersönlichen Züge müssten von dem eigenschöpferischen Gehalt des neuen Werkes „überlagert" werden.[483] Dies könnte durchaus der Fall sein, etwa wenn ein Wissenschaftler fremde Theorien in sein Werk übernimmt, um sie anschließend zu hinterfragen, zu kritisieren oder auch mit eigenen Argumenten zu untermauern. Doch was, wenn keine wissenschaftliche Auseinandersetzung mit den übernommenen Inhalten stattfindet, wenn diese lediglich reproduziert werden, etwa um den Stand der Forschung zu einem bestimmten Gegenstand darzustellen?

Berücksichtigt man, dass nach der Rechtsprechung des BGH auf Fallgestaltungen der deutlichen Übernahme strenge Maßstäbe anzulegen sind, wird man den erforderlichen „inneren Abstand" in derartigen Fällen nicht mehr ohne weiteres bejahen können. Auch hier gilt wiederum: einige Konstellationen könnten durchaus als freie Benutzung qualifiziert werden, andere hingegen nicht. Soll jedoch § 24 UrhG die freie wissenschaftliche Auseinandersetzung in jedem Fall gewährleisten, müsste die Vorschrift geeignet sein, jede modifizierende oder identische Übernahme fremder urheberrechtlich geschützter Inhalte zu erlauben. Auf Grund der dargestellten Anforderungen der Vorschrift können nach der hier vertretenen Auffassung nicht alle Bedürfnisse der wissenschaftlichen Auseinandersetzung über das Institut der freien Benutzung gelöst werden.

Schließlich ist zu berücksichtigen, dass mit der diskutierten Lösung über § 24 UrhG aus Sicht der wissenschaftlichen Urheber auch wenig gewonnen wäre. Denn sobald man die veränderte oder unveränderte Übernahme fremder, urheberrechtlich geschützter wissenschaftlicher Inhalte als freie Benutzung qualifizierte, hätten die Urheber der entlehnten Werke oder Werkteile weder einen Anspruch auf Na-

---

480 BGH GRUR 2000, 703, 704 – Mattscheibe; BGH GRUR 1994, 206, 208 – Alcolix; BGH GRUR 1994, 191, 193 – Asterix-Persiflagen.
481 So Erdmann/Rojahn/Sosnitza/Haberstumpf, Kap. 7 Rn. 201.
482 BGH GRUR 1999, 984, 987 – Laras Tochter; BGH GRUR 1994, 191, 193 – Asterix-Persiflagen.
483 BGH GRUR 1994, 191, 193 – Asterix-Persiflagen.

mensnennung, Quellenangabe oder Anerkennung ihrer Urheberschaft, noch könnten sie irgendwelche anderen urheberrechtlichen Ansprüche gegen den Nutzer ihrer Werke geltend machen. Denn die freie Benutzung liegt außerhalb des Schutzumfangs des benutzten Werkes.[484] Die geforderte Ausdehnung des urheberrechtlichen Schutzes auf wissenschaftliche Erkenntnisse, Lehren und Theorien bliebe also in allen Fällen der freien Benutzung aus Sicht des wissenschaftlichen Urhebers bedeutungslos und unterschiede sich in nichts von der herrschenden Rechtsauffassung, nach der wissenschaftliche Erkenntnisse als solche urheberrechtlich nicht geschützt werden können.

c) Kritik am Vorschlag *v. Moltkes*

Schließlich erweist sich auch der von *v. Moltke* vorgeschlagene Weg, den Urhebern wissenschaftlicher Werke am Inhalt des Werkes nur die Urheberpersönlichkeitsrechte, nicht hingegen die Verwertungsrechte zu gewähren, im Ergebnis als nicht gangbar. Mag es aus Sicht wissenschaftlicher Urheber auch wünschenswert sein, bei jeder sinngemäßen oder modifizierenden Übernahme wissenschaftlicher Erkenntnisse oder Lehren durch Dritte einen urheberrechtlichen Anspruch auf Anerkennung der Urheberschaft und Namensnennung zu haben, so lässt sich die von *v. Moltke* vorgeschlagene Reduzierung des Urheberrechts auf das Urheberpersönlichkeitsrecht mit der Systematik des Urheberrechtsgesetzes doch nicht vereinbaren.

Die von *v. Moltke* vorgebrachte Begründung, eine Beschränkung des urheberrechtlichen Schutzumfangs auf das Urheberpersönlichkeitsrecht über den „Kunstgriff"[485] einer teleologischen Reduktion von § 11 UrhG zu erreichen, vermag nicht zu überzeugen. Denn für eine teleologische Reduktion besteht überhaupt kein Raum. Es ist richtig, dass die methodische Figur der teleologischen Reduktion den Richter ermächtigen kann, den Wortlaut eines Gesetzes zu unterschreiten, wenn der Sinn der Regelung dies erfordert.[486] Entscheidend für die Zulässigkeit einer teleologischen Reduktion sind Sinn und Zweck des Gesetzes. Sie erlaubt zwar eine Unterschreitung des Gesetzeswortlauts, muss aber stets an norm- oder gesetzesimmanenten Prinzipien ausgerichtet sein.[487] Eine teleologische Reduktion wird dann nicht mehr als zulässig erachtet, wenn der Richter vorhandene Normen nicht mehr nur sinn- und zweckgemäß einschränkt, sondern gegen erklärte gesetzgeberische Wertungen generell korrigiert oder derogiert.[488]

---

484 Siehe nur v. Gamm, § 23 Rn. 3 f.
485 Kritisch auch Schmieder, NJW 1993, 1122.
486 Brandenburg, S. 4.
487 Brandenburg, S. 57.
488 Brandenburg, S. 71.

An dieser Stelle ist zu berücksichtigen, dass der historische Gesetzgeber bei Erlass des Urheberrechtsgesetzes von 1965 in der Gesetzesbegründung von § 11 UrhG ausdrücklich betonte, dass beide Seiten des Urheberrechts – Persönlichkeits- und Verwertungsrechte – eine „untrennbare Einheit" bilden.[489] Das Urheberrecht ist demnach als einheitliches Recht aufzufassen, welches zugleich den Verwertungsinteressen wie den persönlichen Interessen des Werkschöpfers dient.[490] Dieses Recht nun unter Ausschluss der Verwertungsrechte auf den persönlichkeitsrechtlichen Teil zu reduzieren, hieße nichts anderes, als gegen die ausdrückliche gesetzgeberische Wertung von der Einheitlichkeit des Urheberrechts zu verstoßen. Die prinzipielle Untrennbarkeit der persönlichkeits- und verwertungsrechtlichen Befugnisse als gesetzesimmanentes Prinzip kann daher nicht im Wege einer teleologischen Reduktion aus den Angeln gehoben werden. Schließlich ist auch nicht überzeugend, dass § 11 UrhG – wie *v. Moltke* meint – eine „verdeckte Regelungslücke" enthalte, die in der fehlenden Einschränkung des Inhaltsschutzes auf das Urheberpersönlichkeitsrecht bestehe.[491] Es kann an dieser Stelle dahinstehen, ob die Figur der teleologischen Reduktion überhaupt einer „verdeckten Regelungslücke" bedarf.[492] Denn es ist jedenfalls davon auszugehen, dass dem Gesetzgeber die Problematik des urheberrechtlichen Schutzbereichs wissenschaftlicher Werke seit langem bekannt war, da sie nicht erst nach Erlass des Reformgesetzes von 1965 aufgetreten ist.[493] In der Gesetzesbegründung zu § 1 UrhG heißt es ausdrücklich, dass ein Schutz wissenschaftlicher Ideen und Erkenntnisse durch das Urheberrechtsgesetz gerade nicht begründet werden sollte.[494] Von einer planwidrigen Gesetzeslücke in Bezug auf die Schutzfähigkeit wissenschaftlicher Erkenntnisse kann also keine Rede sein. Der Vorschlag *v. Moltkes* ist nach alledem abzulehnen.

4. Der Schutz des „Gewebes"

Im bisherigen Verlauf der Arbeit wurde deutlich, dass der Inhalt wissenschaftlicher Schriftwerke als solcher – die im Werk enthaltenen Erkenntnisse, Lehren und Theorien – nicht Gegenstand des Urheberrechtsschutzes sein kann. Es wurde gezeigt, dass ein derartiger Schutz weder an der urheberrechtlichen Schutzvoraussetzung der Individualität, noch an der Abgrenzung zu den technischen Schutzrechten scheitert. Jedoch steht die Gefahr einer Monopolisierung wissenschaftli-

---

489 Begründung des Regierungsentwurfes zu § 11 UrhG, UFITA 45 (1965), 240, 257.
490 Rehbinder, Rn. 92, ausführlich zur monistischen Theorie Rn. 31; siehe auch Schack, Rn. 343.
491 v. Moltke, S. 153.
492 Ablehnend Brandenburg, S. 60 ff.
493 So auch Schmieder, NJW 1993, 1122.
494 Begründung des Regierungsentwurfes zu § 1 UrhG, UFITA 45 (1965), 240, 251.

chen Gedankenguts auf Grund des Ausschließlichkeitscharakters des Urheberrechts dem Schutz des Inhalts wissenschaftlicher Werke entgegen. Es wurde dargelegt, dass sich die im kritischen Schrifttum vertretenen Auffassungen zur Lösung des Monopolisierungsproblems nicht mit der Systematik des UrhG vereinbaren lassen und daher abzulehnen sind.

Dies muss jedoch nicht bedeuten, dass der Inhalt wissenschaftlicher Werke gänzlich schutzlos ist. Ein Schutz inhaltlicher Elemente lässt sich durch einen veränderten Ansatz bei der Prüfung der Schutzfähigkeit erreichen. Schon *Ulmer* hat gefordert, die Unterscheidung zwischen schutzfähiger Form und nicht schutzfähigem Inhalt zu Gunsten der Unterscheidung zwischen den individuellen Zügen des Werkes und dem in ihm enthaltenen Gemeingut aufzugeben, da sich die Trennung zwischen Form und Inhalt nur begrenzt durchführen lasse.[495] Auch im jüngeren Schrifttum ist die Unterscheidung zwischen Form und Inhalt vermehrt auf Kritik gestoßen.[496] Insbesondere *Haberstumpf* und *Hilty* kritisieren, dass eine klare Abgrenzung zwischen Inhalt und innerer Form erhebliche Schwierigkeiten bereite. Zu Recht weist *Haberstumpf* darauf hin, dass die Gedankenfolge und Beweisführung eines Werkes – die innere Form – festlegen, in welcher Reihenfolge die benutzten Sätze angeordnet werden und in welchen logischen Beziehungen sie zueinander stehen.[497] Dadurch werde nicht bloß die innere Form des Textes betroffen, sondern immer auch dessen Inhalt. Denn die logische Struktur eines Textes, z. B. die Art der Verknüpfung der Sätze, bestimme immer auch die Bedeutung des Textes mit.[498] Ähnlich betont *Hilty*, dass sich in der inneren Form des Werkes die Denk-, Auffassungs- und Vorstellungswelt des Urhebers widerspiegle. Genau diese Elemente machten jedoch den Inhalt eines Werkes aus.[499] Innere Form und Inhalt können also nicht klar auseinandergehalten werden. Daher will *Hilty* die Dichotomie von Form und Inhalt in die „Mottenkiste überkommener urheberrechtlicher Dogmen" verbannen.[500]

---

495 Ulmer, § 19 IV.
496 Siehe etwa Hilty, Rn. 119 f.; Haberstumpf, Sprachwerke, S. 81.
497 Haberstumpf, UFITA 96 (1983), 41, 47.
498 Ebd.
499 Hilty, Rn. 119 f.
500 Hilty, Rn. 120, der die Trennung von Form und Inhalt angesichts der jüngsten Entwicklungen im Urheberrecht sogar als irreführend bezeichnet. Als Beispiel hierfür nennt er wissenschaftliche Publikationen, die durch technische Schutzmaßnahmen abgesichert sind und ausschließlich in Onlinedatenbanken entgeltlich abgerufen werden können. Form und Inhalt seien hier untrennbar miteinander verbunden und die technischen Schutzmaßnahmen seien nicht in der Lage, nur den Zutritt zur Form, nicht hingegen zum Inhalt zu blockieren. M. E. stellt dies aber mehr ein Problem der technischen Schutzmaßnahmen als der Differenzierung zwischen Form und Inhalt dar. Denn auch bei der vorzugswürdigen Unterscheidung zwischen individuellen Zügen und Gemeingut bestünde für die Allgemeinheit angesichts des Einsatzes technischer Schutzmaßnahmen keine Möglichkeit, die abgesicherten Daten abzurufen.

Auch nach der hier vertretenen Auffassung ist bei der Prüfung der Schutzfähigkeit wissenschaftlicher Werke nicht an der Unterscheidung zwischen Form und Inhalt festzuhalten. Vielmehr sind die vom Urheber eigenständig geschaffenen individuellen Elemente von solchen zu unterscheiden, die zum Gemeingut gehören. Hierzu gehören nicht nur die Sachverhalte, die der Natur oder Geschichte angehören, sondern auch die in einem wissenschaftlichen Werk enthaltenen Gedanken und Lehren.[501] *Ulmer* hat hierzu ausgeführt, dass zwar die in wissenschaftlichen Werken enthaltenen Gedanken und Lehren in ihrem Sinngehalt frei seien. Doch auch bei wissenschaftlichen Werken sei „der Inhalt nicht schlechthin frei".[502] Den einzelnen Gedanken stünden „die Gedanken in ihrer Fülle und in ihrer Beziehung zueinander, den Lehren und Theorien" stünde „die wissenschaftliche Begründung in der Vielzahl der gewählten Beispiele, der inneren Bezüge und der Schlussfolgerungen gegenüber". Soweit in wissenschaftlichen Werken Sachverhalte, Gedanken und Lehren zur Darstellung kämen, sei die Individualität des Werkes angesichts der Freiheit der einzelnen inhaltlichen Elemente in der Vielheit der Gesichtspunkte, in ihren Beziehungen zueinander und in der Art ihrer Darstellung, bildlich gesprochen im „Gewebe" des Werkes zu sehen.[503] Urheberrechtlich geschützt sei also nicht „der Kern wissenschaftlicher Werke", sondern „das Gewebe, das den Kern umlagert".[504]

Dieser auch als „Gewebetheorie"[505] bezeichnete Ansatz ist von Teilen des Schrifttums kritisiert worden. Der Begriff des Gewebes sei unscharf, da er sowohl Elemente des Inhalts als auch der inneren und äußeren Form enthalte.[506] Die Gewebetheorie bleibe deshalb in einem schwer zu bestimmenden Mittelfeld zwischen geschützter Darstellung und nicht geschützter Aussage stecken und sei daher abzulehnen.[507]

Bei einem großen Teil des Schrifttums ist die Gewebetheorie jedoch auf Zustimmung gestoßen.[508] Auch nach der hier vertretenen Auffassung ist die Gewebetheorie geeignet, die bisweilen beklagten Schwächen des urheberrechtlichen Schutzes wissenschaftlicher Werke auszugleichen. Sie ermöglicht es, auch inhalt-

---

501   Ulmer, § 19 III 2.
502   Ebd.
503   Ulmer, § 19 IV 2; ders., Urheberschutz, S. 3; den Begriff „Gewebe" hat Ulmer von Ghiron, UFITA 5 (1932), 35, 38, 43 f. übernommen, der vom Gewebe eines Romans und dem inneren Zusammenhang eines wissenschaftlichen Werkes spricht, der die Erkenntnisse zu einer Einheit verbinde und dem Leser zugänglich mache.
504   Ulmer, Urheberschutz, S. 3.
505   Rehbinder, Rn. 58, 151, 382; Erdmann/Rojahn/Sosnitza/Haberstumpf, Kap. 7 Rn. 51.
506   Altenpohl, S. 114.
507   Ebd.; kritisch auch Ensthaler, GRUR 1991, 881, 886; sowie Wittmer, S. 104.
508   Siehe etwa Schricker, FS GRUR, S. 1112; Erdmann/Rojahn/Sosnitza/Haberstumpf, Kap. 7 Rn. 51 f., der jedoch trotz Bejahung der Gewebetheorie an der urheberrechtlichen Schutzfähigkeit wissenschaftlicher Theorien, Lehren und Forschungsergebnisse festzuhalten scheint.

liche Elemente in den Schutzbereich einzubeziehen. Denn indem das wissenschaftliche Werk gewissermaßen im Rahmen einer Gesamtschau auf seine Individualität überprüft wird, kann auch in Fällen, in denen die sprachliche Gestaltung etwa wegen der ausschließlichen Verwendung von Fachterminologien oder Kunstsprachen keine Individualität aufweisen sollte, die urheberrechtliche Schutzfähigkeit auf der Art und Weise beruhen, wie die wissenschaftlichen Erkenntnisse verknüpft, systematisiert und angeordnet werden.[509] Zählt man mit *Ulmer* auch die wissenschaftliche Begründung in Gestalt der gewählten Beispiele, der inneren Bezüge und Schlussfolgerungen zum schutzfähigen Gewebe, bedeutet dies, dass hierdurch mittelbar auch der wissenschaftliche Inhalt des Werkes geschützt werden kann. Auch wenn die einzelnen wissenschaftlichen Erkenntnisse als solche frei sind, erstreckt sich der urheberrechtliche Schutz doch auch auf die individuelle inhaltliche Verarbeitung des wissenschaftlichen Gedankenguts. Schutzgegenstand ist damit die individuelle Verbindung aus formalen und inhaltlichen Elementen des wissenschaftlichen Schriftwerkes. Bei dieser Betrachtung ist der Urheber also davor geschützt, dass andere ohne seine Einwilligung diese konkrete Verbindung aus sprachlicher Gestaltung, innerem Aufbau und wissenschaftlichem Bedeutungsgehalt – das Gewebe des Werkes – wortwörtlich oder umformuliert wiedergeben.[510] Eine Verletzung kann nur in der Übernahme derart individueller Elemente bestehen, nicht hingegen in der Anlehnung an die wissenschaftliche Erkenntnis an sich.[511] Für den Urheber bedeutet dies verglichen mit einem allein auf die Form der Darstellung beschränkten Schutz ein höheres Schutzniveau, da nicht nur die sprachliche Gestaltung und der Aufbau des Werkes, sondern auch inhaltliche Elemente in den Schutzbereich einbezogen werden. Die Gewebetheorie steht damit auch im Einklang mit dem Willen des Gesetzgebers, wonach als persönliche geistige Schöpfungen im Sinne von § 2 Abs. 2 UrhG gerade auch Erzeugnisse anzusehen sind, die „durch ihre Verbindung von Form und Inhalt etwas Neues und Eigentümliches darstellen".[512]

In der Rechtsprechung zum Schriftwerkschutz konnte sich die Gewebetheorie bisher noch nicht umfassend durchsetzen. Zwar bezog sich der BGH in der zur Schutzfähigkeit eines Computerprogramms ergangenen Entscheidung „Betriebssystem" auf *Ulmers* Formel vom Gewebe.[513] In den späteren Entscheidungen zum

509 Siehe hierzu Schricker, FS GRUR, S. 1112.
510 Grenzen ergeben sich hierbei freilich aus dem Zitatrecht gem. § 51 UrhG und dem Recht der freien Benutzung nach § 24 UrhG, siehe hierzu S. 122 ff. dieser Arbeit.
511 Siehe hierzu Hilty, Rn. 100.
512 Begründung des Regierungsentwurfes zu § 2 UrhG, UFITA 45 (1965), 240, 252.
513 So heißt es in BGH GRUR 1991, 449, 453 – Betriebssystem: „Nicht die Rechenregel, die Idee, die mathematische Formel ist hier Gegenstand des Schutzes, sondern das „Gewebe"". Zu beachten ist jedoch, dass der BGH auch in späteren Entscheidungen zu Computerprogrammen nicht mehr auf die Gewebetheorie rekurrierte. Dies ist wohl auf die Neuregelung des § 69 a UrhG zurückzuführen, siehe hierzu Böcker, S. 137 f.

Schriftwerkschutz hat der BGH die Theorie jedoch nicht mehr herangezogen.[514] Gleiches gilt für die Rechtsprechung der Instanzgerichte. Soweit ersichtlich, haben sich lediglich das OLG Nürnberg sowie das LG Köln der Gewebetheorie angeschlossen.[515] Ganz überwiegend halten die Gerichte noch an der herkömmlichen Differenzierung von schutzfähiger Form der Darstellung und nicht schutzfähigem Inhalt des wissenschaftlichen Werkes fest. Es wäre wünschenswert, wenn die Rechtsprechung die Rechtsstellung wissenschaftlicher Autoren durch eine verbreitete Anwendung der Gewebetheorie auf wissenschaftliche Schriftwerke verbessern würde.

IV. Anforderungen an die Gestaltungshöhe

1. Einführung

Eine weitere Besonderheit der Schutzfähigkeit wissenschaftlicher Schriftwerke besteht schließlich bei den Anforderungen an die „Gestaltungshöhe" dieser Werkgattung.[516] Darunter versteht man das quantitative Erfordernis der Individualität eines Werkes.[517] Dieses Kriterium wurde ursprünglich dazu verwandt, um Werke der angewandten Kunst von nur geschmacksmusterfähigen Gestaltungen abzugrenzen.[518] Das Erfordernis der Gestaltungshöhe hielt jedoch allmählich Einzug in das gesamte Urheberrecht und wird inzwischen auf alle Werkarten angewandt. So geht man heute davon aus, dass jedes Werk eine bestimmte Gestaltungshöhe, einen „hinreichenden schöpferischen Eigentümlichkeitsgrad"[519] aufweisen muss, um urheberrechtlichen Schutz zu genießen.[520] Nach der Rechtsprechung werden dabei je nach Werkart zum Teil unterschiedliche Maßstäbe angelegt.

An die Gestaltungshöhe von Schriftwerken werden grundsätzlich keine hohen Anforderungen gestellt. Schon das Reichsgericht vertrat die Auffassung, dass die

---

514 Siehe BGH GRUR 1993, 34 – Bedienungsanweisung; BGH GRUR 2002, 958 – Technische Lieferbedingungen.

515 Zuletzt LG Köln ZUM-RD 2010, 482, 485; OLG Nürnberg ZUM-RD 2001, 398, 401; offen gelassen OLG München ZUM-RD 2010, 37, 43.

516 Der Begriff der „Gestaltungshöhe" wurde von Ulmer in das Urheberrecht eingeführt, siehe Ulmer GRUR Ausl 1959, 1, 2.

517 Statt von „Gestaltungshöhe" wir zum Teil auch von „Schöpfungshöhe", „Leistungshöhe", „Werkhöhe" oder dem „schöpferischen Eigentümlichkeitsgrad" gesprochen, siehe zur Terminologie Schricker/Loewenheim/Loewenheim, § 2 Rn. 24; Kreutzer, S. 100, bezeichnet die Gestaltungshöhe auch als eine Art „*de minimis*-Schranke" des Urheberrechts.

518 Siehe Fromm/Nordemann/A. Nordemann, § 2 Rn. 30; Haberstumpf, Handbuch, Rn. 103.

519 Siehe etwa BGH GRUR 1993, 34, 36 – Bedienungsanweisung; BGH GRUR 1988, 533, 535 – Vorentwurf II.

520 Siehe statt vieler Dreier/Schulze/Schulze, § 2 Rn. 20; Wandtke/Bullinger/Bullinger, § 2 Rn. 23.

Individualität eines Schriftwerkes nur einen „äußerst geringen Grad" erreichen müsse.[521] Auch nach der Rechtsprechung des BGH kann bei Sprachwerken schon ein „bescheidenes Maß" geistiger Betätigung für das Vorliegen einer individuellen Schöpfung genügen.[522] Grundsätzlich wird somit im Bereich der Sprachwerke auch die „kleine Münze" geschützt. Dies soll jedoch nach der Rechtsprechung nicht für alle Schriftwerksarten gleichermaßen gelten. So wird insbesondere für Schriftwerke wissenschaftlichen und technischen Inhalts sowie für Schriftwerke, die einem praktischen Gebrauchszweck dienen, zum Teil eine höhere Schutzuntergrenze verlangt. Welche spezifischen Anforderungen die Rechtsprechung hier an wissenschaftliche Schriftwerke stellt, soll im Folgenden untersucht und kritisch überprüft werden.

2. Rechtsprechung des BGH

Die Rechtsprechung des BGH zur Gestaltungshöhe wissenschaftlicher Schriftwerke ist nicht einheitlich. In den Entscheidungen „Monumenta Germaniae Historica", „Fragensammlung" und „WK-Dokumentation" stellte der BGH keine besonderen Anforderungen an die Gestaltungshöhe. Hier wurde die erforderliche Individualität bereits bejaht, weil das Werk „auf einer Konzeption" beruhe, „welche die wissenschaftliche Bearbeitung der gesammelten und kommentierten" Texte berücksichtige,[523] weil es sich „nicht um eine bloß mechanisch routinemäßige Zusammenstellung vorgegebener Fakten" handele[524] oder weil es eine sich „von der bloß ungestalteten Materialwiedergabe" abhebende geschichtswissenschaftliche Leistung darstelle, „das vorhandene Material zu erschließen, zu sichten und zu ordnen".[525]

In einer Reihe späterer Entscheidungen hob der BGH die Anforderungen an die Gestaltungshöhe wissenschaftlicher Schriftwerke deutlich an. So forderte er in der Entscheidung „Ausschreibungsunterlagen", ein Schriftwerk wissenschaftlich-technischen Inhalts müsse eine das durchschnittliche Ingenieurschaffen „deutlich überragende individuelle Eigenart" aufweisen.[526] Noch höher legte der BGH die Messlatte in der Entscheidung „Inkasso-Programm", wonach die untere Grenze der Urheberrechtsschutzfähigkeit erst „in einem erheblich weiteren Abstand" zum

---

521 RGZ 81, 120, 123 – Kochrezepte.
522 BGH GRUR 1981, 352, 353 – Staatsexamensarbeit; BGH GRUR 1981, 520, 521 – Fragensammlung; BGH GRUR 1961, 85, 87 – Pfiffikus-Dose.
523 So in BGH GRUR 1980, 227, 231 – Monumenta Germaniae Historica.
524 So in BGH GRUR 1981, 520, 522 – Fragensammlung.
525 So in BGH GRUR 1982, 37, 39 – WK-Dokumentation.
526 BGH GRUR 1984, 659, 661 – Ausschreibungsunterlagen.

Schaffen eines Durchschnittsgestalters beginne.[527] Diese Anforderungen bestätigte der BGH in der Entscheidung „Anwaltsschriftsatz", wonach ebenfalls erst ein „deutliches Überragen" des Alltäglichen, Handwerksmäßigen und der mechanisch-technischen Aneinanderreihung des Materials den Schutz des Urheberrechts begründen könne.[528]

In den darauf folgenden Entscheidungen zum Schutz wissenschaftlicher Schriftwerke stellte der BGH jedoch keine erhöhten Anforderungen mehr an die Gestaltungshöhe. So verzichtete er in den Entscheidungen „Warenzeichenlexika" und „Themenkatalog" auf das Postulat vom „deutlichen Überragen" des Durchschnittlichen. Hier kehrte das Gericht wieder zu der Auffassung zurück, dass auch ein „geringes Maß geistiger Betätigung"[529] genügen könne und die erforderliche Individualität nur dann fehle, „wenn praktisch kein individueller Gestaltungsspielraum verbliebe".[530]

3. Kritik im Schrifttum

Die zum Teil von der Rechtsprechung an die Gestaltungshöhe wissenschaftlicher Schriftwerke gestellten, besonders hohen Anforderungen sind im Schrifttum überwiegend auf Kritik gestoßen. Im Wesentlichen wird vorgebracht, dass bei einer höheren Schutzuntergrenze für nicht rein literarische Werke zahlreiche Gestaltungen schutzlos blieben, die aus rechtlichen und wirtschaftlichen Überlegungen Schutz verdienten.[531] Dies stelle eine durch nichts zu begründende Diskriminierung

---

527 BGH GRUR 1985, 1041, 1047 f. – Inkasso-Programm; ebenso BGH GRUR 1991, 449, 451 – Betriebssystem. Für die vom BGH als wissenschaftliche Schriftwerke eingestuften Computerprogramme hat der BGH diese strengen Anforderungen seit der Entscheidung BGH GRUR 1994, 39 – Buchhaltungsprogramm aufgegeben. Denn in Umsetzung der EU-Richtlinie zum Computerprogrammschutz (Richtlinie 91/250/EWG, jetzt 2009/24/EG in kodifizierter Fassung, im Folgenden: Computer-RL) wurden die Schutzvoraussetzungen für Computerprogramme gesetzlich abgesenkt. Gemäß § 69 a Abs. 3 UrhG sind Computerprogramme dann geschützt, wenn „sie das Ergebnis der eigenen geistigen Schöpfung ihres Urhebers sind". Zur Bestimmung ihrer Schutzfähigkeit dürfen keine anderen Kriterien angewandt werden. Siehe zur Umsetzung der Richtlinie ins deutsche Urheberrecht Böcker, S. 131 ff.
528 BGH GRUR 1986, 739, 741 – Anwaltsschriftsatz.
529 BGH GRUR 1991, 130, 133 – Themenkatalog.
530 BGH GRUR 1987, 704, 706 – Warenzeichenlexika. Auch in der Rechtsprechung der Instanzgerichte werden wohl überwiegend keine erhöhten Anforderungen an die Gestaltungshöhe wissenschaftlicher Schriftwerke gestellt, siehe hierzu auch Schricker, FS GRUR, S. 1107 f. Exemplarisch sei auf OLG Nürnberg GRUR-RR 2001, 225, 226 f. – Dienstanweisung verwiesen, wonach eine Ungleichbehandlung von Sprachwerken belehrenden Inhalts gegenüber anderen Werkarten nicht gerechtfertigt sei; wie bei anderen Sprachwerken sei auch im Bereich der Wissenschaft ein geringes Maß an Individualität erforderlich aber auch ausreichend.
531 Schricker/Loewenheim/Loewenheim, § 2 Rn. 36 m.w.N.

einer Werkkategorie dar.[532] Gegen überhöhte Anforderungen spreche schon der im Urheberrecht geltende einheitliche Werkbegriff.[533] Dieser erfordere, dass die Gestaltungshöhe nicht nur für alle Werkarten, sondern auch innerhalb der einzelnen Werkarten selbst, jeweils gleich niedrig angesetzt werde.[534] Anders als bei den Werken der angewandten Kunst lasse sich die Anhebung des Schutzniveaus bei den wissenschaftlichen Werken auch nicht durch rechtssystematische Überlegungen rechtfertigen. Denn hier gäbe es keinen mit dem Geschmacksmusterrecht vergleichbaren Auffangschutz für Werke mit geringerem Individualitätsgrad.[535] Schließlich spreche auch die europäische Urheberrechtsentwicklung für eine einheitliche Schutzuntergrenze. Es sei zu berücksichtigen, dass der europäische Gesetzgeber zuerst für Computerprogramme, dann aber auch für Lichtbildwerke und Datenbanken, in den einschlägigen europäischen Richtlinien[536] ausdrücklich bestimmt habe, dass zur Begründung der Schutzfähigkeit dieser Werke keine anderen Kriterien als das der „eigenen geistigen Schöpfung" anzuwenden seien.[537] Den früheren Forderungen der Rechtsprechung nach einer überdurchschnittlichen Gestaltungshöhe sei für diese Werkarten damit eine Absage erteilt worden. Insgesamt gehe die Tendenz der europäischen Urheberrechtsentwicklung daher zu einem einheitlichen europäischen Werkbegriff mit einheitlicher Schutzuntergrenze.[538]

4. Stellungnahme

Auch nach der hier vertretenen Auffassung ist es nicht gerechtfertigt, erhöhte Anforderungen an die Gestaltungshöhe wissenschaftlicher Schriftwerke zu stellen. Die zum Teil von der Rechtsprechung vertretene Auffassung, Werke dieser Gattung müssten das durchschnittliche Werkschaffen „deutlich überragen", ist abzulehnen. Die Konsequenzen dieser Auffassung erscheinen unhaltbar: wollte man bei wissenschaftlichen Schriftwerken tatsächlich ein deutliches Überragen des durchschnittlichen Schaffens verlangen, müsste man wohl dem Gros der wissenschaftlichen Publikationen den Schutz des Urheberrechts versagen. Auch bei traditionellen wissenschaftlichen Schriftwerken wie Monographien, Lehrbüchern und Aufsätzen müsste man das „Überdurchschnittliche" vom schutzlosen bloßen

---

532 Schricker, FS GRUR, S. 1106, 1108.
533 Fromm/Nordemann/A. Nordemann, § 2 Rn. 31; Haberstumpf, Handbuch, Rn. 104.
534 Fromm/Nordemann/A. Nordemann, § 2 Rn. 31.
535 Schricker, FS GRUR, S. 1106, 1108.
536 Siehe Art. 1 Abs. 3 Computer-RL; Art. 3 Abs. 1 EG-Datenbank-Schutzrichtlinie (96/9/EG, im Folgenden: Datenbank-RL); Art. 6 EG-Schutzdauer-Richtlinie (2006/116/EG, im Folgenden: Schutzdauer-RL).
537 Ausführlich hierzu Loewenheim, GRUR Int 2004, 765, 767.
538 Schricker/Loewenheim/Loewenheim, § 2 Rn. 36; Loewenheim, GRUR Int 2004, 765, 767; Fromm/Nordemann/A. Nordemann, § 2 Rn. 38.

Durchschnitt scheiden.[539] Soweit kann auch die Rechtsprechung nicht gehen wollen. Überhöhte Anforderungen an die Gestaltungshöhe wissenschaftlicher Schriftwerke stellen zudem einen Wertungswiderspruch zur Schutzfähigkeit anderer Werkarten dar. Unbestritten ist, dass auch der Roman des „Durchschnittsautors", das Gemälde des „Durchschnittskünstlers" und das Lied des „Durchschnittskomponisten" schutzfähig sind. Nichts anderes kann für das Werk eines durchschnittlichen Wissenschaftlers gelten. Mag das Erfordernis des deutlichen Überragens bei Werken der angewandten Kunst wegen des Nebeneinanders von Urheber- und Geschmacksmusterrecht ausnahmsweise seine Berechtigung haben,[540] gilt dies nicht für das wissenschaftliche Schriftwerk. Schutzgegenstand des Urheberrechts ist jede persönliche geistige Schöpfung auf dem Gebiet der Literatur, Wissenschaft und Kunst, bei der es sich nicht nur um eine rein handwerkliche oder schematische Leistung handelt. Für eine Beschränkung des Urheberrechtsschutzes auf die überdurchschnittliche wissenschaftliche Leistung besteht kein Anlass.

Hierbei kann schließlich auch das erwähnte Argument der europäischen Urheberrechtsentwicklung nicht außer Acht gelassen werden. Auch wenn bisher lediglich für Computerprogramme, Lichtbildwerke und Datenbanken ein europarechtlich einheitlicher Werkbegriff der „eigenen geistigen Schöpfung" existiert, erscheint es nicht unwahrscheinlich, dass sich diese Entwicklung auch im Hinblick auf andere Werkarten fortsetzen könnte. Zu berücksichtigen ist hier insbesondere die 2009 ergangene Entscheidung des EuGH in Sachen „Infopaq".[541] In dieser Entscheidung führte der EuGH zur Kategorie der Schriftwerke aus, dass wie bei Computerprogrammen, Lichtbildwerken und Datenbanken so auch bei Artikeln aus Zeitungen und Zeitschriften nur eine „eigene geistige Schöpfung" zu verlangen sei.[542] Damit scheint der EuGH den „einfachen" Werkbegriff der Computer-, Schutzdauer- und Datenbank-RL auch auf Schriftwerke auszudehnen. Inwieweit damit eine „schleichende Harmonisierung"[543] des urheberrechtlichen Werkbegriffs verbunden sein wird, kann noch nicht abschließend beurteilt werden. Auch wenn der EuGH in „Infopaq" nicht ausschließt, dass für bestimmte Werkarten höhere Anforderungen gestellt werden, scheint das Gericht jedoch in Richtung eines einheitlichen Werkbegriffs mit einheitlicher Schutzuntergrenze zu tendieren.[544]

539 Schricker, FS GRUR, S. 1106, 1107.
540 Kritisch hierzu Loewenheim, GRUR Int 2004, 765, 766.
541 EuGH GRUR 2009, 1041 – Infopaq; siehe hierzu Czychowski/Nordemann, NJW 2010, 735 f.; v. Ungern-Sternberg, GRUR 2010, 273; Schulze, GRUR 2009, 1019 ff.
542 EuGH GRUR 2009, 1041, 1044 (Rn. 36, 37, 44) – Infopaq.
543 Siehe hierzu ausführlich Schulze, GRUR 2009, 1019 ff.
544 So auch Schulze GRUR 2009, 1019, 1020.

C. Das Recht auf Anerkennung der Urheberschaft und Namensnennung

I. Einführung

Werden urheberrechtlich geschützte Werke oder Werkteile von Dritten übernommen, stellt sich die Frage, ob und auf Grund welcher Vorschriften der Urheber der benutzten Werke ein Recht darauf hat, als Urheber genannt zu werden. Fraglich ist des Weiteren, welche Rechtsfolgen bei Verletzung eines solchen Rechtes in Betracht kommen. Das UrhG enthält zwei Vorschriften, die als Anspruchsgrundlagen für ein Namensnennungsrecht[545] des Urhebers in Betracht kommen: Das Recht auf Anerkennung der Urheberschaft gem. § 13 UrhG sowie die Pflicht zur Quellenangabe gem. § 63 UrhG.[546]

Die zentrale Regelung für das Namensnennungsrecht des Urhebers ist § 13 UrhG. Als urheberpersönlichkeitsrechtliche Befugnis hat sie ihre Grundlage in den geistigen und persönlichen Beziehungen des Urhebers zu seinem Werk.[547] Das Recht auf Anerkennung der Urheberschaft stellt einen Schwerpunkt des Urheberpersönlichkeitsrechts dar. Es umfasst die Anerkennung der Rechtsposition des Urhebers als Werkschöpfer und deren Mitteilung an die Öffentlichkeit. Die nach außen dokumentierte Urheberschaft kann nicht nur ideelle, sondern auch erhebliche wirtschaftliche Bedeutung für den Urheber haben.[548] Gerade im modernen Wissenschaftsbetrieb spielt die korrekte Zuordnung eines wissenschaftlichen Ergebnisses eine wichtige Rolle. So wird heute die Leistung eines Wissenschaftlers häufig auch an der Quantität seiner Veröffentlichungen gemessen.[549] Eine lange Publikationsliste kann, beispielsweise bei der Vergabe von Fördermitteln, für die Erfolgsaussichten eines Wissenschaftlers entscheidend sein. Die Anerkennung der Urheberschaft kann also mittelbar auch wirtschaftliche Folgen für den Urheber haben.

---

545 Der Begriff „Namensnennungsrecht" findet im UrhG keine Verwendung, ist jedoch in Rechtsprechung und Schrifttum als Oberbegriff für alle Befugnisse gebräuchlich, die den Urheber berechtigen, die Nennung seines Namens oder eines von ihm gewählten Pseudonyms zu verlangen, siehe hierzu Hock, S. 21 ff. m.w.N.
546 Zur Pflicht zur Quellenangabe siehe ausführlich S. 147 ff. dieser Arbeit.
547 v. Gamm, § 13 Rn. 2.
548 Schricker/Loewenheim/Dietz/Peukert, § 13 Rn. 1.
549 Ohly, FS Dietz, S. 145 f. m.w.N. Siehe hierzu auch S. 110 ff. dieser Arbeit.

II. Die Befugnisse des Urhebers gem. § 13 UrhG

1. Die Anerkennung der Urheberschaft gem. § 13 Satz 1 UrhG

Nach § 13 Satz 1 UrhG hat der Urheber das Recht auf Anerkennung seiner Urheberschaft am Werk.[550] Der Wortlaut macht nicht deutlich, welche konkreten Befugnisse mit diesem Recht verbunden sind. Es handelt sich um eine sehr offene und ausfüllungsbedürftige Vorschrift. Die Hauptbedeutung des in § 13 Satz 1 UrhG verbürgten Rechts liegt nach überwiegender Ansicht in der Abwehrfunktion gegen fremde Angriffe auf die Urheberschaft. Die Vorschrift soll den Urheber davor schützen, dass Dritte ihm seine Urheberschaft streitig machen. Dies kann insbesondere dadurch geschehen, dass sich ein Dritter die Urheberschaft am Werk oder dem Werkteil eines anderen anmaßt.[551] In diesem Zusammenhang wird im Schrifttum häufig vom Plagiat gesprochen. So wird betont, § 13 Satz 1 UrhG sei ein Abwehrrecht, mit dem sich der Urheber gegen die Anmaßung der Urheberschaft durch einen Plagiator wehren könne.[552] Die Vorschrift verleiht dem Urheber jedoch auch einen Anspruch darauf, das Bestreiten der Urheberschaft – etwa durch Plagiatsvorwürfe Dritter – abzuwehren.[553] § 13 Satz 1 UrhG gewährt damit Ansprüche sowohl gegen die Anmaßung als auch gegen die Aberkennung der Urheberschaft durch Dritte.

2. Die Bestimmung der Urheberbezeichnung gemäß § 13 Satz 2 UrhG

Nach § 13 Satz 2 UrhG kann der Urheber bestimmen, ob das Werk mit einer Urheberbezeichnung zu versehen und welche Bezeichnung zu verwenden ist. Diese Vorschrift wird überwiegend als Anwendungsfall des in Satz 1 verankerten „allgemeinen Schutzprinzips" verstanden.[554] Im Schrifttum ist umstritten, auf welche Formen der Werkverwertung sich das Bestimmungsrecht aus § 13 Satz 2 UrhG erstreckt. Nach einer Auffassung soll sich Satz 2 nur auf die Bezeichnung des

---

550 Dem entspricht Art. 6bis Abs. 1 RBÜ.
551 Nach der Begründung des Regierungsentwurfes zu § 13 UrhG, UFITA 45 (1965), 240, 259 ermöglicht § 13 Satz 1 UrhG dem Urheber, „gegen jeden Klage zu erheben, der seine Urheberschaft bestreitet oder sich selbst die Urheberschaft anmaßt.".
552 So ausdrücklich Schack, Rn. 370; ähnlich Ulmer, § 40 I; Fromm/Nordemann/Dustmann, § 13 Rn. 4; Möhring/Nicolini/Kroitzsch, § 13 Rn. 6; Wandtke/Bullinger/Bullinger, § 13 Rn. 2; Dreier/Schulze/Schulze, § 13 Rn. 15.
553 v. Gamm, § 13 Rn. 7 m.w.N.
554 Rehbinder, ZUM 1991, 220, 221; v. Gamm, § 13 Rn. 2; Dreyer/Kotthoff/Meckel/Dreyer, § 13 Rn. 4; nach a. A. enthält § 13 Satz 2 UrhG ergänzende Regelungen mit eigenständiger Bedeutung, siehe hierzu Schack, Rn. 370; Wandtke/Bullinger/Bullinger, § 13 Rn. 10.

Werkes in körperlicher Form beziehen.[555] Das Recht auf Bestimmung der Urheberbezeichnung soll danach nur für das Werkoriginal und Vervielfältigungsstücke, nicht jedoch bei der unkörperlichen Nutzung des Werkes wie beispielsweise im Fall des Vortrags (§ 19 UrhG) oder der Sendung (§ 20 UrhG) gelten. Nach anderer Auffassung soll der Anwendungsbereich von Satz 2 auch die Verwertung des Werkes in unkörperlicher Form umfassen (§ 15 Abs. 2 UrhG).[556]

Nach dem Wortlaut der Vorschrift kann der Urheber bestimmen, ob „das Werk" mit einer Urheberbezeichnung zu versehen ist. Diese Formulierung legt nahe, dass sich das Bestimmungsrecht des Satz 2 auf das geistige Werk als Immaterialgut bezieht. Dann wäre in der Tat nicht ersichtlich, wieso sich die Vorschrift nur auf das Werk in körperlicher Form beziehen sollte. § 13 Satz 2 UrhG ist jedoch missverständlich formuliert, da er von der Bezeichnung des Werkes und nicht von der Bezeichnung des Werkstückes oder Werkexemplars spricht.[557] Der Wortlaut der Vorschrift lässt jedoch auch eine andere Auslegung zu. Die Formulierung der Bestimmung über das Recht, „das Werk mit einer Urheberbezeichnung zu versehen", spricht nach der hier vertretenen Auffassung dafür, dass sich § 13 Satz 2 UrhG nur auf das Werkstück, einschließlich dessen Vervielfältigungsstücke, und nicht auf das Werk als Immaterialgut bezieht. Dabei ist zum einen zu berücksichtigen, dass schon den Ausdrücken „Urheberbezeichnung" und „versehen" ein Moment des Körperlichen anhaftet.[558] Zum anderen entspricht dies auch dem Willen des Gesetzgebers. Aus der Gesetzesbegründung des § 13 UrhG folgt nämlich, dass sich Satz 2 auf das Werkstück bezieht. Danach soll der Urheber nach § 13 Satz 2 UrhG bestimmen können, „ob auf dem Original oder den Vervielfältigungsstücken des Werkes zum Ausdruck gebracht werden soll, wer es geschaffen hat, und ob dies durch Anführung des wahren Namens, eines Decknamens oder eines Künstlerzeichens geschehen soll."[559] Auch nach der Rechtsprechung des BGH erfasst § 13 Satz 2 UrhG nur die Urheberbezeichnung auf dem Werk selbst – einschließlich Werkverkörperungen jeder Art – und besagt noch nichts über die Urheberbenennung bei der Werkverwertung.[560] Unter Urheberbezeichnung i.S.v. § 13 Satz 2 UrhG ist demnach nur die Kennzeichnung von Originalen oder Vervielfältigungs-

555 Rehbinder, ZUM 1991, 220, 221; Schricker/Loewenheim/Dietz/Peukert, § 13 Rn. 12; Hock, S. 33 ff.
556 Fromm/Nordemann/Dustmann, § 13 Rn. 21 ff.; Wandtke/Bullinger/Bullinger, § 13 Rn. 7; Dreier/Schulze/Schulze, § 13 Rn. 4.
557 Rehbinder, ZUM 1991, 220, 221; ähnlich auch Schricker/Loewenheim/Dietz/Peukert, § 13 Rn. 12.
558 Hingegen lässt sich begrifflich schwierig nachvollziehen, wie das geistige Werk bei der unkörperlichen Wiedergabe mit einer „Urheberbezeichnung" versehen werden sollte.
559 Begründung des Regierungsentwurfes zu § 13 UrhG, UFITA 45 (1965), 240, 259.
560 BGH GRUR 1995, 671, 672 – Namensnennungsrecht des Architekten.

stücken von Werken mit dem Namen des Urhebers oder einer anderem von diesem gewählten Bezeichnung zu verstehen.[561]

3. Das Recht auf Namensnennung

Nachdem gezeigt wurde, dass § 13 Satz 1 UrhG den Urheber vor der Anmaßung oder Aberkennung seiner Urheberschaft schützen soll und dem Urheber nach Satz 2 das Recht zusteht, bei Werkexemplaren über Ob und Inhalt der Urheberbezeichnung zu bestimmen, ist noch nicht klar geworden, ob und in welchen Fällen der Werknutzung der Urheber einen Anspruch auf Namensnennung hat. Es ist also fraglich, ob das Recht auf Anerkennung der Urheberschaft in einem so weiten Sinn zu verstehen ist, dass es auch Fälle des bloßen Unterlassens der Namensnennung umfasst. Diese Frage stellt sich etwa, wenn ein Urheber einen wissenschaftlichen Text ganz oder teilweise in sein eigenes Werk übernimmt, ohne den Urheber des übernommenen Textes anzugeben.[562]

In der Gesetzesbegründung zu § 13 UrhG heißt es hierzu, ein allgemeines Recht des Urhebers, die Angabe seines Namens bei jeder Nutzung seines Werkes zu verlangen, sei nicht vorgesehen.[563] Dem Urheber sei nach § 13 Satz 1 UrhG lediglich vorbehalten, einem Bestreiten der Urheberschaft oder einer fremden Urheberschaftsanmaßung entgegenzutreten.

Vom BGH wird die Frage, ob § 13 Satz 1 UrhG einen generellen Anspruch auf Urheberbenennung gewährt, nicht einheitlich beantwortet. In einer älteren Entscheidung führte der BGH hierzu aus, ein Urheber habe nach § 13 Satz 1 UrhG „grundsätzlich einen Anspruch darauf, bei jeder Verwertung seines Werkes auch als solcher benannt zu werden".[564] Dies gelte auch bei einer Werkverwertung durch die Anfertigung und Verwertung einer Bearbeitung. In einer jüngeren Entscheidung scheint der BGH diesen Grundsatz jedoch nicht mehr aufrechtzuerhalten.[565] Dort heißt es zwar, aus § 13 Satz 1 UrhG könne sich ein Anspruch des Urhebers ergeben, bei Ankündigungen und Drucksachen, mit denen für sein Werk geworben werde, als Urheber benannt zu werden. Ob sich jedoch aus dieser Vorschrift ein allgemeiner Anspruch des Urhebers herleiten lasse, dass sein Name bei einer Werknutzung genannt werde, könne offen bleiben.[566]

---

561 Schricker/Loewenheim/Dietz/Peukert, § 13 Rn. 12.
562 Zur Quellenangabe beim Zitat siehe S. 147 ff. dieser Arbeit.
563 Begründung des Regierungsentwurfes zu § 13 UrhG, UFITA 45 (1965), 240, 259.
564 BGH GRUR 1972, 713, 714 – Im Rhythmus der Jahrhunderte; ähnlich auch BGH GRUR 2002, 799, 800 – Stadtbahnfahrzeug.
565 BGH GRUR 2007, 691, 693 – Staatsgeschenk.
566 Ebd.

Die herrschende Meinung im Schrifttum hingegen geht dezidiert von einem derartigen Anspruch aus.[567] Danach ist der Urheber grundsätzlich bei jeder unter die §§ 15 ff. UrhG fallenden Nutzung seines Werkes, einschließlich einer Verwertung durch die Vornahme einer Bearbeitung gemäß § 23 UrhG, zu nennen. Umstritten ist dabei, ob dieses Recht aus § 13 Satz 1 oder Satz 2 UrhG folgt.[568] Nach der hier vertretenen Auffassung folgt ein generelles Namensnennungsrecht bei jeder unter die §§ 15 ff. UrhG fallenden Verwertungshandlung eines Werkes aus § 13 Satz 1 UrhG.[569] Dies deckt sich auch mit der Auffassung des BGH, wonach § 13 Satz 2 UrhG nur die Urheber*bezeichnung* auf dem Werkstück erfasst, hingegen nichts über die Urheber*benennung* bei der Werkverwertung besagt.[570]

III. Einschränkungen des Namensnennungsrechts

Gleichwohl besteht das Namensnennungsrecht des Urhebers nicht ohne gewisse Einschränkungen. Zunächst sei erwähnt, dass im Falle einer freien Benutzung gemäß § 24 UrhG der Urheber des nachgeschaffenen Werkes nicht den Urheber des ursprünglichen Werkes zu nennen braucht.[571] Der Urheber des frei benutzten Werkes hat also etwa keinen Anspruch auf einen Hinweis, dass sein Werk als Anregung für das neue Werk gedient habe. Auch soll ein Namensnennungsrecht dann nicht bestehen, wenn sich der Urheber selbst nicht zu seinem Werk bekannt habe.[572] Von größerer Bedeutung ist jedoch die Frage, ob und inwieweit das Namensnennungsrecht des Urhebers durch Verzicht, Branchenübung sowie in Arbeits- oder Dienstverhältnissen eingeschränkt werden kann. Denn sofern dies der Fall ist, wird eine Verwertung des Werkes ohne Namensnennung keine Rechtsverletzung darstellen.

1. Verzicht

In der Diskussion um die Einschränkungen des Namensnennungsrechts wird vielfach darüber gestritten, ob auf urheberpersönlichkeitsrechtliche Befugnisse ver-

---

567 Rehbinder, Rn. 403; v. Gamm, § 13 Rn. 8; Dreier/Schulze/Schulze, § 13 Rn. 3; Schricker/Loewenheim/Dietz/Peukert, § 13 Rn. 5; a. A. Hock, S. 48 ff.
568 Siehe zum Meinungsstand Dreier/Schulze/Schulze, § 13 Rn. 3 m.w.N. Zutreffend weisen Schricker/Loewenheim/Dietz/Peukert, § 13 Rn. 6 darauf hin, dass diese Kontroverse im Ergebnis wenig praktische Bedeutung habe, da beide Standpunkte vom Bestehen eines generellen Namensnennungsrechts bei jeder Nutzung des Werkes ausgingen.
569 So auch v. Gamm, § 13 Rn. 8.
570 BGH GRUR 1995, 671, 672 – Namensnennungsrecht des Architekten.
571 Wandtke/Bullinger/Bullinger, § 13 Rn. 9.
572 BGH GRUR 2007, 691, 693 – Staatsgeschenk; Dreyer/Kotthoff/Meckel/Dreyer, § 13 Rn. 4.

zichtet werden könne.[573] Unter Verzicht im technischen Sinne ist eine dinglich wirkende Verfügung zu verstehen, die das subjektive Recht zum Erlöschen bringt.[574] Bei Wirksamkeit einer solchen Verfügung wäre die betreffende Befugnis endgültig und *inter omnes* erloschen. Der Begriff des Verzichts wird aber in der urheberrechtlichen Diskussion vielfach auch für nur schuldrechtlich wirkende Einschränkungen urheberpersönlichkeitsrechtlicher Befugnisse gebraucht. Zum Teil wird dann auch von einem „Rechtsausübungsverzicht" gesprochen.[575] Fraglich ist, ob und welche Formen eines „Verzichts" auf das Namensnennungsrechts möglich sind.

a) Dinglicher Verzicht

Nach ganz herrschender Auffassung ist ein dinglich wirkender Verzicht auf das Urheberpersönlichkeitsrecht oder auf Teile davon unzulässig.[576] Zum einen wird dies mit der geltenden monistischen Theorie begründet: aus dieser folge nicht nur die Unübertragbarkeit, sondern auch die Unverzichtbarkeit des Urheberrechts.[577] So wird darauf hingewiesen, dass der Urheber zwar das Werkstück vernichten, nicht jedoch auf das einmal kraft Gesetzes entstandene Urheberrecht mit dinglicher Wirkung verzichten könne. *Schack* betont, dass dies erst recht für urheberpersönlichkeitsrechtliche Befugnisse gelte.[578] Vielfach wird die Unverzichtbarkeit des Urheberpersönlichkeitsrechts auch mit dem „geistigen Band" des Urhebers zu seinem Werk begründet. Diese Verbindung dürfe nicht beeinträchtigt oder gar verloren gehen.[579] So weist *v. Gamm* darauf hin, dass die Anerkennung der Urheberschaft den wesentlichen, unveräußerlichen Kern des Urheberpersönlichkeitsrechts

---

573 Das UrhG sieht hierzu keine Regelung vor. Lediglich für die Rückrufsrechte wegen Nichtausübung und gewandelter Überzeugung gemäß §§ 41 Abs. 4 S. 1, 42 Abs. 2 S. 1 UrhG schließt das Gesetz einen Verzicht ausdrücklich aus.

574 Schacht, S. 140; Hock, S. 101; Osenberg, S. 7.

575 Siehe Schacht, S. 140 ff. m.w.N. Diese begriffliche Unterscheidung zwischen dinglichem Verzicht und Rechtsausübungsverzicht soll auch hier beibehalten werden.

576 Schacht, S. 140 f.; Hock, S. 103; Rehbinder, Rn. 547; Schricker/Loewenheim/Dietz/Peukert, vor § 12 Rn. 28; Schack, Rn. 347, 349; Möhring/Nicolini/Kroitzsch, § 11 Rn. 14; Wandtke/Bullinger/Bullinger, vor § 12 Rn. 5; Dreier/Schulze/Schulze, § 13 Rn. 24; Dreyer/Kotthoff/Meckel/Dreyer, vor § 12 Rn. 33; v. Gamm, § 13 Rn. 3; Haberstumpf, Handbuch, Rn. 419; Fromm/Nordemann/Dustmann, vor § 12 Rn. 10.

577 Schack, Rn. 347.

578 Ebd.

579 Möhring/Nicolini/Kroitzsch, § 11 Rn. 14; ähnlich Wandtke/Bullinger/Bullinger, vor § 12 Rn. 5.

ausmache: Das Recht auf Anerkennung der Urheberschaft sei als solches daher unübertragbar und unverzichtbar.[580]

b) Rechtsausübungsverzicht

Demgegenüber besteht jedoch weitgehend Einigkeit darüber, dass es zulässig ist, auf die Geltendmachung der sich aus dem Urheberpersönlichkeitsrecht ergebenden Befugnisse in gewissen Grenzen vertraglich zu verzichten.[581] Zunächst sei jedoch darauf hingewiesen, dass es dem Urheber freilich unbenommen bleibt, sein Recht auf Namensnennung schlichtweg nicht auszuüben. Dies folgt schon aus § 13 Satz 2 UrhG, der dem Urheber das Recht einräumt, über das „Ob" einer Urheberbezeichnung zu bestimmen. Eine derartige Nichtausübung ist jedoch ohne Bindungswirkung. Der Urheber ist also nicht daran gehindert, seine Entscheidung zu revidieren und bei weiteren Verwertungshandlungen auf dem Namensnennungsrecht zu bestehen.[582]

Zur dogmatischen Einordnung eines vertraglichen Rechtsausübungsverzichts werden verschiedene Ansätze vertreten.[583] Zum Teil wird der Rechtsausübungsverzicht als Erlassvertrag gemäß § 397 Abs. 1 BGB interpretiert.[584] Von anderen Stimmen wird er als rechtfertigende Einwilligung[585] oder als schuldrechtliche Nichtausübungsabrede gedeutet.[586]

Auch in der Rechtsprechung ist unumstritten, dass die aus dem Urheberpersönlichkeitsrecht fließenden Befugnisse durch Vertrag eingeschränkt werden kön-

---

580 v. Gamm, § 13 Rn. 3, der jedoch einen Verzicht auf eine Urheberbenennung bei der Werkverwertung und/oder auf die Anbringung einer Urheberbezeichnung für zulässig hält. Kritisch hierzu Möhring/Nicolini/Kroitzsch, § 13 Rn. 16.

581 Schricker/Loewenheim/Dietz/Peukert, vor § 12 Rn. 28; Schack, Rn. 305; Schacht, S. 141; Wandtke/Bullinger/Bullinger, vor § 12 Rn. 7; v. Gamm, § 13 Rn. 3; a. A. Möhring/Nicolini/Kroitzsch, § 11 Rn. 14, wonach urheberpersönlichkeitsrechtliche Befugnisse grundsätzlich nicht vertraglich eingeschränkt werden können; zurückhaltend auch Ulmer, § 40 IV 1.

582 Ulmer, § 40 IV 1; Rehbinder, ZUM 1991, 220, 223 f.; Fromm/Nordemann/Dustmann, § 13 Rn. 12.

583 Siehe hierzu umfassend Schacht, S. 141 ff. sowie Hock, S. 100 ff.

584 Dreyer/Kotthoff/Meckel/Dreyer, vor § 12 Rn. 33; Schacht, S. 142 m.w.N. Durch den Erlassvertrag verzichtet der Gläubiger auf einen schuldrechtlichen Anspruch. Der Erlassvertrag selbst ist ein verfügender Vertrag, der einen Anspruch mit dinglicher Wirkung zum Erlöschen bringen soll, MünchKommBGB/Schlüter, § 397 Rn. 1, 6.

585 Haberstumpf, Handbuch, Rn. 419; siehe hierzu Schacht, S. 143 m.w.N.

586 Rehbinder, Rn. 594; Schacht, S. 143 f.; siehe auch Osenberg, S. 8. Anders als beim Erlassvertrag bewirkt das *pactum de non petendo* nicht das Erlöschen eines Anspruchs. Er kann jedoch dem Vertragspartner gegenüber nicht durchgesetzt werden, da die Nichtausübungsabrede für diesen eine Einrede begründet, siehe hierzu Palandt/Grüneberg, § 397 Rn. 3.

nen.[587] Allerdings lässt sich eine gewisse Zurückhaltung der Gerichte beobachten, derartige Abreden rechtstechnisch einzuordnen. Nach der Rechtsprechung des BGH haben urheberpersönlichkeitsrechtliche Befugnisse, wie das Namensnennungsrecht, auf Grund ihrer engen persönlichen Verbundenheit zum Werk die Tendenz, soweit wie möglich beim Urheber zu bleiben. Sie sollten „soweit sie außerhalb ihres unverzichtbaren Kerns vertraglichen Einschränkungen zugänglich sind, grundsätzlich dem Bestimmungsrecht des Urhebers vorbehalten bleiben.“[588] Erforderlich für eine Einschränkung des Namensnennungsrechts sei jedoch stets eine vertragliche Abrede.

2. Einschränkungen kraft Branchenübung und Verkehrsgewohnheit

Das Namensnennungsrecht kann des Weiteren auch durch Branchenübung oder Verkehrsgewohnheiten eingeschränkt sein. Uneinigkeit besteht jedoch hinsichtlich der Voraussetzungen derartiger Einschränkungen. Von Teilen des Schrifttums wird die Auffassung vertreten, dass sich Einschränkungen des Namensnennungsrechts unabhängig von rechtgeschäftlichen Dispositionen allein kraft Branchenübung oder Verkehrsgewohnheit ergeben könnten. So soll – unabhängig vom Bestehen eines Nutzungsvertrages – das Namensnennungsrecht erst gar nicht entstehen, soweit die fehlende Namensnennung angesichts der Natur des Werkes und der Verkehrsübung sozialadäquat sei.[589]

Dem ist der BGH entgegengetreten. Verkehrsgewohnheiten oder allgemeine Branchenübungen seien als solche nicht geeignet, das nach dem Gesetz grundsätzlich bestehende Namensnennungsrecht einzuschränken.[590] Allerdings könnten sie im Rahmen vertraglicher Abreden auf Grund stillschweigender Unterwerfung Bedeutung erlangen. Soweit sich Verkehrsgewohnheiten oder allgemeine Branchenübungen gebildet hätten, sei davon auszugehen, dass diese beim Abschluss von Verwertungsverträgen mangels abweichender Abreden stillschweigend zugrunde gelegt würden.[591] Bei der Prüfung der Frage, ob eine stillschweigend erfolgte vertragliche Einschränkung des Namensnennungsrechts auf Grund von Branchen-

---

587 BGH GRUR 1995, 671, 672 f. – Namensnennungsrecht des Architekten; BGH GRUR 1972, 713, 714 – Im Rhythmus der Jahrhunderte; BGH GRUR 1963, 40, 42 – Straßen – gestern und morgen.

588 BGH GRUR 1995, 671, 672 – Namensnennungsrecht des Architekten.

589 Ulmer, § 40 IV 2; Rehbinder, ZUM 1991, 220, 225, der dies mit einer analogen Anwendung von § 63 Abs. 2 UrhG begründet, wonach bei der zulässigen öffentlichen Wiedergabe eines Werkes die Quelle nur anzugeben ist, wenn und soweit es die Verkehrssitte erfordert.

590 BGH GRUR 1995, 671, 672 – Namensnennungsrecht des Architekten. Eine Analogie zu § 63 Abs. 2 UrhG kommt nach Auffassung des BGH schon deshalb nicht in Betracht, da es bei § 13 UrhG an einer für eine Analogie erforderlichen Lücke fehle.

591 BGH GRUR 1995, 671, 673 – Namensnennungsrecht des Architekten.

übung anzuerkennen sei, sind nach Auffassung des BGH keine geringen Anforderungen zu stellen. Erforderlich für eine stillschweigende Einbeziehung der Branchenübung sei zunächst deren Erkennbarkeit für den Urheber. Darüber hinaus sei auch die bei urheberpersönlichkeitsrechtlichen Befugnissen gebotene Interessenabwägung einzubeziehen.[592]

Überwiegend wird diese Auffassung auch im Schrifttum geteilt. Einschränkungen des Namensnennungsrechts können sich danach also nur im Rahmen vertraglicher Vereinbarungen ergeben, für deren Auslegung wiederum Branchenübung und Verkehrsgewohnheiten herangezogen werden können.[593] So geht man davon aus, Nutzungsverträgen über ein Werk könne im Weg der Vertragsauslegung eine stillschweigende Vereinbarung über den Verzicht auf die Namensnennung entnommen werden, sofern dies branchenüblich sei. Dabei sei jedoch genau zu prüfen, ob es sich bei einer angeblichen Branchenübung nicht um eine Unsitte handele, die als Branchenübung nur das soziale Ungleichgewicht zu Lasten der Urheber perpetuiere.[594]

3. Einschränkungen im Arbeits- oder Dienstverhältnis

Weitere Einschränkungen des Namensnennungsrechts können sich im Rahmen von Arbeits- oder Dienstverhältnissen ergeben. Diese Thematik ist von nicht zu unterschätzender Bedeutung, berücksichtigt man, dass heute der wirtschaftlich bedeutendere Teil des urheberrechtlichen Schaffens in Arbeitsverhältnissen erbracht wird.[595] Grundsätzlich stehen auch im Arbeits- oder Dienstverhältnis die urheberpersönlichkeitsrechtlichen Befugnisse aus § 13 UrhG dem Urheber uneingeschränkt zu. Der Arbeitgeber oder Dienstherr ist also prinzipiell weder berechtigt, sich selber entgegen den tatsächlichen Umständen als Urheber auszugeben, noch

---

592 Dabei seien die betreffende Werkart, die Zweckbestimmung des Werkes sowie die aus der Höhe der eigenschöpferischen Werkgestaltung folgende Intensität der urheberpersönlichkeitsrechtlichen Interessen zu berücksichtigen, BGH GRUR 1995, 671, 673 – Namensnennungsrecht des Architekten.
593 Schack, Rn. 377; Fromm/Nordemann/Dustmann, § 13 Rn. 14; Dreier/Schulze/Schulze, § 13 Rn. 26; Dreyer/Kotthoff/Meckel/Dreyer, vor § 12 Rn. 33; differenzierend nach verschiedenen Bereichen Möhring/Nicolini/Kroitzsch, § 13 Rn. 20 f.; a. A. Radmann, ZUM 2001, 788, 792, der eine stillschweigende Abbedingung des Namensnennungsrechts auch im Falle vertraglicher Nutzungsverhältnisse für unzulässig hält.
594 Schack, Rn. 377; Fromm/Nordemann/Dustmann, § 13 Rn. 14; ebenso Dreier/Schulze/Schulze, § 13 Rn. 26 unter Verweis auf LG München ZUM 1995, 57, 58, wonach eine den gesetzlichen Bestimmungen klar zuwiderlaufende Verkehrssitte nichts anderes sei als eine „rechtlich unbeachtliche Unsitte".
595 Rehbinder, ZUM 1991, 220, 227.

einem Dritten die Urheberschaft zuzuschreiben.[596] Dem angestellten Urheber stehen also grundsätzlich sämtliche aus § 13 UrhG fließende Befugnisse zu.

Allerdings geht man ganz überwiegend davon aus, dass diese Befugnisse auf Grund der besonderen Art des Arbeits- oder Dienstverhältnisses sowohl ausdrücklichen als auch stillschweigenden Einschränkungen zugänglich sind.[597] Eine anerkannte Ausnahme stellt der sogenannte Ghostwriter dar. Durch die Ghostwriterabrede soll der Autor das Recht auf Anerkennung der Urheberschaft und das Namensnennungsrecht einem Dritten zuordnen. Dieser soll dann befugt sein, sich als Urheber zu bezeichnen. Die urheberrechtliche Zulässigkeit solcher Vereinbarungen wird im Schrifttum unterschiedlich bewertet.[598] Richtiger Weise wird man eine Ghostwriterabrede nur als zeitlich begrenzten, schuldrechtlich wirkenden Rechtsausübungsverzicht einordnen können.[599]

In der überwiegenden Zahl der Arbeits- und Dienstverhältnisse wird es jedoch in den entsprechenden Anstellungsverträgen an ausdrücklichen Regelungen über Einschränkungen des Urheberrechts fehlen. In der Praxis lässt sich beobachten, dass die Urheberschaft des Arbeitnehmers oder Dienstpflichtigen häufig zurückgedrängt wird. Zu denken ist hier beispielsweise an angestellte Rechtsanwälte, deren Schriftsätze oder Gutachten – die Schutzfähigkeit einmal unterstellt – meistens allein von deren Vorgesetzten unterzeichnet werden. Ähnliches gilt für den Bereich des öffentlichen Dienstes.[600] Fraglich ist, ob und inwieweit hier die urheberpersönlichkeitsrechtlichen Befugnisse auch ohne ausdrückliche Vereinbarungen ausgeschlossen oder eingeschränkt werden können.

Nach überwiegender Auffassung im Schrifttum ist der Arbeitgeber berechtigt, die Namensnennung des wahren Urhebers zu unterlassen, wenn sich dies notwendig aus dem Arbeitsverhältnis ergibt.[601] Erforderlich sei jedoch eine umfassende Güter- und Interessenabwägung. So wird darauf hingewiesen, dass der Arbeitgeber oder Dienstherr in die Lage versetzt werden müsse, die Arbeitsergebnisse seines Arbeitnehmers oder Dienstpflichtigen in der jeweils üblichen Weise nutzen zu

---

596 Vinck, S. 40; Schricker/Loewenheim/Rojahn, § 43 Rn. 76; Dreier/Schulze/Dreier, § 43 Rn. 36; Schacht, S. 170.
597 Rehbinder, ZUM 1991, 220, 226 ff.; Schricker/Loewenheim/Rojahn, § 43 Rn. 80.
598 Siehe hierzu Schricker/Loewenheim/Dietz/Peukert, § 13 Rn. 28 m.w.N.; für eine grundsätzliche Unzulässigkeit Schacht, S. 172 f.
599 Rehbinder, Rn. 649; Schack, Rn. 378 wonach dies in Analogie zu § 41 Abs. 4 Satz 2 UrhG auch nur für einen Zeitraum von fünf Jahren gelten soll.
600 Siehe hierzu Schricker/Loewenheim/Rojahn, § 43 Rn. 80, die darauf hinweist, dass in der Regel Beamten und Angestellten im öffentlichen Dienst wegen der Natur des Vertragsverhältnisses weitergehende Beschränkungen des Rechts auf Urheberbenennung auferlegt werden als anderen Arbeitnehmern; ähnlich Vinck, S. 45 f., der jedoch darauf hinweist, dass ein großer Teil der Werke, die im öffentlichen Dienst geschaffen werden, auf Grund der Sondervorschrift des § 5 UrhG von vornherein keinen urheberrechtlichen Schutz genießen. In diesen Fällen kommt folglich auch kein Namensnennungsrecht in Betracht.
601 Siehe nur Schricker/Loewenheim/Rojahn, § 43 Rn. 80 m.w.N.

können.[602] Das Namensnennungsrecht dürfe also eine effektive und zweckgerichtete Nutzung des Werkes nicht gefährden. Es wird jedoch auch darauf hingewiesen, dass im immer wichtiger werdenden Bereich der digitalen Werkverwertung das Interesse des Arbeitgebers an einer Unterlassung der Namensnennung eher als gering einzuschätzen sei.[603]

Auch bei der Beurteilung des Namensnennungsrechts im Arbeits- und Dienstverhältnis sind Branchenübungen zu berücksichtigen. Existieren branchenübliche Gepflogenheiten, soll der Arbeitgeber nur verpflichtet sein, in diesem Rahmen die Urheberbezeichnung vorzunehmen.[604] Im Schrifttum geht man davon aus, dass der Arbeitnehmer mit Abschluss des Arbeitsvertrages mangels anderer ausdrücklicher Vereinbarungen die branchenübliche Namensnennung, bzw. seine Nichtnennung akzeptiere.[605] Auch hier gelten freilich die erwähnten, von der Rechtsprechung aufgestellten Grundsätze. Es muss also sichergestellt werden, dass durch die Bejahung einer Branchenübung nicht branchenübliche Unsitten rechtlich festgeschrieben werden.[606] Schließlich können neben Branchenübungen auch betriebliche Übungen Einschränkungen des Namensnennungsrechts mit sich bringen. Hat ein Unternehmen bezüglich der Namensnennung eine bestimmte Betriebsübung entwickelt, kommt es in erster Linie auf diese an. Um verbindlicher Vertragsinhalt zu werden ist jedoch erforderlich, dass die Betriebsübung dem Arbeitnehmer bei Abschluss des Arbeitsvertrages bekannt ist.[607]

IV. Besonderheiten in der Wissenschaft

1. Bedeutung des Namensnennungsrechts

Auch im modernen Wissenschaftsbetrieb werden wissenschaftliche Arbeiten ganz überwiegend in Arbeits- oder Dienstverhältnissen erbracht. Dies gilt sowohl für die Forschung in der Privatwirtschaft als auch für staatliche Einrichtungen, wie Hochschulen, sowie Forschungsinstitute oder Fachgesellschaften. Der unabhängige „Privatgelehrte" ist in der heutigen Forschungslandschaft kaum mehr zu fin-

---

602 Siehe hierzu Rehbinder, ZUM 1991, 220, 226 ff.
603 Dreier/Schulze/Dreier, § 43 Rn. 36, der betont, dass im digitalen Bereich selbst eine umfassende Namensnennung etwa durch einen Link ermöglicht werden könne, ohne die Werkverwertung zu beeinträchtigen.
604 Schricker/Loewenheim/Rojahn, § 43 Rn. 81.
605 Ebd. m.w.N.; kritisch zum Abstellen auf die Branchenübung Schacht, S. 178.
606 Dreier/Schulze/Dreier, § 43 Rn. 36.
607 Siehe hierzu Rehbinder, ZUM 1991, 220, 226 f.; ähnlich Schricker/Loewenheim/Rojahn, § 43 Rn. 81.

den.[608] Publikationen sind von größter Bedeutung für den wissenschaftlichen Fortschritt. Seit den frühen neuzeitlichen Formen der Institutionalisierung von Wissenschaft im 17. Jahrhundert gelten Forschungsergebnisse erst dann als anerkannt, wenn sie veröffentlicht und damit der Kritik zugänglich gemacht werden.[609] In Folge des exponentiellen Wachstums des Wissenschaftssystems ist auch die Zahl der Veröffentlichungen exponentiell angestiegen. Sie hat schon vor langer Zeit unüberschaubare Ausmaße angenommen.[610]

Wie bereits angedeutet, sind Publikationen nicht nur für den wissenschaftlichen Fortschritt sondern auch für den einzelnen Wissenschaftler von besonderer Bedeutung. Veröffentlichungen haben sich zu einem Erfolgskriterium im Wettbewerb der Wissenschaftler um Karrierechancen und Forschungsmittel, und damit zu einem entscheidenden Faktor für das generelle berufliche Fortkommen eines Wissenschaftlers entwickelt.[611] Neben der Qualität einer Veröffentlichung kommt es dabei immer mehr auch auf die Quantität der Veröffentlichungen an. Die ursprünglich aus den USA kommende Praxis, die Leistung eines Wissenschaftlers an der Anzahl der Zitierungen seiner Veröffentlichungen in sog. „citation indices" zu messen, ist heute weltweit aus der Praxis der Bewertung wissenschaftlicher Leistungen nicht mehr wegzudenken.[612] Dabei wird die Anzahl der Zitierungen eines Autors mit dem sog. „journal impact factor", der die Bedeutung einer Zeitschrift angeben soll, in einem Punktesystem verrechnet.[613] Derartige Methoden quantitativer Leistungsmessung haben sich auch in der deutschen Forschungslandschaft ausgebildet, werden jedoch auch kritisiert oder ausdrücklich abgelehnt.[614]

Mit der dargestellten Bedeutung von Veröffentlichungen im heutigen Wissenschaftsbetrieb erweist sich das Recht auf Anerkennung der Urheberschaft als besonders wichtig. Nur wenn sich die Mit- oder Alleinurheberschaft eines Forschers

---

608 Schricker/Loewenheim/Rojahn, § 43 Rn. 126, die darauf hinweist, dass das Schwergewicht der Forschung im privaten und staatlichen Bereich in naturwissenschaftlichen Fächern liegt.
609 DFG Denkschrift, S. 30. Siehe auch Rehbinder, FS Hubmann, S. 366, der darauf hinweist, dass ein Forscher, der nicht publiziere, als Wissenschaftler inexistent sei.
610 Siehe DFG Denkschrift, S. 30 m.w.N.
611 Siehe DFG Denkschrift, S. 30, wo darauf hingewiesen wird, dass die rapide Zunahme und die Aufteilung der Veröffentlichungen in immer kleinere Einheiten zwar mit den Begriffen „publish or perish" und „least publishable unit" seit langer Zeit kritisiert werde, sich aber nichts an dieser Entwicklung geändert habe.
612 DFG Denkschrift, S. 32 m.w.N.
613 Siehe hierzu instruktiv Gieseke, UFITA 2004/I, 5, 16 ff., sowie Ohly, FS Dietz, S. 143, 145 f.
614 Gieseke, UFITA 2004/I, 5, 16 ff., der darauf hinweist, dass besonders im Bereich der Medizinischen Fakultäten der „journal impact factor" bei der Bewertung von Forschungsleistungen berücksichtigt wird. Zur Kritik an der quantitativen Leistungsbewertung in der Wissenschaft siehe DFG Denkschrift, S. 32 f. m.w.N.; siehe auch Ziff. 5. 4. a) des Anhangs zur „Satzung der Albert-Ludwigs-Universität Freiburg vom 27. Oktober 2004 zur Sicherung der Selbstverantwortung in der Forschung und zum Umgang mit wissenschaftlichem Fehlverhalten", wonach die Bewertung von Publikationen anhand des „Citation Index" und des „Impact Factors" zwar als eines unter anderen Kriterien für die Qualität einer Publikation herangezogen werden, dies jedoch nicht deren inhaltliche Bewertung ersetzen könne.

an wissenschaftlichen Publikationen auch in einer korrekten Namensnennung widerspiegelt, kann er in den Genuss der mit einer Veröffentlichung verbundenen Vorteile kommen. Dies gilt für eine Hochschullaufbahn wie für die freie Wirtschaft gleichermaßen. Schließlich sei jedoch auch darauf hingewiesen, dass eine korrekte Namensnennung auf wissenschaftlichen Publikationen nicht nur dem persönlichen Fortkommen des Einzelnen dienlich ist. Vielmehr besteht auch ein öffentliches Interesse daran, zu erfahren, wer sich tatsächlich hinter einer Veröffentlichung verbirgt.

So ist es für die Leserschaft – insbesondere die Fachöffentlichkeit – wichtig, dass die wahren Urheberschaftsverhältnisse an wissenschaftlichen Publikationen offen gelegt werden. Denn mit der Namensnennung ist auch Verantwortung verbunden: Wer auf einer Veröffentlichung als Verfasser erscheint, steht damit auch für die Qualität ihres Inhalts ein.[615] Dies betont auch *Schricker*, wenn er ausführt, der wirkliche Verfasser solle den Ruhm ernten, aber auch für den Tadel einstehen.[616] Die Regeln über die Namensnennung schützen also auch das Vertrauen der Öffentlichkeit auf die zutreffende Identifizierung einer Informationsquelle.[617]

2. Parallelität unterschiedlicher Normensysteme

Wenn bisher neben dem Urheber auch vom Autor die Rede war, beruhte dies nicht auf Ungenauigkeit oder der stilistischen Suche nach einem Synonym. Vielmehr ist dies der Tatsache geschuldet, dass im Bereich der Wissenschaft neben dem urheberrechtlichen Namensnennungsrecht auch andere Normen zum Tragen kommen, welche die Angabe des Verfassers einer Veröffentlichung regeln.

a) Wissenschaftsinterne und hochschulrechtliche Regelungen

Zunächst sind hier die wissenschaftsinternen Regeln guter wissenschaftlicher Praxis zu nennen.[618] Aus Anlass von Fällen schwerwiegenden wissenschaftlichen Fehlverhaltens begannen deutsche Forschungseinrichtungen Ende der 1990er Jah-

---

615 Siehe hierzu Großmann/Trute, Autorschaft, Physik Journal 2 (2003) Nr. 2, 3.
616 Schricker, Forschung & Lehre 1998, 548. Ähnlich auch Großmann/Trute, Autorschaft, Physik Journal 2 (2003) Nr. 2, 3, die hervorheben, dass der Wissenschaftler mit der Autorschaft auch für die Wahrheit und Honorigkeit des Inhalts einstehe sowie dafür, ordentlich zitiert, nicht abgeschrieben und nicht manipuliert zu haben.
617 So zutreffend Ohly, FS Dietz, S. 146, der darauf hinweist, dass bei der Untersuchung von Fälschungsfällen die Autorenangabe oft der entscheidende Anknüpfungspunkt für die Ermittlung der Verantwortlichen sei.
618 Dieser Komplex wird ausführlich im Dritten Teil der Arbeit behandelt, siehe S. 168 ff. Die Regelungen zum Namensnennungsrecht sollen jedoch schon hier erörtert werden.

re, die bislang ungeschriebenen Regeln wissenschaftlicher Ethik zu kodifizieren. Im Rahmen dieser Entwicklung entstanden auch Vorgaben für die Namensnennung bei wissenschaftlichen Veröffentlichungen. So heißt es in den Empfehlungen der Deutschen Forschungsgemeinschaft (DFG) zur Sicherung guter wissenschaftlicher Praxis:

„Als Autoren einer wissenschaftlichen Originalveröffentlichung sollen alle diejenigen, aber auch nur diejenigen, firmieren, die zur Konzeption der Studien oder Experimente, zur Erarbeitung, Analyse und Interpretation der Daten und zur Formulierung des Manuskripts selbst wesentlich beigetragen und seiner Veröffentlichung zugestimmt haben, d. h. sie verantwortlich mittragen."[619]

Diese Anforderungen an die Namensnennung bei wissenschaftlichen Veröffentlichungen wurden auch von der Max-Planck-Gesellschaft in die im Jahre 2000 verabschiedeten „Regeln zur Sicherung guter wissenschaftlicher Praxis" aufgenommen.[620] Auch in den in der Folgezeit von Hochschulen verabschiedeten Satzungen zum Umgang mit wissenschaftlichem Fehlverhalten finden sich entsprechende Vorschriften über die Namensnennung auf wissenschaftlichen Veröffentlichungen.[621]

Daneben finden sich auch in der Hochschulgesetzgebung von Bund und Ländern Vorgaben zur Namensnennung. So enthält das Hochschulrahmengesetz des Bundes[622] (HRG) eine Vorschrift über die Namensnennung bei wissenschaftlichen Veröffentlichungen. § 24 HRG lautet:

„Bei der Veröffentlichung von Forschungsergebnissen sind Mitarbeiter, die einen eigenen wissenschaftlichen oder wesentlichen sonstigen Beitrag geleistet haben, als Mitautoren zu nennen; soweit möglich, ist ihr Beitrag zu kennzeichnen."

Entsprechende Regelungen finden sich in den Landeshochschulgesetzen einzelner Bundesländer.[623] Fast alle diese Regelungen fordern die Nennung als „Mitautoren"; vereinzelt wird daneben auch die Nennung als „Mitarbeiter" verlangt.[624]

---

619 DFG-Denkschrift, S. 19.
620 Ziff. 6 der Regeln zur Sicherung guter wissenschaftlicher Praxis, beschlossen vom Senat der Max-Planck-Gesellschaft am 24. November 2000, geändert am 20. März 2009.
621 Als Beispiel seien Ziff. 5 des Anhangs der Satzung der Albert-Ludwigs-Universität Freiburg, sowie § 6 der „Satzung über die Grundsätze der Humboldt-Universität zu Berlin zur Sicherung guter wissenschaftlicher Praxis und über den Umgang mit Vorwürfen wissenschaftlichen Fehlverhaltens" vom 25. Juni 2002 erwähnt.
622 Hochschulrahmengesetz in der Fassung der Bekanntmachung vom 19. Januar 1999 (BGBl. I S. 18), zuletzt geändert durch Artikel 2 des Gesetzes vom 12. April 2007 (BGBl. I S. 506).
623 Siehe etwa § 40 Abs. 2 LHG-BW; § 41 Abs. 3 BerlHG; Art. 6 Abs. 2 BayHSchG.
624 Siehe Gieseke, UFITA 2004/I, 5, 9.

b) Spannungsverhältnis der Normensysteme

Danach ist deutlich, dass das Urheberrecht nicht das einzige Normensystem ist, welches Vorgaben für die Namensnennung bei wissenschaftlichen Werken enthält. Die Frage, wer auf einer wissenschaftlichen Veröffentlichung zu nennen ist, beurteilt sich also nicht mehr ausschließlich nach urheberrechtlichen Grundsätzen. Vielmehr können daneben wissenschaftsinterne und hochschulrechtliche Regelungen einschlägig sein.[625] Zu Recht wird im Schrifttum hervorgehoben, dass die einzelnen Normengruppen untereinander schlecht koordiniert seien.[626] Vielmehr gelten sie, soweit der Anwendungsbereich der jeweiligen Vorschriften eröffnet ist, parallel. Die verschiedenen Normensysteme befinden sich dabei jedoch in einem Spannungsverhältnis.[627] Zwar verfolgen sie gleichermaßen den Zweck, sicherzustellen, dass einem Wissenschaftler die Anerkennung für seine Leistung zuteilwird.[628] Andererseits sind die Schutzbereiche der verschiedenen Vorschriften nicht deckungsgleich.

Dies wird schon am Wortlaut des § 24 HRG deutlich. Danach sollen bei der Veröffentlichung von Forschungsergebnissen alle Mitarbeiter genannt werden, die einen eigenen wissenschaftlichen oder wesentlichen sonstigen Beitrag geleistet haben. Ein Namensnennungsrecht besteht also nicht nur für den Verfasser der Veröffentlichung, sondern auch für alle, die etwa zur Konzeption von Studien oder Experimenten beigetragen oder „nur" Daten gesammelt haben. Dieses Verständnis von Autorschaft reicht also viel weiter als das Konzept der Urheberschaft. Denn Tätigkeiten wie die Konzeption einer Studie oder das Sammeln von Daten werden in der Regel keine urheberrechtschutzfähigen Leistungen, sondern in den meisten Fällen nur eine sog. Gehilfenschaft darstellen, die keine urheberrechtlichen Befugnisse auszulösen vermögen. Die Frage, wer das Recht hat, auf wissenschaftlichen Veröffentlichungen genannt zu werden, wird also von den verschiedenen Normensystemen nicht einheitlich beantwortet.

Die Verwendung des Begriffes „Mitautor" in § 24 HRG ist im Schrifttum vielfach kritisiert worden.[629] Insbesondere *Schricker* betont, dass die Nennung als

---

625 Vereinzelt wird auch die Herleitung eines Namensnennungsrechts aus dem allgemeinen Persönlichkeitsrecht diskutiert. Dies soll vor allem dann in Betracht kommen, wenn es um die Zuordnung wissenschaftlicher Entdeckungen geht. Begründung und Ausgestaltung eines solchen „Wissenschaftlerpersönlichkeitsrechts" oder „Rechts der Entdeckerehre" sind bislang jedoch kaum geklärt, siehe hierzu Engel, GRUR 1982, 705, 710 ff.; Ohly, FS Dietz, S. 143, 151 f.; Schricker, Forschung & Lehre 1998, 584, 586 f.

626 Schricker, Forschung & Lehre 1998, 584.

627 Siehe hierzu auch Ziff. 6 der MPG-Regeln.

628 Ohly, FS Dietz, S. 144.

629 Siehe Leuze, GRUR 2006, 552, 560 m.w.N. Gleiches gilt für die Definition von Autorschaft der DFG, welche ebenfalls ohne Rücksicht auf die urheberrechtliche Situation alle, die wissenschaftlich wesentlich beigetragen haben als „Autoren" bezeichnet, auch wenn es sich bei ihnen nicht um Urheber im Sinne des UrhG handelt.

„Mitautor" auch dann vorgeschrieben sei, wenn es sich gar nicht um einen urheberrechtlich relevanten Beitrag handele. Dies könne dazu führen, dass ein Nicht-Urheber, etwa eine Hilfskraft, die nur geforscht, jedoch nicht an der Veröffentlichung mitgeschrieben habe, als Urheber genannt werden müsse. Die Vorschrift würde sich damit in Widerspruch zum Urheberrecht setzen.

In der Tat bereitet der Gebrauch der Begriffe „Autor" oder „Mitautor" in den hochschulrechtlichen Vorschriften gewisse Abgrenzungsschwierigkeiten, da diese Begriffe traditionell der Terminologie des Urheberrechts angehören.[630] Denn wie erwähnt sind unter Autoren im Sinne der hochschulrechtlichen Vorschriften nicht nur die Verfasser im urheberrechtlichen Sinne gemeint. Gleichwohl geht man im Schrifttum überwiegend davon aus, dass die hochschulrechtlichen Regelungen zum Namensnennungsrecht keine Missachtung urheberrechtlicher Grundsätze darstellen.[631] Denn diese Vorschriften konnten und sollten das Urheberrecht nicht ändern. Vielmehr handelt es sich um dienstrechtliche Regelungen, die dem forschungspolitischen Anliegen dienen, die Leistungen des wissenschaftlichen Nachwuchses stärker zur Geltung zu bringen.[632] Sie gelten also neben dem Urheberrecht und überlagern dies zum Teil wegen ihres weiteren Anwendungsbereiches. Im Schrifttum wird betont, dass die hochschulrechtlichen Regelungen bei richtiger Auslegung sogar eine Bekräftigung und keine Durchbrechung des urheberrechtlichen Namensnennungsrechts darstellen.[633] Um Missverständnisse oder Konflikte mit dem Urheberrecht zu verhindern, erscheint jedoch ein transparenter Umgang mit den verschiedenen Namensnennungsrechten erforderlich. Wer nur als Mitarbeiter an den Forschungsergebnissen mitgewirkt hat ohne einen urheberrechtsrelevanten Beitrag zur Veröffentlichung zu leisten, sollte auch nur in dieser Funktion und nicht als Urheber genannt werden.[634]

3. Missbrauch im Umgang mit dem Namensnennungsrecht

Auch wenn gezeigt wurde, welch große Bedeutung der korrekten Zuweisung einer wissenschaftlichen Leistung zukommt, lässt sich gerade im wissenschaftlichen Bereich häufig ein missbräuchlicher Umgang mit den rechtlichen Vorgaben zur

---

630 Das UrhG verwendet zwar nur die Begriffe des Urhebers und Miturhebers, siehe §§ 11, 8 UrhG. Gleichwohl handelt es sich beim Begriff des (Mit-)Autors um eine urheberrechtliche Bezeichnung, die im urheberrechtlichen Schrifttum immer noch gebräuchlich ist. Siehe hierzu auch Gieseke, UFITA 2004/I, 5, 13.

631 Leuze, GRUR 2006, 552, 560; Gieseke, UFITA 2004/I, 5, 13; Schricker, Forschung & Lehre 1998, 584, 587.

632 Siehe hierzu Schricker/Loewenheim/Rojahn, § 43 Rn. 134.

633 Siehe Schricker, Forschung & Lehre 1998, 584, 587; ähnlich Gieseke, UFITA 2004/I, 5, 9.

634 Schricker/Loewenheim/Rojahn, § 43 Rn. 134. Als Formulierung böte sich etwa Hinweis wie „Unter der wissenschaftlichen Mitarbeit von ..." an.

Namensnennung beobachten.[635] Denn wer auf einer Veröffentlichung genannt wird, hat nicht immer das verfasst, wofür sein Name steht, während der, der etwas verfasst hat, nicht immer seinen Namen erscheinen sieht.[636] Das Verschweigen tatsächlich bestehender (Mit-)Urheberschaft in der Wissenschaft ist ein alter Missbrauch, der sicherlich mit den Abhängigkeitsverhältnissen und hierarchischen Strukturen im universitären Bereich zu tun hat.[637] Bis vor wenigen Jahrzehnten scheint es beispielsweise üblich gewesen zu sein, die wissenschaftlichen Mitarbeiter bei Veröffentlichungen gar nicht zu nennen.[638] Im Schrifttum wird dies auch damit erklärt, dass den wissenschaftlichen Mitarbeitern etwa mit Blick auf die noch zu beurteilende Dissertation oder eine angestrebte Hochschullaufbahn, häufig gar nichts anderes übrig geblieben sei, als auf die Urheberbenennung zu verzichten.[639] Es wird jedoch auch betont, dass sich die beschriebenen Missstände heute schon deutlich gebessert hätten. Dies nicht zuletzt durch Einführung hochschulrechtlicher Regelungen, die neben dem Urheberrecht Verpflichtungen zur Namensnennung vorsehen.[640] Gleichwohl ist Missbrauch mit den Urheberrechten wissenschaftlicher Mitarbeiter auch heute noch gang und gäbe. Im Schrifttum wird darauf hingewiesen, dass die „Dunkelziffer" in diesem Bereich noch immer hoch sei.[641] Im Wesentlichen lassen sich dabei zwei Fallgruppen von Missbrauch beobachten, die im Folgenden untersucht werden.

a) Unberechtigte Anmaßung der Alleinurheberschaft

Zum einen sind dies Fälle der unberechtigten Anmaßung der Alleinurheberschaft, die besonders häufig im Bereich der Hochschulen beklagt werden. Zu denken ist hier etwa an Fälle, in welchen wissenschaftliche Mitarbeiter[642] am Lehrstuhl eines Professors im Rahmen ihrer Aufgaben urheberrechtsschutzfähige Werke erstellen, jedoch bei der Veröffentlichung oder der anderweitigen Verwertung dieser Werke nicht als Urheber genannt werden. Als Beispiel seien Aufsätze für Fachzeitschriften oder Artikel für Lehrbücher genannt, die im Wesentlichen allein vom wissenschaftlichen Mitarbeiter verfasst werden, jedoch nach Korrektur oder leichten Mo-

---

635 Siehe Altenpohl, S. 270.
636 Schricker, Forschung & Lehre 1998, 584.
637 So auch Katzenberger, GRUR 1984, S. 319, 322.
638 Leuze, GRUR 2006, S. 552, 553, betont, dass die urheberrechtliche Stellung der wissenschaftlichen Mitarbeiter noch bis in die 1980er Jahre völlig unterentwickelt gewesen sei; ähnlich Schricker/Loewenheim/Rojahn, § 43 Rn. 81.
639 Altenpohl, S. 267.
640 Siehe hierzu Leuze, GRUR 2006, S. 552, 560.
641 Leuze, GRUR 2006, 552, 560.
642 Die früher übliche Bezeichnung „wissenschaftlicher Assistent" sieht das HRG heute nicht mehr vor; § 53 HRG erwähnt nur noch den wissenschaftlichen „Mitarbeiter". Zur Rechtsstellung des wissenschaftlichen Mitarbeiters siehe Leuze, GRUR 2006, 552 f.

difikationen allein unter dem Namen des Professors erscheinen.[643] In solchen Fällen wird vielfach als Urheber genannt, wer eigentlich gar kein Urheber ist. Denn die sprachliche Überarbeitung, das Einfügen von Literatur-, Fund- und Belegstellen sowie die Durchführung von Korrekturen werden in der Regel noch kein Urheberrecht an dem vom wissenschaftlichen Mitarbeiter verfassten Werk begründen.[644]

Erstaunlicher Weise werden derartige Fälle im urheberrechtlichen Schrifttum nicht einheitlich beurteilt. So wird die Auffassung vertreten, dass ein Hochschullehrer, der von seinen wissenschaftlichen Mitarbeitern verfasste, urheberrechtlich geschützte Texte für eigene Veröffentlichungen verwerte, selbst bei wörtlichen Entlehnungen nicht den Namen des Mitarbeiters nennen müsse.[645] *Hubmann* begründete dies damit, dass in allen Fällen, in denen der wissenschaftliche Mitarbeiter auf Weisung tätig werde und schutzfähige Werke schaffe, grundsätzlich eine stillschweigende Rechtseinräumung an den Professor zu unterstellen sei. Durch den Anstellungsakt übertrage der Mitarbeiter das Urheberrecht an seinen künftigen auf Weisung erarbeiteten Beiträgen stillschweigend im Voraus.[646] Für die Miturheberschaft eines wissenschaftlichen Mitarbeiters ergebe sich aus dem Zweck des Dienstverhältnisses und der beiderseitigen Interessenlage meist ein Verzicht des wissenschaftlichen Mitarbeiters auf Nennung seines Namens als (Mit-)Urheber des Beitrages.[647] Denn vielfach werde der auf Weisung tätige Mitarbeiter von vornherein die wissenschaftliche Meinung des Professors vertreten und dann für das Geschriebene gar nicht mit eigenem Namen eintreten wollen.[648] Schließlich habe der wissenschaftliche Mitarbeiter gar kein schutzwürdiges Interesse daran, dass er auch bei Beiträgen, die er für das Werk seines Professors schreibe, erwähnt zu werden.[649]

Zu Recht ist diese Auffassung im Schrifttum vielfach kritisiert worden.[650] Während gezeigt wurde, dass im nichtwissenschaftlichen Bereich vereinzelt durch bestehende Branchenübungen auch ein stillschweigender Verzicht auf das Namensnennungsrecht zu bejahen sein kann, wenn es hierfür wesentliche wirtschaftliche

---

643 Götting, FS Nordemann, S. 7, beklagt in diesem Zusammenhang zutreffend plakativ eine „Schizophrenie des (Un-)Rechtsbewusstseins": Während sich arrivierte Wissenschaftler einerseits über skrupellosen Ideenklau ihrer Kollegen beklagten, zögerten sie andererseits nicht, die wissenschaftlichen Leistungen ihrer Mitarbeiter, Doktoranden oder Studenten im Rahmen „ihrer Projekte" zu verwerten und als ihre eigenen wissenschaftlichen Meriten auszugeben.

644 Hubmann, MittHV 1962, 141, 150.

645 So ausdrücklich Hubmann, MittHV 1962, 141, 155.

646 Hubmann/Haberstumpf, MittHV 1982, 211, 213. Eine Übertragung des Urheberrechts ist freilich rechtlich gar nicht möglich, vielmehr kennt das UrhG vom Sonderfall des § 29 UrhG abgesehen nur die Möglichkeit der Einräumung von Nutzungsrechten.

647 Hubmann/Haberstumpf, MittHV 1982, 211, 213.

648 Hubmann, MittHV 1962, 141, 155; Hubmann/Haberstumpf, MittHV 1982, 211, 213.

649 Hubmann, MittHV 1962, 141, 155.

650 Leuze, GRUR 2006, 552, 555 f.; Osenberg, S. 130 ff.; a. A. Schmidt, S. 145.

Gründe gibt, gilt dies nicht für den Bereich der Hochschule. Denn hier ist nicht ersichtlich, inwiefern eine korrekte Namensnennung die effektive und zweckgerichtete Nutzung des Werkes gefährden sollte. Soweit *Vinck* hier zur Begründung darauf verweist, die Nennung des wissenschaftlichen Mitarbeiters neben dem Professor würde die gewerbliche Verwertung des Werkes beeinträchtigen, da der berühmte Name des Professors dann nur noch einer von mehreren Urhebern und dadurch der Wert des Werkes in den Augen der Käufer geringer anzusehen sei,[651] muss dem entschieden widersprochen werden. Es ist nicht ersichtlich, wieso sich aus dem Wesen und Zweck des Mitarbeiterverhältnisses und der Interessenlage ein stillschweigender Verzicht auf die Namensnennung ergeben sollte. Das Argument, der auf Weisung tätige Mitarbeiter könne bei der Namensnennung ignoriert werden, weil er nur die Meinungen seines Vorgesetzten in seinem Werk niederlege, vermag nicht zu überzeugen. Denn zu berücksichtigen ist hier, dass die Beweggründe eines Urhebers für sein Schaffen irrelevant für die Frage des rechtlichen Schutzes sind. Niemand würde ernstlich einem Maler das Namensnennungsrecht streitig machen, nur weil er entgegen seinen ästhetischen Vorstellungen ein Auftragswerk nach dem Geschmack des Auftraggebers anfertigt.

Danach gilt: Ist der wissenschaftliche Mitarbeiter Allein- oder Miturheber eines Werkes und besteht kein ausdrücklicher vertraglicher Rechtsausübungsverzicht zwischen ihm und dem Dienstberechtigten, muss er auch als Urheber genannt werden. Eine Erwähnung im Vorwort oder in einer Fußnote stellt dabei keinen adäquaten Ersatz für eine Urheberbenennung dar.[652] Denn nur, wenn die tatsächlichen Miturheber auch als solche genannt werden, werden sie in der Auseinandersetzung mit ihren Werken zitiert und in der Fachöffentlichkeit wahrgenommen. Gerade im wissenschaftlichen Bereich bestehen regelmäßig besonders schwerwiegende ideelle Beziehungen zwischen Urheber und Werk.[653] Die schutzwürdigen Interessen des Mitarbeiters gebieten es also, die tatsächlichen Verhältnisse der Urheberschaft offen zu legen. Eine andere Auffassung lässt sich nach der hier vertretenen Meinung weder mit urheberrechtlichen noch wissenschafts- oder hochschulrechtlichen Grundsätzen vereinbaren.

b) Die sogenannte Ehrenautorschaft

Neben den beschriebenen Fällen, in denen der wahre Urheber entgegen den tatsächlichen Schaffensverhältnissen nicht genannt wird, treffen wir in der Wissenschaft häufig auf eine weitere Form des Missbrauchs im Umgang mit der Namens-

---

651 Vinck, S. 41.
652 So zutreffend Leuze, GRUR 2006, 552, 556.
653 Schacht, S. 180.

nennung: die sogenannte Ehrenautorschaft. Gemeint sind Fälle, in denen auf Publikationen mehrerer Verfasser Personen genannt werden, die *gar* keinen Beitrag zu der Veröffentlichung geleistet haben. Zu beobachten sind solche Fälle besonders in den Naturwissenschaften und in der Medizin, wo nicht selten Instituts- oder Klinikleiter auf Publikationen als Autoren genannt werden, obwohl sie weder nach urheberrechtlichen Grundsätzen als Miturheber noch aus hochschulrechtlichen Grundsätzen als Mitautoren anzusehen sind.[654]

Die Gründe für diese missbräuchliche Form der Namensnennung sind verschieden. Zum einen hängt sie mit dem häufig anzutreffenden Bestreben von Wissenschaftlern zusammen, möglichst oft als Autor genannt zu werden, um eine möglichst lange Publikationsliste vorweisen zu können. Es wird jedoch auch darauf hingewiesen, dass eine solche Namensnennung häufig gar nicht auf Betreiben der zu Unrecht genannten erfolge.[655] Vielmehr soll es auch deshalb immer wieder dazu kommen, weil jüngere Mitarbeiter mit Rücksicht auf ihre abhängige Situation auf Publikationen von sich aus den Vorgesetzten als Mitautor nennen wollen. Anders als beim Verschweigen der Autorschaft eines wissenschaftlichen Mitarbeiters besteht jedoch bei der Ehrenautorschaft Einigkeit über deren Unzulässigkeit. Sie ist weder mit dem Urheberrecht noch mit wissenschaftsethischen oder hochschulrechtlichen Normen vereinbar und daher abzulehnen.[656] In ihren Empfehlungen zur Sicherung guter wissenschaftlicher Praxis hat sich die DFG ausdrücklich gegen diesen Missbrauch im Umgang mit dem Namensnennungsrecht ausgesprochen.[657]

V. Rechtsfolgen der Verletzung von § 13 UrhG

1. Unterlassung und Beseitigung

Die Rechtsfolgen einer Verletzung der Rechte aus § 13 UrhG ergeben sich aus den §§ 97 ff. UrhG. Zunächst stehen dem verletzten Urheber die verschuldensunabhängigen Ansprüche auf Unterlassung und Beseitigung aus § 97 Abs. 1 Satz 1 UrhG zur Verfügung. Bei Vorliegen aller Anspruchsvoraussetzungen kann der in seinem Namensnennungsrecht verletzte Urheber verlangen, dass sein Werk ohne die ihm zustehende Nennung nicht mehr genutzt wird. Dies gilt auch dann, wenn

---

654 Siehe auch Gieseke, UFITA 2004/I, 5, 18.
655 Gieseke, UFITA 2004/I, 5, 14, 18.
656 Für das Urheberrecht siehe nur Fromm/Nordemann/Dustmann, § 13 Rn. 18; für das Hochschulrecht siehe Großmann/Trute, Autorschaft, Physik Journal 2 (2003) Nr. 2, 3.
657 Siehe DFG-Denkschrift, S. 18, Empfehlung 11, die lautet: „Autorinnen und Autoren wissenschaftlicher Veröffentlichungen tragen die Verantwortung für deren Inhalt stets gemeinsam. Eine sogenannte „Ehrenautorschaft" ist ausgeschlossen.".

er die Nutzung grundsätzlich gestattet hatte.[658] Ebenso kann er das nachträgliche Anbringen der Urheberbezeichnung verlangen.[659] Als besondere Formen des Beseitigungsanspruches kommen grundsätzlich auch die Ansprüche auf Vernichtung, Rückruf und Überlassung rechtswidrig hergestellter oder verbreiteter Vervielfältigungsstücke gem. § 98 Abs. 1 bis 3 UrhG in Betracht. In der Regel werden diese Ansprüche jedoch an dem in § 98 Abs. 4 UrhG vorgesehenen Verhältnismäßigkeitsgrundsatz scheitern.[660] Denn sie sind ausgeschlossen, wenn der Zustand der Rechtsverletzung auch auf andere Weise beseitigt werden kann. Bei Schriftwerken wird regelmäßig die nachträgliche Nennung des Urhebers möglich sein. Zum einen kann dies durch die Herausgabe sogenannter Errata[661] geschehen, welche die Erwerber des Schriftwerks nachträglich auf die fehlende oder fehlerhafte Urheberbenennung hinweisen. Bei Folgeauflagen sowie bei Publikationen in Onlinemedien wird sich die Namensnennung meist unproblematisch nachholen lassen. Zum Anderen kommt schließlich auch die Schwärzung urheberrechtsverletzender Passagen oder die Entfernung bzw. Ersetzung von Seiten aus einem Buch in Betracht.[662]

2. Schadensersatz

Neben dem Unterlassungs- und Beseitigungsanspruch steht dem in seinem Namensnennungsrecht verletzten Urheber auch ein Anspruch auf Schadensersatz gemäß § 97 Abs. 2 Satz 1 UrhG zu.[663] Der Schadensersatzanspruch setzt Verschulden, also Vorsatz oder Fahrlässigkeit (§ 276 BGB) voraus. An das Maß der Sorgfalt werden dabei strenge Anforderungen gestellt. Wer ein urheberrechtlich geschütztes Werk nutzen will, muss sich über den Umfang seiner Nutzungsberechtigung Gewissheit verschaffen.[664] Er muss also auch wissen, dass er bei der Werknutzung zur Nennung des Urhebers verpflichtet ist. Er kann sich insoweit nicht auf einen Rechtsirrtum berufen.[665] Das Unterlassen der nach § 13 UrhG erforderlichen Namensnennung ist also grundsätzlich – soweit sie nicht ausnahmsweise entbehrlich

---

658 Dreier/Schulze/Schulze, § 13 Rn. 34.
659 Wandtke/Bullinger/v. Wolff, § 97 Rn. 45.
660 So auch Möhring/Nicolini/Kroitzsch, § 13 Rn. 29.
661 Als „Errata" bezeichnet man Korrekturverzeichnisse, die von den Verlagen meist kostenlos über den Buchhandel verteilt werden.
662 Dreier/Schulze/Dreier, § 98 Rn. 25.
663 Darüber hinaus kann bei Verletzung des Namensnennungsrecht auch ein Anspruch auf Auskunft gemäß § 101 UrhG in Betracht kommen, OLG Hamburg ZUM-RD 2007, 477, 478; siehe hierzu Dreier/Schulze/Schulze, § 13 Rn. 34.
664 Dreier/Schulze/Dreier, § 97 Rn. 57.
665 Ebd.; ein Rechtsirrtum lässt zwar nach der im Zivilrecht herrschenden Vorsatztheorie den Vorsatz entfallen, in der Regel wird jedoch dann eine Haftung wegen Fahrlässigkeit zu bejahen sein, siehe hierzu Rehbinder, Rn. 917.

ist[666] – als fahrlässig zu bewerten. Für die Berechnung des Schadensersatzes stehen dem Verletzten alle drei Arten der Schadensberechnung des § 97 Abs. 2 Satz 1 bis 3 UrhG zu. In Fällen der unberechtigten Nutzung fremder Schriftwerke ohne Angabe des Urhebers, steht dem Urheber nach überwiegender Auffassung für die Verletzung des § 13 UrhG eine Entschädigung i.H.v. 100% des für die nicht genehmigte Werknutzung zuerkannten Schadensersatzbetrages zu.[667] In der Rechtsprechung wird dies damit begründet, dass es für Wissenschaftler von wesentlicher Bedeutung sei, dass sie durch die Namensnennung auf ihre wissenschaftlichen Leistungen hinweisen könnten.[668]

Daneben kann dem verletzten Urheber auch ein weiterer Anspruch auf Ersatz seines immateriellen Schadens nach § 97 Abs. 2 Satz 4 UrhG zustehen, wenn und soweit dies der Billigkeit entspricht.[669] Nach der Rechtsprechung des BGH setzt dieser Anspruch das Vorliegen einer schwerwiegenden Beeinträchtigung des Urheberpersönlichkeitsrechts voraus.[670] Zu Recht kritisieren Teile des Schrifttums diese einschränkende Auslegung des Anspruches und fordern, auch bei minder schweren Fällen Ersatz des immateriellen Schadens zu gewähren.[671] Im Rahmen der Billigkeitsprüfung sind verschiedene Gesichtspunkte, wie beispielsweise Intensität und Umfang des Eingriffs, die Folgen für die Interessen und den Ruf des Urhebers sowie der schöpferische Rang des verletzten Urhebers zu berücksichtigen.[672] In Fällen der unberechtigten Übernahme fremder Werke unter fehlender oder falscher Namensangabe wird in der Rechtsprechung der Instanzgerichte ein Anspruch auf Schmerzensgeld zugesprochen.[673] Zutreffend führte das OLG Frankfurt in einer jüngeren Entscheidung aus, dass die Verletzung des Urheberpersönlichkeitsrechts durch das Kopieren fremder Beiträge und die zusätzliche Täuschung über die Autorschaft unrechtmäßige Vorgehensweisen darstellten, die der Urheber in keiner Weise hinzunehmen habe.[674] Dies rechtfertige die Zuerkennung eines Schmerzensgeldes als Schadensersatz.

---

666 Siehe hierzu die Ausführungen zu Verzicht und Branchenübung auf S. 104 ff. dieser Arbeit.
667 OLG München ZUM 2000, 404, 407 – Literaturhandbuch; zustimmend LG Köln ZUM-RD 2008, 213, 215; Fromm/Nordemann/Dustmann, § 13 Rn. 30; Dreyer/Kotthoff/Meckel/ Dreyer, § 13 Rn. 47; Dreier/Schulze/Schulze, § 13 Rn. 35.
668 So ausdrücklich OLG München ZUM 2000, 404, 407 – Literaturhandbuch.
669 Dies bejaht LG Berlin ZUM-RD 2006, 443; ablehnend die Vorinstanz AG Charlottenburg ZUM-RD 2005, 356, 358.
670 BGH NJW 1971, 885, 886 – Petite Jacqueline zu § 97 Abs. 2 UrhG a. F.
671 Dreier/Schulze/Dreier, § 97 Rn. 75; Nordemann, GRUR 1980, 434, 435 betont, dass die Gewährung einer Geldentschädigung in den Fällen der Verletzung ausdrücklich im UrhG normierter Persönlichkeitsrechte (wie § 13 UrhG) dem Grunde nach stets der Billigkeit entspricht.
672 Siehe hierzu Dreier/Schulze/Dreier, § 97 Rn. 75; Weber, S. 150 f.
673 OLG Frankfurt ZUM 2004, 924, 926 für das Einstellen fremder juristischer Fachaufsätze auf eine Internetseite ohne Angabe des wahren Urhebers.
674 OLG Frankfurt ZUM 2004, 924, 926.

3. Strafrechtliche Sanktionen

Die strafrechtlichen Vorschriften des UrhG betreffen weitgehend die Verletzung der Verwertungsrechte des Urhebers.[675] Abgesehen vom Sonderfall des § 107 UrhG, der ein unzulässiges Anbringen der Urheberbezeichnung auf Werken der bildenden Künste unter Strafe stellt, zieht eine Verletzung der urheberpersönlichkeitsrechtlichen Befugnisse aus § 13 UrhG keine strafrechtlichen Sanktionen nach sich.[676]

D. Gesetzliche Beschränkungen des Urheberrechts

Werden fremde geschützte wissenschaftliche Werke ganz oder teilweise ohne Zustimmung des Urhebers benutzt – sei es durch wörtliche, sinngemäße oder inhaltlich modifizierte Übernahmen – stellt sich die Frage, ob eine solche Benutzung urheberrechtlich erlaubt ist oder nicht. Wie alle subjektiven Rechte ist auch das Urheberrecht im Interesse Dritter und der Allgemeinheit in seinem Umfang begrenzt. Ihm liegt ein sozialer Grundgedanke von gegenseitigem Geben und Nehmen zu Grunde. Man spricht insoweit von der Sozialbindung des Urheberrechts.[677] Zu den dem Urheberrecht gegenläufigen berechtigen Interessen zählen insbesondere die Interessen der Allgemeinheit, die Interessen von Kunst und Wissenschaft, das Interesse des Einzelnen an der Entfaltung seiner Persönlichkeit sowie die Interessen der Werkvermittler.[678] Um diese teils widerstreitenden Interessen zu einem gerechten Ausgleich zu bringen, wird das Urheberrecht durch eine Reihe gesetzlicher Vorschriften beschränkt. Zum einen geschieht dies durch die als „Schranken des Urheberrechts" bezeichneten Vorschriften im sechsten Abschnitt des UrhG. Für die vorliegende Arbeit ist dabei die in § 51 UrhG geregelte Zitierfreiheit von entscheidender Bedeutung. Daneben sind jedoch auch das Recht der freien Benutzung gemäß § 24 UrhG sowie das Recht der Inhaltsmitteilung gemäß § 12 Abs. 2 UrhG zu untersuchen.

---

675 Strafbar ist gem. § 106 Abs. 1 UrhG die unerlaubte Vervielfältigung, Verbreitung oder öffentliche Wiedergabe eines Werkes. Wegen seiner in der Praxis eher untergeordneten Rolle soll das Urheberstrafrecht in dieser Arbeit nicht weiter vertieft werden. Siehe zum Strafrecht Dreier/Schulze/Dreier, § 106 Rn. 1 ff.
676 Siehe hierzu Weber, S. 249 ff.
677 Siehe nur Rehbinder, Rn. 103.
678 Rehbinder, Rn. 79 ff.

I. Die Zitierfreiheit gem. § 51 UrhG

1. Einführung

a) Bedeutung und Begründung der Zitierfreiheit

Zum Wesen geistigen Schaffens gehört die Rezeption, Verarbeitung und Benutzung bereits bestehender Geisteserzeugnisse. Die Urheber aller Werkarten müssen bei der Schöpfung neuer Werke notwendiger Weise auf das riesige „Archiv" vorangegangener Produktionen zurückgreifen, das unser kulturelles Erbe ausmacht.[679] Die Entwicklung von Literatur, Wissenschaft und Kunst ist auf Bezugnahmen auf Bestehendes angewiesen und würde ohne diese „geistige Kommunikation" stagnieren. Es besteht daher ein Bedürfnis nach rechtlichen Möglichkeiten, so dass Urheber geschützte Werke Dritter ganz oder teilweise nutzen können, indem sie sie in das eigene Werk aufnehmen. Diesem grundlegenden Interesse der Allgemeinheit trägt die Zitierfreiheit des § 51 UrhG Rechnung. Nach dieser Vorschrift dürfen veröffentlichte Werke „zum Zweck des Zitats" vervielfältigt, verbreitet und öffentlich wiedergegeben werden, sofern die Nutzung in ihrem Umfang durch den besonderen Zweck gerechtfertigt ist.[680] Die Zitierfreiheit erlaubt es also, geschützte Werkteile oder sogar ganze Werke ohne Zustimmung des Urhebers und ohne Zahlung einer Vergütung in ein anderes Werk zu übernehmen.[681] Nach der Rechtsprechung des BGH soll die Zitierfreiheit im Interesse des allgemeinen kulturellen und wissenschaftlichen Fortschritts der Freiheit der geistigen Auseinandersetzung mit fremden Gedanken dienen.[682] Dem Urheber wird es „zugemutet, einen verhältnismäßig geringfügigen Eingriff in sein ausschließliches Verwertungsrecht hinzunehmen, wenn dies der geistigen Kommunikation und damit der Förderung des kulturellen Lebens zum Nutzen der Allgemeinheit dient".[683] Zweck der Zitierfreiheit ist also die Begünstigung der kulturellen Entwicklung im weitesten Sinne.[684] Dem Werkschaffenden ermöglicht sie, sich kritisch mit dem Werk

---

679 Woodmansee, S. 291.
680 Im internationalen Urheberrecht findet sich eine Regelung der Zitierfreiheit in Art. 10 Abs. 1 RBÜ, für den Bereich des europäischen Urheberrechts gilt Art. 5 Abs. 3 d) der Richtlinie 2001/29/EG vom 22. Mai 2001 (im Folgenden: Informations-RL).
681 Regelungstechnisch handelt es sich bei der Zitierfreiheit somit um eine Freistellung bestimmter Nutzungsarten. Andere Schrankenbestimmungen sind als gesetzliche Lizenz (so z.B. §§ 45 a, 46, 49 Abs. 1 UrhG) oder als Befristung der Schutzdauer (so z.B. §§ 64-69 UrhG) ausgestaltet, siehe hierzu Rehbinder, Rn. 432 ff.
682 BGH GRUR 1994, 800, 803 – Museumskatalog; BGH GRUR 1987, 362, 363 – Filmzitat; siehe zur Begründung der Zitierfreiheit auch BGH GRUR 1986, 59, 60 – Geistchristentum; BGH GRUR 1973, 216, 217 f. – Handbuch moderner Zitate; BGH GRUR 1968, 607, 608 – Kandinsky; BGH GRUR 1959, 197, 198 – Verkehrskinderlied.
683 BGH GRUR 1987, 362, 363 – Filmzitat.
684 Siehe Schricker/Loewenheim/Schricker/Spindler, § 51 Rn. 6.

anderer auseinander zu setzen und die daraus resultierenden Ergebnisse kreativ für sein eigenes Werkschaffen zu nutzen. Die Zitierfreiheit wird daher auch als eine der wichtigsten Schranken[685] des Urheberrechts und als „Grundrecht des geistigen Schaffens"[686] bezeichnet. Von besonderer Bedeutung ist sie für den Bereich der Wissenschaft. Könnten Wissenschaftler fremde Werke nicht im Rahmen der Zitierfreiheit benutzen, wäre der wissenschaftliche Fortschritt schwer beeinträchtigt.

b) Der Begriff des Zitats

Das Urheberrechtsgesetz definiert nicht, was es unter einem Zitat versteht. Es setzt den Begriff vielmehr voraus, wenn es in § 51 Satz 1 UrhG die Vervielfältigung eines Werkes „zum Zweck des Zitats" unter bestimmten Voraussetzungen für zulässig erklärt. Der urheberrechtliche Zitatbegriff deckt sich nicht mit dem sprach- und kunstwissenschaftlichen Begriffsverständnis. Die Sprachwissenschaft beschreibt das Zitieren ganz allgemein als eine sprachliche Handlung zur Herstellung von Textbezügen, die sowohl wörtliche als auch sinngemäße Übernahmen umfasst.[687] In der Kunstwissenschaft werden künstlerische Anlehnungen und Anspielungen auf bestimmte Künstler und Epochen oder die Verwendung charakteristischer Stilelemente einer bestimmten Schaffensrichtung als Zitate bezeichnet.[688] Häufig wird es sich dabei um urheberrechtlich irrelevante Anlehnungen und nicht um Entlehnungen im Rechtssinne handeln.

Der urheberrechtliche Zitatbegriff ist deutlich enger. Als Zitat im Sinne des Urheberrechts wird die grundsätzlich unveränderte Übernahme eines fremden Werkteils oder Werkes in ein neues Werk angesehen, wobei das übernommene Material in dem neuen Werk als fremder Bestandteil erkennbar und in geeigneter Form kenntlich gemacht werden muss.[689] Zum Wesen des Zitats gehört also, dass es nicht ununterscheidbar in das zitierende Werk integriert wird, sondern als „fremde Zutat" ersichtlich gemacht wird, es muss erkennbar vom eigenen Werk abgehoben werden.[690] Darüber hinaus ist erforderlich, dass es sich stets um eine identische oder nahezu identische Benutzung von schutzfähigen Werkteilen innerhalb eines anderen selbständigen Werkes handelt.[691] Der Zitatbegriff des UrhG geht also grund-

---

685 Schack, Rn. 540.
686 Krause-Ablaß, S. 231.
687 Instruktiv zur Bedeutung des Zitats in der Linguistik Jakobs, S. 94 ff.
688 Siehe zum kunstwissenschaftlichen Zitatbegriff Kakies, S. 5 ff.; Brauns, S. 29 ff.
689 Möhring/Nicolini/Waldenberger, § 51 Rn. 1; Oekonimidis, S. 85.
690 Dreier/Schulze/Dreier § 51 Rn. 3; Schricker/Loewenheim/Schricker/Spindler, § 51 Rn. 15 m.w.N.
691 v. Gamm, § 51 Rn. 2; Fromm/Nordemann/Dustmann, § 51 Rn. 10.

sätzlich von einer originalgetreuen Wiedergabe aus.[692] Veränderungen des zitierten Werkes sind an §§ 62, 39 und 14 UrhG zu messen.[693]

Keine Zitate im Sinne des § 51 UrhG sind bloße Hinweise auf andere Werke. Wird lediglich auf ein fremdes Werk – durch Angabe von Titel, Autor und Fundstelle – hingewiesen, ohne dass das Werk ganz oder teilweise wiedergegeben wird, ist dies urheberrechtlich irrrelevant und stets zulässig.[694] Die dabei benutzten bibliographischen Angaben als solche sind urheberrechtlich nicht schutzfähig.[695]

c) Neufassung und Aufbau der Vorschrift

Das Urheberrechtsgesetz von 1965 sah in § 51 UrhG eine kasuistische Regelung der Zitierfreiheit vor. Darin wurden in drei Ziffern die gesetzlich in Betracht kommenden Zitatarten – das sog. Großzitat, das Kleinzitat, sowie das Musikzitat – abschließend aufgezählt.[696] In Rechtsprechung und Schrifttum wurde die bis zum 1. Januar 2008 geltende Fassung des § 51 UrhG (im Folgenden a. F.) stark kritisiert.[697] Insbesondere wurde die kasuistische Regelung des § 51 UrhG a. F. als zu starr und eng angesehen[698] und es wurden eklatante Lücken im Bereich des Zitatrechts beklagt.[699] Dies betraf insbesondere die Abbildung ganzer Werke außerhalb wissenschaftlicher Werke (sog. „großes Kleinzitat"), sowie den Bereich des Filmzitats. Solche Erscheinungsformen von Zitaten waren vom Wortlaut der Vorschrift nicht gedeckt. Gleichwohl war weitgehend anerkannt, dass ein Bedürfnis für diese Zitierformen bestand. Die Schwierigkeiten des kasuistisch geregelten § 51 UrhG a. F. wurden von der Rechtsprechung durch erweiternde und ergänzende Auslegungen überwunden.[700] Seit der Entscheidung des BGH zur Zulässigkeit von Filmzitaten[701] war höchstrichterlich anerkannt, dass über den engen Wortlaut des § 51 UrhG a. F. hinaus eine erweiterte Anwendung der Zitierfreiheit möglich sein musste. Daher wurde im Schrifttum vielfach vorgeschlagen, eine generalklauselhafte Bestimmung einzuführen.[702]

---

692 Siehe auch Brauns, S. 29.
693 Siehe hierzu S. 143 ff. dieser Arbeit.
694 Siehe nur v. Gamm, § 51 Rn. 2.
695 Schricker/Loewenheim/Schricker/Spindler, § 51 Rn. 7.
696 Zur historischen Entwicklung des Zitatrechts, insbesondere den Vorläuferbestimmungen in LUG und KUG siehe Schricker/Loewenheim/Schricker/Spindler, § 51 Rn. 1 f.
697 Brauns, S. 203; siehe hierzu auch Schricker/Loewenheim/Schricker/Spindler, § 51 Rn. 5.
698 Ulmer, § 67 II 2 b.
699 Schack, Rn. 549.
700 Siehe hierzu Dreier/Schulze/Dreier, § 51 Rn. 22.
701 BGH GRUR 1987, 362 – Filmzitat.
702 Etwa nach dem Vorbild von Art. 10 RBÜ oder der Konzeption des „fair use / fair dealing" des angloamerikanischen Rechtskreises, siehe hierzu Schricker/Loewenheim/Schricker, 3. A., § 51 Rn. 3 ff.; Ulmer, § 67 II 2 b.

Durch den sog. „Zweiten Korb" wurde § 51 UrhG novelliert.[703] Mit der Neufassung des § 51 Satz 1 wurde die Zitierfreiheit als Generalklausel formuliert. Dadurch sollen Film- und Multimediazitate nunmehr schon gestützt auf die gesetzliche Regelung zulässig sein, ohne dass es der Bildung von Analogien bedarf.[704] Ausweislich der Gesetzesbegründung soll die Neufassung als Generalklausel die Zitierfreiheit jedoch nicht grundlegend erweitern.[705] Durch die Neufassung sollen vielmehr einzelne, aus der unflexiblen Grenzziehung des geltenden Rechts folgende Lücken geschlossen werden. Um deutlich zu machen, dass die bisher anerkannten Nutzungen weiterhin zulässig bleiben, wurde die kasuistische Aufzählung der verschiedenen Zitatformen der alten Fassung als Satz 2 beibehalten. Mit der Formulierung „zulässig ist dies insbesondere" macht der Gesetzgeber deutlich, dass es sich bei den bisher ausdrücklich erlaubten Zitatformen der Ziffern 1 bis 3 der alten Fassung von jetzt ab nur noch um einen nicht abschließenden Katalog von Beispielen handelt. Die davon nicht erfassten Zitatformen können gleichwohl nach der in Satz 1 formulierten Generalklausel zulässig sein.[706] Im Folgenden sollen die Voraussetzungen und Grenzen der Zitierfreiheit mit Blick auf die Besonderheiten wissenschaftlicher Schriftwerke untersucht werden.

2. Voraussetzungen und Grenzen der Zitierfreiheit

a) Die Schutzfähigkeit des zitierten Werkes oder Werkteils

Die Frage, ob die Benutzung eines fremden Werkes von der Zitierfreiheit des § 51 UrhG gedeckt ist, stellt sich nur, wenn die übernommene Werksubstanz überhaupt urheberrechtlich geschützt ist.[707] Aus gemeinfreien Werken oder urheberrechtlich nicht schutzfähigen Schöpfungen kann unbeschränkt und frei zitiert werden, ohne dass es auf die Voraussetzungen des § 51 UrhG ankäme.[708] Unbeschränkt zulässig ist auch die Übernahme von nicht schutzfähigen Werkteilen, selbst wenn sie aus

---

703 Zweites Gesetz zur Regelung des Urheberrechts in der Informationsgesellschaft vom 26. Oktober 2007 (BGBl. I S. 2513 ff.).
704 Siehe Gesetzesbegründung, BT-Drs. 16/1828, S. 25.
705 Ebd.
706 Ebd.
707 Fromm/Nordemann/Dustmann, § 51 Rn. 13; Schricker/Loewenheim/Schricker/Spindler, § 51 Rn. 7.
708 Statt vieler Wandtke/Bullinger/Lüft, § 51 Rn. 1; nicht zutreffend oder zumindest missverständlich daher OLG Hamburg ZUM 2008, 690, 692, wonach aus § 51 UrhG folge, „dass auch Teile von Werken, die für sich genommen keinen Werkcharakter haben, nicht ohne Weiteres in Veröffentlichungen Dritter übernommen werden dürfen".

geschützten Werken stammen.[709] Namentlich im Bereich der Wissenschaft macht das Zitieren von Werkteilen den größten Teil der Benutzungshandlungen aus. So werden beim Zitieren wissenschaftlicher Werke vielfach nur kürzere Textpassagen, einzelne Sätze, Satzteile oder Wörter übernommen.

Grundsätzlich gilt, dass ein Werk nicht nur als Ganzes, sondern auch in seinen einzelnen Teilen urheberrechtlich geschützt sein kann.[710] Voraussetzung ist, dass der Werkteil als solcher den urheberrechtlichen Schutzvoraussetzungen genügt.[711] Dabei kommt es nicht darauf an, ob quantitativ oder qualitativ ein erheblicher Teil des fremden Werkes benutzt wird; erforderlich ist auch nicht, dass sich die besondere Eigenart des Werkes als Ganzem in dem entlehnten Werkteil offenbart.[712] Auch kleinste Werkteile können schutzfähig sein, sofern sie nach Form oder Inhalt eine individuelle Prägung aufweisen.[713] Im Hinblick auf Schriftwerke kommt urheberrechtlicher Schutz demnach auch für einzelne Sätze, Satzteile oder sogar einzelne Wörter in Betracht.[714]

Fraglich ist nun, wie im Einzelfall zu entscheiden ist, ob der Teil eines Schriftwerks schutzfähig ist oder nicht. In der Rechtsprechung wird dies bisweilen sehr unterschiedlich beurteilt. Für nichtwissenschaftliche Schriftwerke legen die Gerichte dabei zum Teil relativ großzügige Maßstäbe an. In einer älteren Entscheidung führte der BGH aus, dass bei Schriftwerken der wortgetreue Nachdruck auch kleinster Ausschnitte in der Regel eine Urheberrechtsverletzung darstelle.[715] Denn die Möglichkeiten, einen Gedankeninhalt in eine sprachliche Form zu bringen, seien hier so mannigfaltig, dass die gewählte Formgebung zumeist eine individuelle Prägung aufweise. In der Rechtsprechung der Instanzgerichte finden sich demnach mehrfach Entscheidungen in der Linie des BGH, in welchen einzelne Sätze, Satz-

---

709 Schack, Rn. 545, der darauf hinweist, dass in Fällen, in denen die übernommene Stelle keine individuelle Prägung aufweise, der Urheber für die Öffentlichkeit nicht erkennbar und deshalb auch nicht verletzt sei.

710 Ständige Rechtsprechung, siehe nur BGH GRUR 2002, 799, 800 – Stadtbahnfahrzeug; OLG München ZUM 2009, 970; für das Schrifttum siehe Dreier/Schulze/Schulze, § 2 Rn. 76; Wandtke/Bullinger/Bullinger, § 2 Rn. 42; Möhring/Nicolini/Ahlberg, § 2 Rn. 160.

711 BGH GRUR 2002, 799, 800 – Stadtbahnfahrzeug; BGH GRUR 1999, 923, 924 – Tele-Info-CD; BGH GRUR 1990, 218, 219 – Verschenktexte; BGH GRUR 1989, 416 – Bauaußenkante; BGH GRUR 1988, 533, 534 – Vorentwurf II; BGH GRUR 1959, 197, 198 – Verkehrs-Kinderlied.

712 So schon BGH NJW 1953, 1259, 1260 – Lied der Wildbahn; BGH GRUR 1961, 631, 633 – Fernsprechbuch.

713 KG NJW 680, 681 – Das Leben, dieser Augenblick; siehe auch schon BGH NJW 1953, 1259, 1260 – Lied der Wildbahn.

714 Fromm/Nordemann/Dustmann, § 51 Rn. 13.

715 BGH NJW 1953, 1258, 1260 – Lied der Wildbahn; aus der jüngeren Rechtsprechung der Instanzgerichte siehe etwa LG München I GRUR-RR 2008, 74, 75 – Biogas Fonds.

teile oder Wortgebilde für schutzfähig erkannt wurden.[716] Andererseits finden sich auch zahlreiche Entscheidungen, in denen die Gerichte einen deutlich strengeren Maßstab anlegen. Danach soll bei kleinen Teilen wie einzelnen Wörtern, Sätzen oder Satzteilen urheberrechtlicher Schutz „grundsätzlich" daran scheitern, dass sie nicht ausreichend Raum für die Entfaltung von Individualität böten.[717]

An wissenschaftliche Schriftwerke stellen die Gerichte in den wenigen vorliegenden Entscheidungen bisweilen hohe Anforderungen.[718] Dabei wird die Schutzfähigkeit von Werkteilen nach denselben Maßstäben beurteilt wie die Schutzfähigkeit wissenschaftlicher Werke insgesamt. Schutz kommt also nur für die Art der Darstellung, nicht hingegen für den wissenschaftlichen Inhalt in Betracht.[719] Für die Art der Darstellung geht die herrschende Auffassung seit der BGH-Entscheidung „Staatsexamensarbeit" davon aus, dass der im fraglichen wissenschaftlichen Fachbereich üblichen Ausdrucksweise regelmäßig die erforderliche Individualität fehle. Dasselbe soll für den Aufbau und die Darstellungsweise gelten, die wissenschaftlich geboten oder weitgehend üblich sind.[720] Die Anwendung dieser Grundsätze führt dazu, dass kleine Teile wissenschaftlicher Werke häufig nicht als schutzfähig anerkannt werden.[721]

Nach der hier vertretenen Auffassung sind derart strenge Anforderungen an die Schutzfähigkeit wissenschaftlicher Werkteile nicht gerechtfertigt. Wie auch bei literarischen Werken sollten Werkteile dann urheberrechtlichen Schutz genießen, wenn sie als individuelle Schöpfungen anzusehen sind. Wie bei anderen Werkarten sollten dabei auch bei wissenschaftlichen Schriftwerken inhaltliche Elemente berücksichtigt werden. Mag sich auch auf Grund der Verwendung einer Fachsprache die Individualität eines Werkteils nicht in der sprachlichen Gestaltung allein offenbaren, kann dies jedoch sehr wohl im Hinblick auf die konkrete Verbindung aus sprachlicher Gestaltung, innerem Aufbau und wissenschaftlichem Bedeutungsge-

716 Für einzelne Anagramme siehe KG GRUR 1971, 368, 370 – Buchstabenschütteln; für einen einzelnen Satz des Schriftstellers Eugen Roth siehe OLG München ZUM 2009, 970; für kürzeste Textfragmente des Schauspielers Klaus Kinski siehe OLG Köln ZUM 2009, 961, 962.

717 LG Frankfurt ZUM 2007, 65, 67 – Abstracts; nicht ganz so strikt KG NJW 2003, 680, 681 – Das Leben, dieser Augenblick, wonach „bei bloßen einzelnen oder mehreren Wörtern oder Satzteilen häufig ein hinreichender Raum für die Entfaltung von Individualität" fehle; die früher, in KG GRUR 1973, 602, 604 – Hauptmann-Tagebücher, vertretene Auffassung des Kammergerichts, wonach von einem schutzfähigen Schriftwerk nur dann gesprochen werden könne, „wenn sich der Text über eine gewisse Länge" erstrecke und Satzteile damit vom Schutz ausschieden, hat das Gericht damit aufgegeben.

718 Siehe etwa OLG Hamburg ZUM 2004, 767 – Markentechnik; OLG Hamburg NJOZ 2003, 2766 – Opus Dei; OLG München NJW-RR 1992, 741 – Rechtsgutachten.

719 Siehe nur OLG ZUM 2004, 767, 769 – Markentechnik; OLG Hamburg NJOZ 2003, 2766 – Opus Dei.

720 Siehe hierzu ausführlich S. 63 ff. dieser Arbeit.

721 Siehe aus der Rechtsprechung OLG Hamburg ZUM 2004, 767 – Markentechnik; OLG Hamburg NJOZ 2003, 2766 – Opus Dei; OLG München NJW-RR 1992, 741 – Rechtsgutachten.

halt der Fall sein.[722] An die Schutzfähigkeit von Werkteilen sind also auch bei wissenschaftlichen Schriftwerken dieselben Anforderungen zu stellen wie an die Schutzfähigkeit des Werkes als Ganzes.

b) Zitatzweck

Nach § 51 Satz 1 UrhG ist die Nutzung eines Werkes „zum Zwecke des Zitats" erlaubt, sofern sie in ihrem Umfang „durch den besonderen Zweck" gerechtfertigt ist. Der in der Vorschrift zweimal genannte „Zweck" des Zitats wird als die entscheidende Voraussetzung der Zitierfreiheit bezeichnet.[723] Die Generalklausel des § 51 Satz 1 UrhG macht jedoch keine Vorgaben, worin der Zitatzweck besteht.[724] Lediglich für das sog. Großzitat bestimmt § 13 Satz 2 Nr. 1 UrhG, dass fremde Werke „zur Erläuterung des Inhalts" in ein selbständiges wissenschaftliches Werk aufgenommen werden dürfen. Für die anderen Zitatarten fehlt im Gesetz jede Konkretisierung des erforderlichen Zwecks. In Rechtsprechung und Schrifttum werden jedoch aus dem Erfordernis des sog. Erläuterungszweckes beim Großzitat auch Rückschlüsse auf den Zitatzweck der anderen Zitatarten gezogen.[725] Bevor die von Rechtsprechung und Schrifttum herausgearbeiteten Kriterien zur Bestimmung des Zitatzwecks im Einzelnen untersucht werden, kann an dieser Stelle schon einmal in negativer Abgrenzung festgehalten werden, wann der erforderliche Zitatzweck nicht vorliegt.

Ein zulässiger Zitatzweck liegt nicht vor, wenn ein fremdes Werk oder ein Werkteil nur um ihrer selbst Willen der Öffentlichkeit zur Kenntnis gebracht werden.[726] Das Zitat darf also in keinem Fall Selbstzweck sein.[727] Auch ist kein zulässiger Zitatzweck gegeben, wenn sich der Zitierende nur eigene Ausführungen ersparen, und solche durch das Zitat ersetzen möchte.[728] Zu Recht wird darauf hingewiesen, dass die Benutzung fremder Arbeiten nicht nur ein „getarntes Abschreiben" sein dürfe, durch das sich der zitierende Urheber fremde Leistungen

---

722 Zur Gewebetheorie siehe S. 91 ff. dieser Arbeit.
723 BGH GRUR 1983, 25, 28 – Presseberichterstattung und Kunstwerkwiedergabe I; v. Gamm, § 51 Rn. 4; Schricker/Loewenheim/Schricker/Spindler, § 51 Rn. 14; Wandtke/Bullinger/ Lüft, § 51 Rn. 3; Fromm/Nordemann/Dustmann, § 51 Rn. 16; Dreier/Schulze/Dreier, § 51 Rn. 3.
724 Auf europarechtlicher Ebene sieht Art. 5 Abs. 3 d) der Informations-RL „Zitate zu Zwecken wie Kritik und Rezensionen" vor. Dabei dürfe es sich jedoch nur um Beispiele ohne abschließenden Charakter handeln, siehe Schricker/Loewenheim/Schricker/Spindler, § 51 Rn. 14.
725 Siehe nur Schricker/Loewenheim/Schricker/Spindler, § 51 Rn. 14.
726 BGH GRUR 2008, 693, 696 – TV-Total; Schack, Rn. 545.
727 Oekonomidis, S. 94.
728 KG GRUR 1970, 616, 618 – Eintänzer; Rehbinder, Rn. 488; Möhring/Nicolini/Waldenberger, § 51 Rn. 5.

zunutze mache.[729] Nicht zulässig ist es daher, sich fremder Werke oder Werkteile zu bemächtigen, um diese als eigenes Werk auszugeben.[730] Ebenso wenig ist eine Vervollständigung des eigenen Werkes mit fremder Werksubstanz von der Zitierfreiheit gedeckt. Dem Zitatzweck ist auch nicht Genüge getan, wenn die Zitate in einer bloß äußerlichen, zusammenhanglosen Weise in ein anderes Werk eingefügt werden. Entscheidend ist vielmehr, dass eine *innere Verbindung* mit den eigenen Gedanken des Zitierenden hergestellt wird.[731] Wie diese innere Verbindung zwischen zitiertem und zitierendem Werk konkret beschaffen sein muss, soll jeweils für Groß- und Kleinzitat untersucht werden.[732]

aa) Der Zitatzweck beim sog. Großzitat gemäß § 51 Satz 2 Nr. 1 UrhG

§ 51 Satz 2 Nr. 1 UrhG gestattet die Übernahme ganzer Werke ohne Einwilligung des Urhebers. Es liegt auf der Hand, dass ein derartiger Eingriff in das fremde Urheberrecht durch einen besonderen Zweck gerechtfertigt sein muss.[733] Die Regelung des Großzitates erlaubt es, einzelne Werke „zur Erläuterung des Inhalts" in ein selbständiges wissenschaftliches Werk aufzunehmen. Der Zweck der Inhaltserläuterung setzt begrifflich eine inhaltliche Bezugnahme zwischen zitierendem Werk und Zitat voraus. Nach einer älteren Entscheidung des BGH ist ein Großzitat nur dann zulässig, wenn es „als Beleg" für die eigene Auffassung des Zitierenden erscheint.[734] Dies darf jedoch nicht dahingehend missverstanden werden, dass das Zitat die Aussage des zitierenden Wissenschaftlers inhaltlich unterstützen müsste.[735] Das Zitat kann also sowohl zum Beleg oder zur Stütze des eigenen Standpunkts dienen, insbesondere auch, um darauf aufbauend weiterführende Gedanken zu entwickeln oder Lehrinhalte zu vermitteln.[736] Das Zitat kann aber auch den Zweck verfolgen, sich kritisch mit dem Werk eines anderen auseinanderzusetzen,

---

729 Oekonomidis, S. 95.
730 Nach Schricker/Loewenheim/Schricker/Spindler, § 51 Rn. 15 liege in diesem Fall ein Plagiat vor. Nach der hier vertretenen Auffassung sollte auch in diesem Zusammenhang nicht vom Plagiat, sondern von der jeweils in Betracht kommenden Verletzung verwertungs- oder persönlichkeitsrechtlicher Befugnisse gesprochen werden.
731 BGH GRUR 2008, 693, 696 – TV-Total; Schricker/Loewenheim/Schricker/Spindler, § 51 Rn. 16; Fromm/Nordemann/Dustmann, § 51 Rn. 16; Dreyer/Kotthoff/Meckel/Dreyer, § 51 Rn. 17.
732 Vereinzelt erwähnt, der Zitatzweck erfordere auch subjektiv einen entsprechenden Willen des Zitierenden, LG München I ZUM 2005 407, 411; OLG Hamburg GRUR 1970, 38, 40 – Heintje; v. Gamm, § 51 Rn. 5; Morant, S. 182. Nach vorzugswürdiger Auffassung kommt es jedoch nur darauf an, dass sich der Zitatzweck nach objektiven Kriterien feststellen lässt, siehe hierzu Oekonomidis, S. 92.
733 Brauns, S. 50 f.
734 BGH GRUR 1968, 607, 609 – Kandinsky.
735 Kritisch zum Begriff der Belegfunktion daher Möhring/Nicolini/Waldenberger, § 51 Rn. 5.
736 Schricker/Loewenheim/Schricker/Spindler, § 51 Rn. 17.

etwa um die zitierten Aussagen zu widerlegen. Die zitierten Originalstellen können dann anschaulich machen und verdeutlichen, wogegen sich die Kritik im Einzelnen richtet.[737]

Das Erfordernis der Inhaltserläuterung darf des Weiteren auch nicht so verstanden werden, dass nur eine Erläuterung des Inhalts des *zitierenden* Werkes gestattet sei.[738] Vielmehr kann es durchaus zulässig sein, dass das zitierende Werk den Inhalt des *zitierten* Werkes erläutert. Wissenschaftliches Arbeiten zeichnet sich vielfach dadurch aus, dass der Inhalt fremder Werke dargestellt, kritisiert oder erläutert wird. Ziel der Beschäftigung mit fremden Werken ist die Analyse, Interpretation, Kritik oder Bestätigung der jeweiligen Inhalte, um darauf aufbauend zu neuen Erkenntnissen zu gelangen. All dies soll nicht durch das Erfordernis der Inhaltserläuterung verhindert werden. Der Begriff der Erläuterung kann also in einem weiteren, über den herkömmlichen Wortsinn hinausreichenden Sinn verstanden werden. Jedenfalls stellt das Erfordernis der Inhaltserläuterung nicht eine auf den Inhalt bezogene Vorgabe einer „Interpretationsrichtung" dar.[739] Ausreichend, aber auch erforderlich ist eine sachliche Einbeziehung und Verarbeitung des geistigen Gehalts des Zitates.[740]

Vereinzelt wird gefordert, es müsse darüber hinaus auch eine „äußere Verbindung" zwischen Zitat und zitierendem Werk bestehen.[741] In wissenschaftlichen Sprachwerken müsse daher das zitierte Werk ausdrücklich im Text erwähnt und der Zweck der Wiedergabe angegeben werden.[742] Dem kann nicht gefolgt werden. Das Erfordernis einer ausdrücklichen Erwähnung des zitierten Werkes im Text sowie insbesondere die Angabe des Zitatzwecks erscheinen lebensfremd. Weist das zitierende Werk den erforderlichen inneren Bezug zum Zitat auf, ist das Erfordernis einer ausdrücklichen Erwähnung des zitierten Werkes überflüssig. Zu berücksichtigen ist schließlich, dass durch das Gebot der Quellenangabe gemäß § 63 UrhG bei jedem Zitat Urheber und Titel des zitierten Werkes anzugeben sind.[743] Für eine darüber hinausgehende, weitere Erwähnung des zitierten Werkes

---

737 Schricker/Loewenheim/Schricker/Spindler, § 51 Rn. 17.

738 Siehe hierzu ausführlich Brauns, S. 46 ff.

739 Brauns, S. 47; etwas missverständlich daher Schack, Rn. 545, der fordert, das Zitat dürfe „immer nur zur Unterstützung der eigenen Auffassung eingesetzt werden".

740 v. Gamm, § 51 Rn. 10. Unerheblich ist, ob das Zitat neben dem Zweck der Inhaltserläuterung andere Zwecke, wie etwa die Ausschmückung des Werkes, mit verfolgt, solange dies nicht den Erläuterungszweck überwiegt, siehe bei Fromm/Nordemann/Dustmann, § 51 Rn. 23; so bereits auch Leinveber, GRUR 1966, 479, 480 f. m.w.N.

741 Brauns, S. 53; für einen „äußerlichen Zusammenhang" Dreyer/Kotthoff/Meckel/Dreyer, § 51 Rn. 18; in RGZ 130, 200 – Codex Aureus hatte das RG gefordert, die für den Begriff der Erläuterung des Inhalts notwendige Beziehung zwischen einem wissenschaftlichen Text und einer Abbildung sei nur dann gegeben, wenn auf die Abbildung im Text ausdrücklich verwiesen werde. Der BGH hat die Frage in BGH GRUR 1968, 607, 609 – Kandinsky offen gelassen.

742 Brauns, S. 54.

743 Siehe hierzu S. 142 ff. dieser Arbeit.

besteht kein Bedürfnis. Ebenso wenig kann die ausdrückliche Angabe des Zitatwecks verlangt werden. Entscheidend ist, dass das Zitat den beschriebenen Erläuterungszweck verfolgt, nicht hingegen, ob der Urheber diesen Zweck ausdrücklich benennt. Ein derart formalistisches Erfordernis würde den Zweck des Großzitats, die Förderung der wissenschaftlichen Auseinandersetzung, eher hemmen als beleben und damit die Anforderungen des Zitatzwecks überspannen.

bb) Der Zitatzweck beim sog. Kleinzitat gem. § 51 Satz 2 Nr. 2 UrhG

Für das Zitieren in wissenschaftlichen Schriftwerken kommt neben dem Großzitat auch das sogenannte Kleinzitat nach § 51 Satz 2 Nr. 2 UrhG in Betracht.[744] Danach können Stellen eines Werkes nach der Veröffentlichung in einem selbständigen Sprachwerk angeführt werden. Der Wortlaut der Vorschrift macht keinerlei Angaben zum Erfordernis eines besonderen Zitatzweckes. Aus der Systematik des § 51 UrhG folgt jedoch, dass auch das Kleinzitat den in Satz 1 genannten „Zweck des Zitats" verfolgen muss. Denn die allgemeinen Anforderungen der Generalklausel des § 51 Satz 1 UrhG gelten für alle Formen von Zitaten gleichermaßen. Unklar ist jedoch, welche Zwecke das Zitat im Rahmen des Kleinzitats verfolgen darf. Übereinstimmend geht man im Schrifttum davon aus, dass der Zitatzweck beim Kleinzitat in einem weiteren Sinne zu verstehen ist als beim Großzitat.[745] Das Kleinzitat muss also nicht der Erläuterung des Inhalts dienen.[746] Wo jedoch im Einzelfall die Grenze zwischen zulässigem und unzulässigem Zitatzweck zu ziehen ist, wird in Rechtsprechung und Schrifttum nicht einheitlich beurteilt.

In der Rechtsprechung wird überwiegend, wie zum Teil auch beim Großzitat, gefordert, das Zitat müsse ein Beleg für eigene Ausführungen des Zitierenden sein.[747] Die genauen Anforderungen beschrieb der BGH in der Entscheidung „Geistchristentum".[748] Danach sollen andere durch das Zitatrecht „lediglich in die Lage versetzt werden, Entlehnungen als Hilfsmittel der eigenen Darstellung zu benutzen, sei es, dass sie das fremde Werk kritisch beleuchten, sei es, dass sie es als Ausgangspunkt und insbesondere zur Bekräftigung und Erläuterung des eige-

744 Siehe Ulmer, § 67 II 2 c).
745 Schricker/Loewenheim/Schricker/Spindler, § 51 Rn. 17; Möhring/Nicolini/Waldenberger, § 51 Rn. 5; Fromm/Nordemann/Dustmann, § 51 Rn. 16, 31; Wandtke/Bullinger/Lüft, § 51 Rn. 3.
746 BGH GRUR 1973, 216, 218 – Handbuch moderner Zitate.
747 BGH GRUR 2008, 693, 696 – TV-Total; BGH GRUR 1987, 34, 35 – Liedtextwiedergabe I; BGH GRUR 1986, 59, 60 – Geistchristentum; BGH GRUR 1973, 216, 218 – Handbuch moderner Zitate; aus der Rechtsprechung der Instanzgerichte siehe OLG Köln ZUM 2009, 961, 962; LG München ZUM 2009, 678, 679; KG NJW 2003, 680, 681 – Das Leben, dieser Augenblick.
748 BGH GRUR 1986, 59, 60 – Geistchristentum; diese Formulierung findet sich zum ersten Mal in BGH GRUR 1959, 197, 199 – Verkehrskinderlied.

nen Gedankengangs auswerten, sei es schließlich auch, dass sie es in Gestalt von Leseproben zur Veranschaulichung eines selbständigen Berichts verwenden wollen."[749] Ein Zitat sei also nur dann zulässig, wenn es „als Beleg" für eigene Erörterungen des Zitierenden erscheine.[750] In späteren Entscheidungen forderte der BGH in Abwandlung dieser, auf eine reine Belegfunktion reduzierten Formel, das Zitat müsse „als Belegstelle oder Erörterungsgrundlage" für selbständige Ausführungen des Zitierenden dienen.[751] Es soll jedenfalls nicht ausreichen, dass Zitate in einer bloß äußerlichen, zusammenhanglosen Weise in das zitierende Werk eingefügt oder angehängt werden. Vielmehr sei erforderlich, dass eine innere Verbindung mit den eigenen Gedanken des Zitierenden hergestellt werde.[752]

Das Erfordernis einer Belegfunktion des Kleinzitates ist im jüngeren Schrifttum jedoch zu Recht auf Kritik gestoßen.[753] Viele Stimmen gehen heute davon aus, dass der Zitatzweck beim Kleinzitat über eine Belegfunktion hinausgeht.[754] Danach ist es nicht erforderlich, dass sich das zitierende Werk inhaltlich ausdrücklich mit den zitierten Werkstellen auseinandersetzt. Das Zitat müsse nicht zwangsläufig angeführt werden, um die Richtigkeit einer Darstellung zu bekräftigen oder um nachzuweisen, dass eine fremde Auffassung originalgetreu wiedergegeben sei.[755] Ein zulässiger Zitatzweck kann danach schon dann vorliegen, wenn das Zitat als Motto oder Devise einem Werk vorangestellt wird.[756] Ebenso soll es ausreichend sein können, wenn das Zitat gewisse Stimmungen verdeutlicht oder als Mittel des künstlerischen Kontrastes eingesetzt wird.[757] Für derartige Zitate, die genau genommen nichts „belegen", besteht in der Praxis ein großes Bedürfnis. Sie sind daher nicht durch zu strenge Anforderungen an den Zitatzweck von der Zitierfreiheit auszuschließen. Anders als beim wissenschaftlichen Großzitat fordert § 51 Satz 2 Nr. 2 UrhG also keine interpretierende oder erläuternde Bezugnahme des zitieren-

---

749 BGH GRUR 1986, 59, 60 – Geistchristentum; BGH GRUR 1959, 197, 199 – Verkehrskinderlied.

750 BGH GRUR 1986, 59, 60 – Geistchristentum.

751 BGH GRUR 2008, 693, 696 – TV-Total; BGH GRUR 1987, 34, 35 – Liedtextwiedergabe I.

752 Ebd. Aus der Rechtsprechung der Instanzgerichte siehe etwa OLG Köln ZUM 2009, 961, 962; KG NJW 2003, 680, 681 – Das Leben, dieser Augenblick; OLG Hamburg NJW-RR 2003, 112, 116; LG Stuttgart ZUM 2003, 156, 157.

753 Insbesondere Brauns, S. 115 f. betont, dass der Begriff des Beleges als synonyme Beschreibung der allein bei § 51 Satz 2 Nr. 1 UrhG geforderten Erläuterung des Inhalts zu verstehen sei, die von Nr. 2 nicht verlangt werde. Kritisch auch Möhring/Nicolini/Waldenberger, § 51 Rn. 5.

754 Möhring/Nicolini/Waldenberger, § 51 Rn. 5; Dreier/Schulze/Dreier, § 51 Rn. 15, jeweils m.w.N.; a. A. Krüger, S. 60 ff.

755 Siehe zur Belegfunktion des Kleinzitats auch Metzger, ZUM 2000, 924, 926.

756 Schricker/Loewenheim/Schricker/Spindler, § 51 Rn. 17; Dreyer/Kotthoff/Meckel/Dreyer, § 51 Rn. 19, 41; Brauns, S. 120; Morant, S. 180; dem folgt auch die Rechtsprechung der Instanzgerichte, siehe OLG München ZUM 2009, 970, 971; LG München ZUM 2009, 678, 679; KG NJW 2003, 680, 681, 682 – Das Leben, dieser Augenblick.

757 Möhring/Nicolini/Waldenberger, § 51 Rn. 5; Dreyer/Kotthoff/Meckel/Dreyer, § 51 Rn. 41.

den Werkes. Zum Teil wird es schon als ausreichend erachtet, wenn ein bloßer thematischer Bezug zwischen Zitat und Werk besteht.[758] Ein zulässiger Zitatzweck ist hingegen nicht erfüllt, wenn es sich um eine bloße Aneinanderreihung fremder Werkstellen handelt oder diese nur um ihrer selbst Willen wiedergegeben werden. Das Zitat muss also eine Funktion erfüllen, die über die bloße Aufwertung oder Ausschmückung des zitierenden Werkes hinausgeht.[759]

Für die Auslegung des Zitatzwecks sind schließlich die Vorgaben des BVerfG zu beachten, wonach dem Kleinzitat ein über die Belegfunktion hinaus gehender Zweck zukommen kann.[760] Nach dem BVerfG erfordert Art. 5 Abs. 3 Satz 1 GG eine kunstspezifische Betrachtung des Zitatrechts. Die Zitierfreiheit reiche im Kontext einer eigenständigen künstlerischen Gestaltung über die Verwendung des fremden Textes als Beleg, d.h. zur Verdeutlichung übereinstimmender Meinungen, zum besseren Verständnis der eigenen Ausführungen, oder zu Begründung oder Vertiefung des Dargelegten, hinaus.[761] Ein Künstler dürfe urheberrechtlich ge-schützte Texte auch ohne einen solchen Bezug in sein Werk aufnehmen, soweit sie Gegenstand und Gestaltungsmittel seiner eigenen künstlerischen Aussage blieben. Die Zulässigkeit der Verwendung eines fremden Textes hänge nicht davon ab, ob sich der Künstler damit „auseinander setze". Entscheidend sei allein, ob sich das Zitat „funktional in die künstlerische Gestaltung und Intention seines Werkes" einfüge und damit „als integraler Bestandteil einer eigenständigen künstlerischen Aussage" erscheine.[762]

Fraglich ist, ob sich diese vom BVerfG ausdrücklich nur für künstlerische Sprachwerke aufgestellten Grundsätze auch auf nichtkünstlerische, insbesondere auf wissenschaftliche Sprachwerke übertragen lassen. Überwiegend wird dies ab-gelehnt.[763] Als Argument wird angeführt, dass das Zitat in der Wissenschaft aus-schließlich als Beleg, nicht hingegen als Stilmittel diene.[764] Sicherlich trifft es zu, dass Zitate in wissenschaftlichen Werken überwiegend einen anderen Zweck ver-folgen als in der Kunst. Gleichwohl erscheint es nicht zwingend, eine Übertragung

---

758 Brauns, S. 120.
759 Siehe Brauns, S. 123.
760 In einem Verfassungsbeschwerdeverfahren hatte sich das BVerfG mit der Frage zu befas-sen, ob die Verwendung längerer Textpassagen Bertold Brechts in Heiner Müllers letztem Theaterstück „Germania 3 Gespenster am toten Mann" über die Belegfunktion hinaus von der Zitierfreiheit des § 51 Satz 2 Nr. 2 UrhG gedeckt sei, BVerfG GRUR 2001, 149 – Ger-mania 3; siehe hierzu Metzger, ZUM 2000, 924 ff.; Becker, ZUM 2000, 864 ff.; Seifert, FS Erdmann, S. 195 ff.; Garloff, GRUR 2001, 476 ff.; Raue, FS Nordemann, S. 327 ff.
761 BVerfG GRUR 2001, 149, 151 – Germania 3.
762 Ebd.
763 KG NJW 2003, 680, 682 – Das Leben, dieser Augenblick; OLG Hamburg NJW-RR 2003, 112, 116; Wandtke/Bullinger/Lüft, § 51 Rn. 4; Fromm/Nordemann/Dustmann, § 51 Rn. 31; Taubner, Anmerkung zu LG München ZUM 2005, 407, 411 f.; a. A. LG München I ZUM 2005, 407, 410.
764 KG NJW 2003, 680, 682 – Das Leben, dieser Augenblick; Fromm/Nordemann/Dustmann, § 51 Rn. 31.

der vom BVerfG vorgenommenen weiten Auslegung des Zitatzwecks auf den Bereich der Wissenschaft generell abzulehnen. Vielmehr dürfte auch in Fällen, in welchen das Zitatrecht nach bisherigem Verständnis mangels einer Belegfunktion des Zitates nicht greift, eine wissenschaftsspezifische Auslegung des § 51 Satz 2 Nr. 2 UrhG möglich sein. Danach könnten – wie dies bereits zum Teil im Schrifttum vertreten wird[765] – Zitate auch dann einen zulässigen Zweck verfolgen, wenn keine ausdrückliche Auseinandersetzung mit ihrem Inhalt vorliegt. Vielmehr dürfte es schon ausreichen, dass ein thematischer Bezug vorliegt, die Zitate also nicht bloß um ihrer selbst Willen wiedergegeben werden. Im Hinblick auf die Anforderungen des BVerfG wäre zu fordern, dass sich das Zitat als integraler Bestandteil der eigenen wissenschaftlichen Aussage des Zitierenden darstellt. Der Auffassung, die für den Zitatzweck eine explizite inhaltliche Auseinandersetzung des Zitierenden mit dem Inhalt des entlehnten Stoffes fordert, ist damit die Grundlage entzogen.

c) Veröffentlichung des zitierten Werkes oder Werkteils

§ 51 UrhG erlaubt nur Zitate aus veröffentlichten Werken. Das Erfordernis der Veröffentlichung des benutzten Werkes oder Werkteils wurde durch die Neufassung der Vorschrift in die Generalklausel des § 51 Satz 1 UrhG aufgenommen. Für das wissenschaftliche Großzitat nach § 51 Nr. 1 UrhG a. F. verlangte das Gesetz bis zur Novelle durch den zweiten Korb, dass das benutzte Werk erschienen war. Durch die Neufassung wurde dem Umstand Rechnung getragen, dass insbesondere wissenschaftliche Werke heute vielfach gar nicht mehr in körperlicher Form verbreitet werden, also im Sinne von § 6 Abs. 2 UrhG erscheinen, sondern nur noch in unkörperlicher Form veröffentlicht werden.[766] Bis auf die Regelung des Musikzitats in § 51 Satz 2 Nr. 3 UrhG ist es für alle Zitatarten jetzt ausreichend aber auch erforderlich, dass das benutzte Werk veröffentlicht ist. Veröffentlich ist der Werkteil oder das Werk gemäß § 6 Abs. 1 UrhG dann, wenn es mit Zustimmung des Berechtigten der Öffentlichkeit zugänglich gemacht worden ist.[767]

d) Gebotener Umfang

§ 51 UrhG gestattet die Nutzung fremder Werksubstanz nur in einem durch den besonderen Zweck gerechtfertigten Umfang. Der Umfang des Zitats ist dabei nicht

---

765 Siehe etwa Brauns, S. 120 ff.
766 Dreyer/Kotthoff/Meckel/Dreyer, § 51 Rn. 24.
767 Zum Begriff der Veröffentlichung siehe Dreier/Schulze/Dreier, § 6 Rn. 1 ff.

auf das absolut notwendige Minimum beschränkt.[768] Übereinstimmend gehen Rechtsprechung und Schrifttum heute davon aus, dass es bei der Frage des Zitatumfangs keine schematischen, abstrakten Richtlinien geben könne.[769] Insbesondere wird betont, dass der sachliche Umfang des Zitats nicht nach arithmetischen Maßstäben beurteilt werden könne.[770] Der zulässige Umfang ist vielmehr jeweils durch eine umfassende Abwägung aller Umstände des Einzelfalls zu bestimmen.[771] Dabei sind sowohl der Zweck des Zitats, der Umfang des zitierten und zitierenden Werkes sowie die Art der Zugänglichmachung zu berücksichtigen.[772]

Für das Großzitat bestimmt § 51 Satz 2 Nr. 1 UrhG, dass „einzelne Werke" in ein wissenschaftliches Werk aufgenommen werden. Dieses Tatbestandsmerkmal wird sowohl als relative als auch absolute Beschränkung des Umfangs verstanden. Eine relative Beschränkung stellt diese Anforderung insofern dar, als die zulässige Anzahl der übernommenen Werke zum einen vom Umfang des Gesamtwerks des zitierten Urhebers, zum anderen vom Umfang des zitierenden Werkes abhängen soll.[773] Der Begriff „einzelne Werke" enthält jedoch auch eine absolute Beschränkung. In Rechtsprechung und Schrifttum wird überwiegend betont, dass nur „einige wenige Werke" zitiert werden dürfen.[774] So sollen, auch wenn das Gesamtwerk des zitierten Urhebers sehr viele Werke umfasst, nur einige wenige, nicht etwa zahlreiche Werke übernommen werden dürfen.[775] Damit soll jedoch kein streng arithmetischer Maßstab aufgestellt sein. Die zulässige Anzahl der zitierten Werke kann nur in jedem Einzelfall anhand einer Gesamtabwägung aller Umstände festgestellt werden.[776] Werden Werke mehrerer Urheber zitiert, besteht kein Grund, die Möglichkeit des Zitierens insgesamt auf einige wenige Werke zu beschrän-

---

768 Dreier/Schulze/Dreier, § 51 Rn. 5.
769 Siehe hierzu Schulz, ZUM 1998, 221, 227 m.w.N.
770 So schon BGH GRUR 1959, 197, 199 – Verkehrskinderlied; BGH GRUR 1986, 59, 60 – Geistchristentum.
771 Fromm/Nordemann/Dustmann, § 51 Rn. 18; Dreier/Schulze/Dreier, § 51 Rn. 5.
772 Schricker/Loewenheim/Schricker/Spindler, § 51 Rn. 19; Fromm/Nordemann/Dustmann, § 51 Rn. 18.
773 Schricker/Loewenheim/Schricker/Spindler, § 51 Rn. 34; Brauns, S. 33.
774 BGH GRUR 1968, 607, 611 – Kandinsky; Möhring/Nicolini/Waldenberger, § 51 Rn. 9; Fromm/Nordemann/Dustmann, § 51 Rn. 21; Oekonomidis, S. 110.
775 So handelt es sich nach BGH GRUR 1968, 607, 611 – Kandinsky bei der Aufnahme von 69 Werken Kandinskys in einen kunsthistorischen Band über den „Blauen Reiter" nicht mehr um „einzelne Werke" im Sinne des § 51 UrhG. Für weitere Beispiele aus der Rechtsprechung siehe Schricker/Loewenheim/Schricker/Spindler, § 51 Rn. 35. Kritisch zur Beschränkung auf „einige wenige" Werke Dreier/Schulze/Dreier, § 51 Rn. 11.
776 Dreier/Schulze/Dreier, § 51 Rn. 11.

ken.[777] Entscheidend ist, dass von den zitierten Urhebern jeweils nur einige wenige Werke übernommen werden.[778]

Beim Kleinzitat nach § 51 Satz 2 Nr. 2 UrhG dürfen „Stellen eines Werkes" zitiert werden. Darunter sind grundsätzlich nur kleine Ausschnitte aus geschützten Werken zu verstehen.[779] Vereinzelt wird vertreten, der Umfang des Kleinzitats dürfe nur „ein oder zwei Kernsätze" des zitierten Werkes umfassen.[780] Zu Recht wird eine derart pauschale Beschränkung der Zitierfreiheit ganz überwiegend abgelehnt.[781] Grundsätzlich soll das Kleinzitat jedoch nur einen Bruchteil des zitierten Werkes ausmachen dürfen; aus umfangreicheren Werken kann daher mehr zitiert werden als aus Werken geringen Umfangs.[782] Darüber hinaus soll aber auch die absolute Länge des Zitats eine bestimmte Grenze nicht überschreiten. Ob dies der Fall ist, hängt von einer Abwägung der Umstände des Einzelfalles ab, wobei insbesondere der Zweck des Zitats zu berücksichtigen ist.[783] Im Ausnahmefall kann auch die Übernahme ganzer Werke im Rahmen des Kleinzitats zulässig sein, wenn der Zitatzweck durch eine nur stellenweise Wiedergabe des fremden Werkes nicht anders erfüllt werden kann.[784] Schließlich kann auch die Übernahme zahlreicher Stellen eines Werkes von § 51 Satz 2 Nr. 2 UrhG gedeckt sein.[785]

e) Selbständigkeit des zitierenden Werkes

Alle im Beispielskatalog des § 51 Satz 2 Nr. 1-3 UrhG aufgeführten Zitatarten erlauben die Übernahme fremder Werksubstanz nur, wenn es sich bei dem zitierenden Werk um ein „selbständiges" Werk handelt. Während Nr. 1 ein selbständiges wissenschaftliches Werk verlangt, lässt Nr. 2 jedes selbständige Sprachwerk ge-

---

777 Siehe hierzu Schricker/Loewenheim/Schricker/Spindler, § 51 Rn. 34; Ulmer, § 67 II 1 b); a. A. Brauns, S. 33.

778 Nach BGH GRUR 1968, 607, 610 – Kandinsky sind dabei mit Erlaubnis des Urhebers übernommene Werke bei der Zahl der zulässigen Zitate mit einzuberechnen, so auch Ulmer, § 67 II 1 b); Brauns, S. 33; a. A. Dreier/Schulze/Dreier, § 51 Rn. 11.

779 BGH GRUR 1986, 59 – Geistchristentum; Ulmer, § 67 II 2 b); zu restriktiv Möhring/Nicolini/Waldenberger, § 51 Rn. 16 wonach „Stellen" nur dann vorliegen sollen, wenn sie einen geschlossenen Gedankengang des Urhebers wiedergeben; ähnlich auch Oekonomidis, S. 107.

780 v. Gamm, § 51 Rn. 13.

781 BGH GRUR 1986, 59 – Geistchristentum; Schricker/Loewenheim/Schricker/Spindler, § 51 Rn. 44; Fromm/Nordemann/Dustmann, § 51 Rn. 28.

782 Dreier/Schulze/Dreier, § 51 Rn. 14; Schricker/Loewenheim/Schricker/Spindler, § 51 Rn. 44.

783 Fromm/Nordemann/Dustmann, § 51 Rn. 28.

784 Zum sog. großen Kleinzitat siehe Möhring/Nicolini/Waldenberger, § 51 Rn. 16; Wandtke/Bullinger/Lüft, § 51 Rn. 14.

785 Die Beschränkung auf „einzelne Stellen" des § 19 LUG wurde nicht ins UrhG übernommen, siehe hierzu Schricker/Loewenheim/Schricker/Spindler, § 51 Rn. 46.

nügen.[786] Auf Grund der Tatsache, dass nur die Regelbeispiele des § 51 Satz 2 UrhG, nicht hingegen die neugefasste Generalklausel des Satz 1 von der Selbständigkeit des zitierenden Werkes spricht, wird das Erfordernis der Selbständigkeit zum Teil in Frage gestellt.[787] Dies überzeugt jedoch nicht. Nicht nur die Regelbeispiele, sondern auch die Generalklausel setzen voraus, dass es sich bei dem zitierenden Werk um ein selbständiges handelt.[788] Ausweislich der Gesetzesbegründung sollte das Zitatrecht nicht grundlegend erweitert werden.[789] Die Selbständigkeit des zitierenden Werkes ist also auch weiterhin Voraussetzung für alle Zitatarten.

Das Erfordernis der Selbständigkeit erfordert zunächst, dass es sich bei dem zitierenden Werk selbst um ein urheberrechtlich schutzfähiges Werk im Sinne des § 2 Abs. 2 UrhG handelt.[790] Darin spiegelt sich der Sinn und Zweck des Zitatrechts, die Förderung der geistigen Auseinandersetzung, wieder: Die Zitierfreiheit soll nur demjenigen zur Verfügung stehen, der selbst urheberrechtsschutzfähige Werke schafft.[791] Im Schrifttum wird betont, dass anderenfalls fremde Werke oder Werkteile mit bloßen Randbemerkungen, knappen Einleitungsworten oder sonstiger Garnierung verwertet werden könnten, was nicht Zweck des Zitatrechts sei.[792]

Die Selbständigkeit erfordert des Weiteren die „urheberrechtliche Unabhängigkeit" des zitierenden Werkes.[793] So wird verlangt, dass es sich bei dem zitierenden Werk nicht um eine Bearbeitung oder sonstige Umgestaltung des zitierten Werkes handeln dürfe.[794] In einer Bearbeitung sollen also Zitate aus dem bearbeiteten Werk generell unzulässig sein.[795] Zu Recht wird diese Einschränkung der Zitierfreiheit von Teilen des Schrifttums kritisiert.[796] Schöpferische Bearbeitungen werden ge-

---

786 Fragen des Musikzitats werden in vorliegender Arbeit nicht behandelt, siehe zu diesem Themenbereich Hertin, GRUR 1989, 159 mit weiteren Quellenangaben.
787 Nach OLG Jena ZUM 2008, 522, 525 sei infolge der Neufassung des § 51 UrhG „nicht mehr zwingend Voraussetzung", dass das aufnehmende Werk „Werkcharakter" habe; ähnlich auch Dreier/Dreier, § 51 Rn. 6.
788 So zu Recht Wandtke/Bullinger/Lüft, § 51 Rn. 8; ebenso Dreyer/Kotthoff/Meckel/Dreyer, § 51 Rn. 9.
789 Siehe Gesetzesbegründung, BT-Drs. 16/1828, S. 25; dass das Erfordernis der Selbständigkeit nicht in der Generalklausel erwähnt wird, beruht wohl vielmehr auf dem redaktionellen Grund, auf eine Wiederholung des in den nahezu unverändert übernommenen Regelbeispielen genannten Tatbestandsmerkmals in der Generalklausel zu verzichten.
790 BGH GRUR 1994, 800, 802 – Museumskatalog.
791 Wandtke/Bullinger/Lüft, § 51 Rn. 8; Oekonomidis, S. 91; Brauns; S. 34.
792 Schricker/Loewenheim/Schricker/Spindler, § 51 Rn. 20.
793 BGH GRUR 1994, 800, 802 – Museumskatalog; Schricker/Loewenheim/Schricker/Spindler, § 51 Rn. 20; Brauns, S. 34; Dreier/Schulze/Dreier, § 51 Rn. 6; Wandtke/Bullinger/Lüft, § 51 Rn. 8.
794 BGH GRUR 1994, 800, 802 – Museumskatalog; v. Gamm, § 51 Rn. 8; Dreier/Schulze/Dreier, § 51 Rn. 7; Schricker/Loewenheim/Schricker/Spindler, § 51 Rn. 21; Wandtke/Bullinger/Lüft, § 51 Rn. 8.
795 Siehe v. Gamm, § 51 Rn. 8.
796 Für den Fall schöpferischer Bearbeitungen i.S.v. § 3 UrhG Dreyer/Kotthoff/Meckel/Dreyer, § 51 Rn. 11.

mäß § 3 Satz 1 UrhG auch gegenüber dem bearbeiteten Werk wie selbständige Werke geschützt. Gerade bei schöpferischen Bearbeitungen wird vielfach das Bedürfnis bestehen, aus dem bearbeiteten Werk zu zitieren.[797] Überzeugende Gründe, die gegen die Zulässigkeit von Zitaten aus dem bearbeiteten Werk sprechen, sind hingegen nicht ersichtlich. Insbesondere ist nicht zu befürchten, dass fremde Werke durch die Zulässigkeit des Zitates aus dem bearbeiteten Werk gegen den Willen des Urhebers des Originalwerkes benutzt und verwertet würden. Denn Bearbeitungen eines Werkes dürfen nach § 23 Satz 1 UrhG nur mit Einwilligung des Urhebers des bearbeiteten Werkes veröffentlicht oder verwertet werden. Der Urheber ist damit schon über § 23 UrhG ausreichend vor einer unzulässigen Verwertung seines Werkes geschützt. Es besteht also keine Notwendigkeit, dem Urheber einer schöpferischen Bearbeitung die Möglichkeit des Zitats aus dem bearbeiteten Werk zu versagen.[798]

Die urheberrechtliche Unabhängigkeit erfordert jedoch, dass das zitierende Werk auch ohne das Zitat als eigenständige geistige Schöpfung bestehen bleibt. Das zitierende Werk muss das Kernstück des neuen Werkes bilden und darf im Verhältnis zum entlehnten Material nicht bloß als Randwerk erscheinen.[799] Das bloße Aneinanderreihen fremder Werke oder Werkstellen kann also nicht auf die Zitierfreiheit gestützt werden.[800] Nicht notwendig ist, dass das Gesamtwerk in jedem Fall auch ohne das Zitat verständlich sein müsse.[801] Ein derartiges Erfordernis würde den Anwendungsbereich der Zitierfreiheit über Gebühr einschränken. Denn Zitate, die als Ausgangspunkt für eigene Ausführungen des Zitierenden dienen, werden in den wenigsten Fällen für das Verständnis des zitierenden Werkes hinweg denkbar sein.[802] Insbesondere Großzitate, bei denen ganze Werke in ein wissenschaftliches Werk übernommen werden können, würden demnach vielfach unzulässig sein, da das zitierende Werk ohne das Zitat nicht mehr verständlich wäre.

---

797   Dreyer/Kotthoff/Meckel/Dreyer, § 51 Rn. 11.
798   So zu Recht Dreyer/Kotthoff/Meckel/Dreyer, § 51 Rn. 10.
799   Oekonomidis, S. 91.
800   So für die Erstellung einer Zitatensammlung BGH GRUR 1973, 216, 217 – Handbuch moderner Zitate; ähnlich auch für eine Sammlung gerichtlicher Leitsätze BGH NJW 1992, 1316, 1318 – Leitsätze. An der mangelnden Selbständigkeit in derartigen Fällen ändert auch nichts, dass das zitierende Werk als Sammelwerk gemäß § 4 Abs. 1 UrhG geschützt sein kann, siehe hierzu Möhring/Nicolini/Waldenberger, § 51 Rn. 12; Brauns, S. 34.
801   So noch OLG Frankfurt ZUM 1993, 97, 99; a. A. BGH GRUR 1994, 800, 803 – Museumskatalog; aus dem Schrifttum Dreyer/Kotthoff/Meckel/Dreyer, § 51 Rn. 10.
802   So zutreffend auch Brauns, S. 35.

f) Ungeschriebene Tatbestandsmerkmale

Neben den gesetzlich formulierten Voraussetzungen des § 51 UrhG gibt es eine Reihe weiterer „ungeschriebener" Tatbestandsmerkmale, die von Rechtsprechung und Schrifttum für die Zulässigkeit von Zitaten verlangt werden. Dabei sind auch europarechtliche Vorgaben, insbesondere die schrankenspezifischen Anforderungen der Informationsrichtlinie zu berücksichtigen.[803]

aa) Erkennbarkeit

Zunächst ist hier die Erkennbarkeit des Zitates zu nennen. Auch wenn weder § 51 UrhG noch § 63 UrhG dies ausdrücklich fordern, besteht in Rechtsprechung und Schrifttum Einigkeit darüber, dass Zitate als solche kenntlich gemacht werden und sich vom eigenen Werk abheben müssen. Zum Teil wird die Erkennbarkeit der fremden Werksubstanz im Schrifttum dabei als konstituierende Eigenschaft des Zitates verstanden.[804] So gehöre es „zum Wesen des Zitats, dass es nicht ununterscheidbar in das zitierende Werk integriert, sondern als fremd ersichtlich gemacht" werde.[805] Bei nicht erkennbaren Entlehnungen fremder Werkteile könne es sich danach schon begrifflich nicht mehr um Zitate handeln. Richtiger dürfte es sein, die Erkennbarkeit des Zitats als ungeschriebenes Zulässigkeitserfordernis zu verstehen.[806] Zitate, die diese Voraussetzung nicht erfüllen, sind also unzulässige Zitate.

Das Erfordernis der Erkennbarkeit ist von der Pflicht zur Quellenangabe gemäß § 63 Abs. 1 UrhG zu unterscheiden.[807] Zwar sind beide Pflichten eng miteinander verknüpft.[808] Sie sind jedoch nicht deckungsgleich. Denn auch wenn die gesetzlichen Anforderungen an die Quellenangabe nicht erfüllt sind, kann das Zitat deutlich als fremde Zutat erkennbar gemacht sein. Umgekehrt kann eine deutliche Quellenangabe vorliegen, jedoch auf Grund unzureichender Erkennbarkeit unklar sein, worauf sich die Quellenangabe genau bezieht. Eine deutliche Quellenangabe allein genügt also nicht.[809] Ein zulässiges Zitat liegt vielmehr nur dann vor, wenn unzweideutig erkennbar ist, dass es sich bei dem Übernommenen um fremde Werkteile oder Werke handelt. Es darf nicht zu einer konturlosen Vermischung der ei-

---

803 Siehe hierzu Bisges, GRUR 2009, 730, 732.
804 Dreyer/Kotthoff/Meckel/Dreyer, § 51 Rn. 15; wohl auch Bisges, GRUR 2009, 730.
805 OLG Köln ZUM 2009, 961, 962; ähnlich LG Berlin ZUM 2000, 513, 514; OLG München NJW 1999, 1975, 1976; aus dem Schrifttum Schricker/Loewenheim/Schricker/Spindler, § 51 Rn. 15; Dreier/Schulze/Dreier, § 51 Rn. 3; Oekonomidis, S. 85.
806 So auch Schricker/Loewenheim/Schricker/Spindler, § 51 Rn. 15.
807 Dreier/Schulze/Schulze, § 63 Rn. 13.
808 So auch Morant, S. 211.
809 A. A. Dreyer/Kotthoff/Meckel/Dreyer, § 51 Rn. 15.

genen und fremden Werksubstanz kommen.[810] Bei Schriftwerken kann dies auf ganz unterschiedliche Art und Weise erreicht werden. Bei wortwörtlichen Zitaten geschieht dies üblicherweise durch die Verwendung von Anführungszeichen, Kursivschrift oder anderen optischen Hervorhebungen, wie etwa einer anderen Schriftart oder Schriftgröße. Der Kreis der in Betracht kommenden „Zitationsmarker" ist jedoch nicht hierauf beschränkt.[811] Soweit es im Rahmen der Zitierfreiheit zulässig ist, fremde Textstellen in indirekter Rede wiederzugeben,[812] kann auch die Verwendung des Konjunktivs als Zitationsmarker ausreichend sein.[813]

Als problematisch kann sich die Erkennbarkeit fremder Werksubstanz erweisen, wenn Zitate mit eigenen Erläuterungen des zitierenden Autors kombiniert werden. Unzulässig ist es, wenn fremde Passagen nicht kenntlich gemacht und mit dem eigenen Text derart verwoben werden, dass sie als eigene geistige Schöpfung des zitierenden Urhebers erscheinen. Eine derartige Benutzung fremder Texte fällt nicht in den Schutzbereich des Zitatrechts.[814] Nicht zulässig sind auch Zitate, bei welchen der wahre Umfang des Zitates verschleiert wird. Dabei handelt es sich um ein in der Wissenschaft häufig beobachtetes Phänomen missbräuchlichen Zitierverhaltens.[815] *Rieble* bezeichnet derartige Zitate als „Scheinzitate";[816] *Lahusen* hat hierfür den Begriff des „Bauernopfer-Zitats" geprägt.[817] Gemeint sind Fälle, in denen ein wörtliches Zitat im Text mit Anführungszeichen versehen und dadurch – obwohl dies nicht zutrifft – der Eindruck erweckt wird, der Text vor und nach den Anführungszeichen sei nicht fremd, sondern stamme vom Urheber des zitierenden Werkes.[818] Abgesehen von der Tatsache, dass derartiges Zitierverhalten gegen die wissenschaftsethischen Regeln guter wissenschaftlicher Praxis verstößt,[819] steht nach den Ausführungen zur Erkennbarkeit des Zitats auch fest, dass solche missbräuchlichen Zitate auch nicht von der Zitierfreiheit des § 51 UrhG gedeckt sein können.

---

810 Brauns, S. 29.
811 Als Zitationsmarker werden in der Sprachwissenschaft die Mittel bezeichnet, durch die beim Zitieren Fremdes kenntlich gemacht wird, siehe hierzu Jakobs, S. 4 ff.
812 Siehe hierzu die Ausführungen zum Änderungsverbot S. 143 ff. dieser Arbeit.
813 Werden Sprachwerke nur mündlich vorgetragen, ist es üblich und grundsätzlich erforderlich, mit Worten auf Anfang und Ende des Zitats hinzuweisen.
814 So ausdrücklich OLG Köln ZUM 2009, 961, 962.
815 Siehe hierzu die von Rieble recherchierten wissenschaftlichen „Plagiatsfälle" der letzten Jahre, Rieble, S. 17 ff.
816 Rieble, S. 20.
817 Lahusen, KJ 2006, 398, 411; an anderer Stelle spricht er von „Bauernopfer-Referenzen", 405 ff.
818 Lahusen, KJ 2006, 398, 411.
819 Siehe hierzu S. 168 ff. dieser Arbeit.

bb) Keine Substitutionskonkurrenz

Schließlich fordern Rechtsprechung und Schrifttum, dass ein Zitat keine unzumutbare Beeinträchtigung der Verwertung des zitierten Werkes mit sich bringen dürfe.[820] Eine derartige Beeinträchtigung wird insbesondere dann angenommen, wenn das zitierende Werk eine sogenannte „Substitutionskonkurrenz" für das zitierte Werk darstellt.[821] Damit ist der Fall gemeint, dass das Zitat bereits so viel von dem Werk enthält, dass ein ernsthafter Interessent davon abgehalten werden könnte, das zitierte Werk selbst zu erwerben.[822] Das Zitat darf also keinen Ersatz für das zitierte Werk darstellen und nicht dazu führen, dass die Verwertungsmöglichkeiten für den Urheber des zitierten Werkes unzumutbar geschmälert werden.

Eine unzumutbare Beeinträchtigung kann sich insbesondere aus der Art und Weise der Zugänglichmachung des zitierenden Werkes ergeben. Zu denken ist hierbei etwa an die Werkverwertung im Internet.[823] Wird beispielsweise ein wissenschaftliches Schriftwerk, welches ein anderes Werk ganz oder teilweise zitiert, im Internet öffentlich zugänglich gemacht, kann jeder sowohl auf das zitierende als auch auf das zitierte Werk zugreifen. Das Auffinden des zitierten Werkes wird dabei durch den Einsatz von Suchmaschinen erleichtert, welche die Inhalte von Internetseiten häufig systematisch und vollständig erfassen. Diese technische Entwicklung führt gewissermaßen zu einer „Omnipräsenz der Werkinhalte".[824] Durch die Eingabe eines Suchbegriffes kann das zitierte Werk also unproblematisch über den „Umweg" des zitierenden Werkes aufgefunden werden. Eine direkte Substitutionskonkurrenz kann sich somit in Fällen ergeben, in denen der Urheber sein Werk im Internet selbst, etwa im Rahmen einer Datenbank für wissenschaftliche Publikationen, entgeltlich auswerten möchte, das Werk aber in Form eines Großzitats auf einer anderen Internetseite kostenfrei abgerufen werden kann.[825]

Das LG München I führte in einer ähnlichen Fallgestaltung – unter Verweis auf den Rechtsgedanken des Art. 9 Abs. 2 RBÜ – aus, dass bei der Frage des Zitatzwecks eine Verhältnismäßigkeitsprüfung vorzunehmen sei, bei der die widerstrei-

---

820 BGH GRUR 1986, 59, 61 – Geistchristentum; ähnlich schon BGH GRUR 1959, 197, 200 – Ver-kehrskinderlied; Schricker/Loewenheim/Schricker/Spindler, § 51 Rn. 23. Im internationalen Urheberrecht existieren Vorschriften, die ein derartiges Erfordernis ausdrücklich statuieren, siehe Art. 9 Abs. 2 RBÜ, Art. 10 Abs. 1 WCT; Art. 13 TRIPS; Art. 16 Abs. 2 WPPT. Die Informations-RL fordert in Art. 5 Abs. 5 allgemein, dass Schranken des Urheberrechts nur in bestimmten Sonderfällen angewandt werden dürfen, „in denen die normale Verwertung des Werks" „nicht beeinträchtigt und die berechtigten Interessen des Rechtsinhabers nicht ungebührlich verletzt werden", zu dieser als Dreistufentest bezeichneten Regelung siehe Senftleben, GRUR Int 2004, 200 ff.
821 Schricker/Loewenheim/Schricker/Spindler, § 51 Rn. 23; Bisges, GRUR 2009, 730, 732.
822 Siehe BGH GRUR 1986, 59, 61 – Geistchristentum.
823 Siehe hierzu ausführlich Bisges, GRUR 2009, 730, 732.
824 Ebd.
825 Auf diese Konstellation weist hin Bisges, GRUR 2009, 730, 732.

tenden Interessen der beteiligten Urheber in Ausgleich zu bringen seien.[826] Dabei sei insbesondere das Interesse des Urhebers oder Rechtsinhabers des zitierten Werkes zu berücksichtigen, dass sein Verwertungsrecht nicht durch faktische Umgehungsmöglichkeiten nutzlos gemacht werde. Nach Auffassung des LG besteht diese Gefahr dann, wenn die vom zitierenden Urheber zugänglich gemachten Werke oder Werkteile mit Hilfe von Suchmaschinen im Internet von jedem aufgefunden, kopiert und vervielfältigt werden können. Daraus ergebe sich eine nicht hinnehmbare Beeinträchtigung der wirtschaftlichen Interessen des Rechtsinhabers, so dass die vorgenommene Nutzung nicht mehr durch den Zitatzweck gedeckt sei.[827] Wird das zitierte Werk also derart nutzbar gemacht, dass es gewissermaßen durch einen Mausklick von jedermann abgerufen werden kann, liegt nahe, dass seine normale Auswertung erheblich beeinträchtigt sein kann. Rechtsprechung und Schrifttum weisen jedoch darauf hin, dass die Unzulässigkeit solcher Zitate entfallen könne, wenn der zitierende Urheber durch den Einsatz technischer Maßnahmen sicherstelle, dass das zitierte Werk nicht einer unbegrenzten Öffentlichkeit zugänglich sei.[828]

3. Das Änderungsverbot gemäß § 62 UrhG

a) Generelles Änderungsverbot

Eine, insbesondere aus Sicht des wissenschaftlichen Urhebers, wichtige Frage ist, ob und in wie weit fremde Werkteile im Rahmen der Zitierfreiheit geändert werden dürfen. Ist es vom urheberrechtlichen Zitatrecht gedeckt, wenn eine Passage eines fremden Werkes inhaltsgleich, jedoch umformuliert und mit anderen Worten wiedergegeben wird? Die Antwort hierauf ist in den änderungsrechtlichen Vorschriften des UrhG, insbesondere in § 62 UrhG zu finden.[829] Nach § 62 Abs. 1 Satz 1 UrhG dürfen bei Zitaten und anderen Nutzungen, die auf Grund der Schrankenbestimmungen zulässig sind, keine Änderungen an dem Werk vorgenommen werden. Es besteht also ein grundsätzliches Änderungsverbot.[830] Unter einer Änderung ist

---

826 LG München I ZUM 2005, 407, 410.
827 Ebd. Abgesehen von einer unbeschränkten Zugänglichmachung im Internet sah das Gericht jedoch die Voraussetzungen des § 51 UrhG als erfüllt an, so dass das Zitat in einem Vorlesungsskript verwendet werden durfte.
828 LG München I ZUM 2005, 407, 409 erwähnt Maßnahmen der Zugangs- oder Nutzungsbeschränkung wie etwa ein durch Passwort geschützter Zugang oder technische Maßnahmen zur Verhinderung auszugsweisen Kopierens; siehe hierzu auch Bisges, GRUR 2009, 730, 732.
829 Daneben sind §§ 39 und 14 UrhG von Bedeutung.
830 Siehe zum generellen Änderungsverbot im Urheberrecht Dreier/Schulze/Schulze, § 62 Rn. 1, § 39 Rn. 4.

dabei jede Abweichung von der äußeren oder inhaltlichen Gestaltung des Originalwerks zu verstehen.[831]

b) Ausnahmen

Das generelle Änderungsverbot besteht jedoch nicht ausnahmslos. § 62 UrhG sieht in seinen Absätzen 2 bis 4 ausdrückliche Ausnahmen vor. Für den Bereich des Zitierens in und aus Schriftwerken ist hier § 62 Abs. 2 UrhG von Bedeutung, wonach Übersetzungen des Werkes zulässig sind, soweit es der Benutzungszweck erfordert. Die Vorschrift ist wichtig für das Zitieren wissenschaftlicher Werke, da die Übersetzung fremder Werkstellen andernfalls von der Einwilligung des zitierten Urhebers abhinge. § 62 Abs. 2 UrhG erlaubt des Weiteren auch, Auszüge aus Werken zu entnehmen. Für Zitate, welche schon nach § 51 Satz 2 Nr. 2 UrhG nur auszugsweise benutzt werden dürfen, ergibt sich die Zulässigkeit der durch die damit verbundenen Änderung bereits direkt aus § 51 UrhG, ohne dass es eines Rückgriffs auf § 62 Abs. 2 UrhG bedarf.[832]

Die zulässigen Änderungen im Rahmen eines Zitats sind jedoch nicht auf die ausdrücklich genannten Ausnahmen des § 62 Abs. 2 bis 4 UrhG beschränkt. Über die Verweisung des § 62 Abs. 1 Satz 2 UrhG auf § 39 UrhG sind daneben solche Änderungen zulässig, zu denen der Urheber seine Einwilligung nach Treu und Glauben nicht versagen kann (§ 39 Abs. 2 UrhG). Für die Beantwortung der Frage, ob eine Änderung diesen Anforderungen entspricht, ist eine Interessenabwägung urheberpersönlichkeits- sowie verwertungsrechtlicher Interessen des Urhebers und des Nutzungsberechtigten erforderlich.[833] Im Schrifttum wird dabei überwiegend darauf hingewiesen, dass hier strenge Maßstäbe anzulegen seien und im Zweifel zu Gunsten des zitierten Urhebers, also gegen eine Änderungsbefugnis des Zitierenden zu entscheiden sei.[834] Es dürfen also nur Änderungen vorgenommen werden, die im Verkehr als unwesentlich angesehen werden oder üblich sind.[835] In Bezug auf die Änderungsbefugnis bei Zitaten aus Schriftwerken werden dabei in der – spärlichen – Rechtsprechung und im Schrifttum überwiegend zwei Fälle erwähnt. Danach soll es zum einen zulässig sein, Zitate von der direkten in die indi-

---

831 So Möhring/Nicolini/Gass, § 62 Rn. 8; zutreffend betonen Dreier/Schulze/Schulze, § 39 Rn. 6, dass es um Änderungen des Werkes als Immaterialgut und nicht um Eingriffe in das körperliche Werkstück geht; abzulehnen daher Dreyer/Kotthoff/Meckel/Dreyer, § 62 Rn. 3, wonach sich das Änderungsverbot grundsätzlich nur gegen Eingriffe in die körperliche Substanz richten soll.
832 Schricker/Loewenheim/Dietz/Peukert, § 62 Rn. 20 m.w.N.
833 v. Gamm, § 62 Rn. 7.
834 Oekonomidis, S. 98; v. Gamm, § 62 Rn. 2; Dreier/Schulze/Schulze, § 62 Rn. 13.
835 Rehbinder, Rn. 413.

rekte Rede umzuwandeln.[836] Zum anderen soll es zulässig sein, bei der Übernahme von Sätzen Wortverschiebungen vorzunehmen oder den Satzbau umzustellen, um den entlehnten Werkteil in ein anderes Satzgefüge einfügen zu können.[837] Darüber hinaus wird es als zulässig erachtet, Druck- oder Rechtschreibfehler sowie falsche Interpunktion zu berichtigen.[838]

c) Zulässigkeit von Paraphrasen

Fraglich ist, ob es im Rahmen des Zitatrechts zulässig ist, fremde Werkstellen in zusammengefasster Form mitzuteilen. Im Schrifttum wird dies nur ganz vereinzelt erörtert. Soweit ersichtlich vertreten lediglich *Waldenberger* und *Dreyer*, dass es das Zitatrecht erlaube, den Gedankengang einer zitierten Stelle zusammengefasst wiederzugeben.[839] Dies soll zumindest dann gelten, wenn der Sinn der zitierten Stelle nicht geändert werde.

Nach der hier vertretenen Auffassung fallen paraphrasierende Wiedergaben fremder Werke oder Werkteile nicht unter die Zitierfreiheit. Denn es entspricht ganz überwiegender Auffassung, dass § 51 UrhG nur die identische oder – in den Grenzen des § 62 UrhG liegende – nahezu identische Übernahme fremder Werksubstanz erlaubt.[840] Sinngemäße Übernahmen, mit denen zwangsläufig äußerliche und inhaltliche Änderungen der Werkstellen einhergehen, lassen sich nicht mit der überwiegend geforderten strengen Auslegung des Änderungsverbots des § 62 UrhG vereinbaren. Denn das Änderungsverbot bezieht sich nicht nur auf formal sprachliche, sondern auch auf inhaltliche Änderungen.[841] Damit ist freilich nicht gesagt, dass paraphrasierende Übernahmen oder sinngemäße Entlehnungen urheberrechtlich nicht zulässig sein können. Ihre Zulässigkeit ist vielmehr nicht an § 51 UrhG sondern an den §§ 23, 24 sowie 12 Abs. 2 UrhG zu messen.[842]

---

836 OLG Köln ZUM 2009, 961, 962 unter Verweis auf LG Stuttgart UFITA 23 (1957), 244, 245; Morant, S. 119; Oekonomidis, S. 98; Dreier/Schulze/Schulze, § 62 Rn. 14; Möhring/Nicolini/Gass, § 62 Rn. 12.
837 OLG Köln ZUM 2009, 961, 962; OLG Hamburg GRUR 1970, 38, 39 – Heintje; Morant, S. 119; Oekonomidis, S. 98; Dreier/Schulze/Schulze, § 62 Rn. 14.
838 Rehbinder, Rn. 414; Oekonomidis, S. 98; Dreier/Schulze/Schulze, § 62 Rn. 14; nach Wasmuth, ZUM 2001, 858, 860 soll jedoch eine Umstellung auf die neue Rechtschreibung ohne Einverständnis des Verfassers nicht zulässig sein.
839 Möhring/Nicolini/Waldenberger, § 51 Rn. 22; Dreyer/Kotthoff/Meckel/Dreyer, § 51 Rn. 41.
840 Siehe OLG Köln ZUM 2009, 961, 962, wonach es für ein Zitat „wesensmäßig" sei, „dass es identisch oder allenfalls mit redaktionellen (z.B. grammatikalischen) Anpassungen übernommen" werde; aus dem Schrifttum v. Gamm, § 51 Rn. 6.
841 Oekonomidis, S. 97.
842 Siehe hierzu S. 152 ff., 163 ff. dieser Arbeit.

d) Verbot sinnentstellender Änderungen

Schließlich ist darauf hinzuweisen, dass Änderungen des Werkes in keinem Fall den Sinn oder die Tendenz des Werkes berühren dürfen.[843] Dies kann etwa dadurch geschehen, dass Zitate aus dem Kontext gerissen werden und in ihrer neuen textuellen Umgebung einen ganz anderen, vom Urheber gar nicht intendierten Sinn ergeben. Solche sinnentstellenden Zitate können also trotz äußerer Einhaltung der Voraussetzungen von § 51 UrhG einen Verstoß gegen das Änderungsverbot darstellen und damit unzulässig sein.[844]

e) Rechtsfolgen

Verstöße gegen das Änderungsverbot gemäß § 62 UrhG stellen Verletzungen des Urheberpersönlichkeitsrechts dar, welche die Rechtsfolgen der §§ 97 ff. UrhG auslösen.[845] Im Falle eines unzulässig geänderten Zitats kann der Urheber zunächst nach § 97 Abs. 1 UrhG selbständig gegen die unbefugte Änderung des übernommenen Werkteils vorgehen.[846] Nach herrschender Auffassung begründet ein Verstoß gegen das Änderungsverbot allein noch nicht die Unzulässigkeit des Zitats insgesamt.[847] Der Urheber kann also nicht die Nutzung seines Werkes als Zitat verbieten. Lässt sich eine unzulässige Änderung jedoch nicht beseitigen, kann der Urheber auch die Werknutzung insgesamt untersagen.[848] Daneben kann dem verletzten Urheber auch ein Schadensersatzanspruch nach § 97 Abs. 2 UrhG zustehen.[849] Schließlich ist darauf hinzuweisen, dass eine Verletzung des Änderungsverbots gemäß § 62 UrhG keine strafrechtlichen Sanktionen auszulösen vermag.[850]

---

843 Rehbinder, Rn. 413.
844 Schricker/Loewenheim/Dietz/Peukert, § 62 Rn. 20.
845 Dreier/Schulze/Dreier, § 97 Rn. 4.
846 OLG Hamburg GRUR 1970, 38, 39 – Heintje; Schricker/Loewenheim/Dietz/Peukert, § 62 Rn. 27; Wandtke/Bullinger/Bullinger, § 62 Rn. 30.
847 OLG Hamburg GRUR 1970, 38, 40 – Heintje; Dreier/Schulze/Dreier, § 62 Rn. 24; Möhring/Nicolini/Gass, § 62 Rn. 18; Wandtke/Bullinger/Bullinger, § 62 Rn. 30.
848 Wandtke/Bullinger/Bullinger, § 62 Rn. 30; a. A. Dreier/Schulze/Schulze, § 62 Rn. 24 wonach es dem Urheber freistehen soll, entweder gegen die konkrete Änderung vorzugehen oder das Zitat insgesamt zu verbieten.
849 Möhring/Nicolini/Gass, § 62 Rn. 18.
850 Kritisch hierzu Weber, S. 247 f.

4. Die Pflicht zur Quellenangabe gemäß § 63 UrhG

a) Einführung

Neben dem Recht auf Anerkennung der Urheberschaft gemäß § 13 UrhG enthält das Urheberrechtsgesetz eine weitere Vorschrift, die einen Anspruch auf Namensnennung des Urhebers vorsieht. § 63 Abs. 1 Satz 1 UrhG verlangt, dass in bestimmten Fällen der Werkverwertung „stets die Quelle deutlich anzugeben" ist.[851] Diese auch als „Zitiergebot" bezeichnete[852] Pflicht zur Quellenangabe erstreckt sich auf Fälle, in welchen auf Grund der Schranken des Urheberrechts eine Vervielfältigung des Werkes ohne Erlaubnis des Urhebers zulässig ist. Dazu gehört insbesondere die Vervielfältigung eines Werkes im Rahmen der Zitierfreiheit gemäß § 51 UrhG.[853]

Die Verpflichtung zur Quellenangabe nach § 63 UrhG ist Ausdruck des Rechts auf Anerkennung der Urheberschaft aus § 13 Satz 1 UrhG.[854] Dieses Recht soll dem Urheber auch dann erhalten bleiben, wenn er auf Grund der Schranken der §§ 45 ff. UrhG Einschränkungen bei der wirtschaftlichen Verwertung seines Werkes hinzunehmen hat.[855] § 63 UrhG dient also dem Schutz des Urheberpersönlichkeitsrechts und stellt eine wichtige Ergänzung zu § 13 UrhG dar.[856] Grundsätzlich bestehen beide Vorschriften dabei unabhängig voneinander.[857] Liegt kein Fall des § 63 UrhG vor, kann sich dennoch ein Namensnennungsrecht aus § 13 UrhG ergeben.

Die Pflicht zur Quellenangabe bezieht auf Fälle der Vervielfältigung eines Werkes oder Werkteils. Die Quellenangabe ist also auch dann schon erforderlich, wenn der Nutzer nur einen Teil des Werkes vervielfältigt. § 63 UrhG stellt damit sicher, dass keine Fragmente eines Werkes ohne Quellenangabe vervielfältigt und anonym oder unter anderem Namen verbreitet werden.[858] Erforderlich ist jedoch, dass der benutzte Werkteil für sich genommen urheberrechtlich geschützt ist. Eine Pflicht

---

851 Die Bestimmung lehnt sich an die vor Inkrafttreten des UrhG geltenden §§ 25 LUG und 19 Abs. 2 KUG an; die strafrechtliche Sanktion des LUG für den Fall der Verletzung der Quellenangabepflicht ist nicht ins UrhG übernommen worden, siehe hierzu v. Gamm, § 63 Rn. 1. Weder RBÜ noch WUA enthalten eine § 63 UrhG entsprechende Regelung. Die Pflicht zur Quellenangabe ist jedoch Bestandteil der Informations-RL, siehe dort Art. 5 Abs. 3 a), c), d) und f).

852 Schack, Rn. 552.

853 Zum weiteren Anwendungsbereich der Vorschrift siehe nur Dreier/Schulze/Schulze, § 63 Rn. 5 ff.

854 Schricker/Loewenheim/Dietz/Spindler, § 63 Rn. 1; Dreyer/Kotthoff/Meckel/Dreyer, § 63 Rn. 6.

855 Fromm/Nordemann/Dustmann, § 63 Rn. 1.

856 Möhring/Nicolini/Gass, § 63 Rn. 2.

857 v. Gamm, § 63 Rn. 4 f.

858 Wandtke/Bullinger/Bullinger, § 63 Rn. 10.

zur Quellenangabe besteht daher nicht, wenn nur Ausschnitte aus einem Werk genutzt werden, die nicht als schutzfähige Werke angesehen werden können. Dies kann beispielsweise der Fall sein, wenn ein einzelner Satz oder eine kurze Passage aus einem fremden Text übernommen werden. Entgegen weit verbreiteter Auffassung gebietet es das Urheberrecht also nicht zwangsläufig, dass jede Übernahme eines fremden Satzes in das eigene Werk mit einer Quellenangabe oder Namensnennung versehen wird. Die in der Wissenschaft üblichen Zitiergebräuche sind neben urheberrechtlichen Vorschriften vielmehr häufig wissenschaftsethischen oder hochschulrechtlichen Vorschriften geschuldet.[859]

b) Sinn und Zweck der Pflicht zur Quellenangabe

Die Pflicht zur Quellenangabe erfüllt verschiedene Funktionen. Zum einen erhält die Leserschaft, deren Interesse beispielsweise durch ein Zitat des benutzten Werkes geweckt wurde, durch die Quellenangabe die Möglichkeit, das Werk auf einfache Weise zu identifizieren, etwa um es sich zu verschaffen.[860] Durch diese Zuordnungs- oder Nachweisfunktion wird dem Publikum auch ermöglicht, überprüfen zu können, ob richtig zitiert wurde.[861] Diese Nachweisfunktion darf dabei nicht als Selbstzweck verstanden werden. Ihre Bedeutung offenbart sich insbesondere bei Zitaten in wissenschaftlichen Werken.[862] Der Wissenschaftler muss die zitierten Stellen schnell auffinden können, um sie zu überprüfen, will er sich kritisch und fundiert mit anderen Standpunkten und Meinungen auseinandersetzen. Die Pflicht zur Quellenangabe soll also den zitierenden Wissenschaftler dazu anhalten, korrekt und nicht verfälschend zu zitieren. § 63 UrhG dient aber nicht nur der wissenschaftlichen Korrektheit. Zugleich hat die Quellenangabe auch eine Werbefunktion.[863] Denn durch die Quellenangabe kann der Urheber des zitierten Werkes einem breiteren Personenkreis bekannt werden. Dies kann nicht nur Ruf und Ansehen des Urhebers fördern (oder schädigen), sondern auch wirtschaftliche Vorteile durch eine gesteigerte Verwertung des Werkes zur Folge haben. Dabei ist es nicht nur der Urheber, sondern bei Schriftwerken auch der jeweilige Verlag, der von dieser Werbewirkung profitiert.[864]

---

859 Siehe hierzu S. 112 ff., 168 ff. dieser Arbeit.
860 Wandtke/Bullinger/Bullinger, § 63 Rn. 1.
861 So Fromm/Nordemann/Dustmann, § 63 Rn. 1; Dreier/Schulze/Schulze, § 63 Rn. 1.
862 Möhring/Nicolini/Gass, § 63 Rn. 2, der auch von der „Kontrollfunktion" des § 63 UrhG spricht.
863 Dreier/Schulze/Schulze, § 63 Rn. 1; Fromm/Nordemann/Dustmann, § 63 Rn. 1; Möhring/Nicolini/Gass, § 63 Rn. 1, der hier von der „Propagandafunktion" spricht.
864 Fromm/Nordemann/Dustmann, § 63 Rn. 1. Für die Vervielfältigung ganzer Schriftwerke sieht § 63 Abs. 1 Satz 2 UrhG die Verpflichtung vor, neben dem Urheber auch den Verlag anzugeben, in dem das Werk erschienen ist.

c) Art und Umfang der Quellenangabe

aa) Begriff der Quelle

Was unter einer Quellenangabe zu verstehen ist, wird im Gesetz nicht definiert. In Rechtsprechung und Schrifttum hat die Vorschrift jedoch ihre Konkretisierung erfahren.[865] Zu dem Begriff der Quelle gehört danach zunächst die Bezeichnung des Urhebers im Sinne von § 10 Abs. 1 UrhG. Dies kann also der wahre Name oder – in der Wissenschaft heute eher unüblich – ein Pseudonym des Urhebers sein. Überwiegend wird dabei im Schrifttum eine vollständige Namensnennung, also Vor- und Nachname des Urhebers, gefordert.[866] Aus der Systematik des § 63 UrhG[867] ergibt sich jedoch, dass unter Quellenangabe mehr als die bloße Namensnennung zu verstehen ist. In jedem Fall ist neben dem Namen des Urhebers die Fundstelle zu nennen.[868] Bei Zitaten aus Sprachwerken sind also grundsätzlich der Titel des Werkes, Erscheinungsjahr und Auflage sowie die Stelle, aus der das Entlehnte entnommen wurde (z.B. Seitenzahl oder Abschnittsbezeichnung) anzugeben.[869] Werden ganze Sprachwerke vervielfältigt, ist nach der Sondervorschrift des § 63 Abs. 1 Satz 2 UrhG auch der Verlag anzugeben, in dem das Werk erschienen ist.[870] Darüber hinaus ist in diesem Fall kenntlich zu machen, ob an dem Werk Kürzungen oder andere Änderungen vorgenommen worden sind. Bei Entlehnungen aus Zeitschriften oder Sammelwerken wie Festschriften oder Enzyklopädien sind überdies auch deren Titel, Ausgabennummern und Erscheinungsdaten anzugeben.[871] Werden im Internet veröffentlichte Werke zitiert, ist der Hyperlink mit dem Uniform Resource Locator (URL) anzugeben.[872] Handelt es sich bei dem zi-

---

865 Dabei wird auf den Regelungszweck und die Systematik des § 63 UrhG, auf das Wesen des zu Grunde liegenden Rechts auf Anerkennung der Urheberschaft aus § 13 UrhG, sowie auf Branchenübungen und Verkehrssitten zurückgegriffen, siehe v. Gamm, § 63 Rn. 4, 8; Wandtke/Bullinger/Bullinger, § 63 Rn. 11.

866 Fromm/Nordemann/Dustmann, § 63 Rn. 7; Wandtke/Bullinger/Bullinger, § 63 Rn. 12; Schricker/Loewenheim/Dietz/Spindler, § 63 Rn. 13; a. A. Möhring/Nicolini/Gass, § 63 Rn. 14, der die Nennung des Vornamens für entbehrlich hält.

867 Siehe die Formulierungen „die Quelle einschließlich des Namens des Urhebers" (§ 63 Abs. 2 Satz 2 UrhG) und „außer dem Urheber" (§ 63 Abs. 3 Satz 1 UrhG).

868 Siehe nur Dreier/Schulze/Schulze, § 63 Rn. 1; Fromm/Nordemann/Dustmann, § 63 Rn. 1.

869 Möhring/Nicolini/Gass, § 63 Rn. 11; Fromm/Nordemann/Dustmann, § 63 Rn. 8.

870 Gleiches gilt nach der Vorschrift für die Vervielfältigung ganzer Werke der Musik. Für den Bereich der Wissenschaft kann dies beispielsweise in musikwissenschaftlichen Werken der Fall sein, wenn dort die Partituren ganzer Musikwerke abgedruckt werden.

871 Bei der Vervielfältigung von Zeitungsartikeln oder Rundfunkkommentaren (§ 49 UrhG) ist gemäß § 63 Abs. 3 UrhG außer dem Urheber auch die Zeitung oder das Informationsblatt anzugeben, woraus der Artikel entnommen ist. Die Vorschrift bezieht sich jedoch nur auf politische, wirtschaftliche oder religiöse Tagesfragen. Wissenschaftliche, kulturelle oder technische Erörterungen fallen nicht unter § 49 UrhG, siehe hierzu Dreier/Schulze/Dreier, § 49 Rn. 8.

872 Fromm/Nordemann/Dustmann, § 63 Rn. 8.

tierenden Werk selbst um eine Internetseite, kann die Quellenangabe auch über sog. Scroll-Over Texte erfolgen.[873]

Welche konkreten Angaben gemacht werden müssen, hängt also immer auch von der Werkart und der Form der Werknutzung ab. Als Mindestanforderungen an eine Quellenangabe können jedenfalls die Bezeichnung des Urhebers und der Werktitel angesehen werden. Entscheidend ist letztlich immer, dass die Angaben im konkreten Fall geeignet sind, Urheber und Werk eindeutig zu identifizieren.[874]

bb) Deutlichkeitsgebot

§ 63 UrhG verlangt weiter, dass die Quelle *deutlich* angegeben wird. Ob dies der Fall ist, hängt ganz überwiegend von der Platzierung der Quellenangabe ab. Am deutlichsten ist sie, wenn sie sich unmittelbar neben dem Abdruck oder der sonstigen Vervielfältigungshandlung befindet.[875] Üblich ist dies in wissenschaftlichen Schriftwerken, wo – je nach Art der Zitierweise – der entlehnte Text in Anführungszeichen oder Kursivdruck gesetzt und die Quellenangabe unmittelbar hinter dem Zitat in Klammern oder in einer Fußnote positioniert wird. Befindet sich die Quellenangabe nicht unmittelbar im Anschluss an den benutzten Werkteil, muss sie jedoch so platziert sein, dass sie leicht auffindbar ist. Unzureichend ist es, wenn die Quellenangabe erst gesucht werden muss. Eine Quellenübersicht in Form eines allgemeinen Literaturverzeichnisses oder einer Zusammenstellung am Anfang oder Ende des Werkes genügt daher grundsätzlich nicht den Anforderungen des § 63 UrhG.[876] Etwas anderes kann gelten, wenn unmittelbar nach der Entlehnung konkret auf die Nachweisstelle verwiesen wird. Das Deutlichkeitsgebot des § 63 UrhG verlangt also, dass der Leser oder Betrachter in der Lage ist, ohne besondere Mühe Kenntnis von der jeweiligen Quelle zu erlangen. Ob dies zutrifft, ist letztlich eine Frage des Einzelfalles.

d) Einschränkungen der Pflicht zur Quellenangabe

Die Pflicht zur Quellenangabe besteht nach § 63 Abs. 1 Satz 3 UrhG nicht, wenn die Quelle auf dem benutzten Werkstück nicht angegeben oder dem zur Vervielfältigung befugten anderweitig unbekannt ist. Dies kann beispielsweise der Fall

---

873 Die Quellenangabe erscheint dann beim Führen der Maus auf die jeweilige Textstelle, siehe hierzu Fromm/Nordemann/Dustmann, § 63 Rn. 10.
874 Fromm/Nordemann/Dustmann, § 63 Rn. 6.
875 Dreier/Schulze/Schulze, § 63 Rn. 14.
876 So auch Möhring/Nicolini/Gass, § 63 Rn. 14; ähnlich Dreyer/Kotthoff/Meckel/Dreyer, § 63 Rn. 13.

sein, wenn anonym veröffentlichte Werke zitiert werden. Ist die Quelle auf den benutzten Werkexemplaren nicht angegeben, darf der Nutzer jedoch nicht untätig bleiben. Vielmehr muss er sich im Rahmen des Zumutbaren darum bemühen, in Erfahrung zu bringen, wer Urheber des benutzten Werkes ist und entsprechend recherchieren.[877] Befand sich auf dem benutzten Werkstück keine Quellenangabe, weil dessen Hersteller dies auf Grund einer angeblichen Branchenübung oder Verkehrssitte für entbehrlich hielt, kann sich der Nutzer hierauf nicht berufen. Vielmehr trifft ihn die Verpflichtung, nachzuforschen, von wem das Werk stammt. In Rechtsprechung und Schrifttum wird gefordert, dass von einer Vervielfältigung Abstand genommen werden müsse, lasse sich die Quelle auf die Schnelle nicht ermitteln.[878]

Eine weitere Einschränkung kann für Fälle der öffentlichen Wiedergabe von Zitaten bestehen. Nach § 63 Abs. 2 Satz 2 UrhG ist die Quelle einschließlich des Namens des Urhebers stets anzugeben, „es sei denn, dass dies nicht möglich ist."[879] Dies kann etwa der Fall sein, wenn es sich um eine ungenannte oder unbekannte Quelle handelt oder wenn eine Quellenangabe aus technischen oder anderen praktischen Gründen unmöglich ist. Im Schrifttum wird jedoch darauf hingewiesen, dass eine Unmöglichkeit im Sinne der Vorschrift nur selten gegeben sein wird.[880]

e) Rechtsfolgen

Wie auch der Verstoß gegen das Änderungsverbot, stellt eine Verletzung des Gebots der Quellenangabe nach § 63 UrhG eine Urheberpersönlichkeitsrechtsverletzung dar, welche die Rechtsfolgen der §§ 97 ff. UrhG auslöst. Liegen die Voraussetzungen des § 51 UrhG ansonsten vor, führt ein Verstoß gegen § 63 UrhG nach überwiegender Ansicht nicht zur Unzulässigkeit der Werknutzung insgesamt.[881] Der in seinem Namensnennungsrecht verletzte Urheber hat gemäß § 97 Abs. 1 UrhG einen Anspruch auf Unterlassung der Nutzung des Zitates ohne die erforderliche Quellenangabe. Daneben kann dem Urheber auch ein Schadensersatzanspruch nach § 97 Abs. 2 UrhG zustehen. Da sich ein materieller Schaden in Fällen

---

877 OLG Hamburg GRUR 1970, 38, 40 – Heintje; Dreier/Schulze/Schulze, § 63 Rn. 18; Fromm/Nordemann/Dustmann, § 63 Rn. 12 m.w.N.
878 LG München I UFITA 52 (1969), 247, 251; Dreier/Schulze/Schulze, § 63 Rn. 19.
879 Siehe hierzu ausführlich Schricker/Loewenheim/Dietz/Spindler, § 63 Rn. 7, 18 f.
880 So Schricker/Loewenheim/Dietz/Spindler, § 63 Rn. 18 a.
881 Fromm/Nordemann/Dustmann, § 63 Rn. 19; Wandtke/Bullinger/Bullinger, § 63 Rn. 30; Dreier/Schulze/Schulze, § 63 Rn. 30; Schricker/Loewenheim/Dietz/Spindler, § 63 Rn. 20 weisen darauf hin, dass bei richtlinienkonformer Auslegung das Zitat insgesamt unzulässig sein könnte, da Art. 5 Abs. 3 d) der Informations-RL die Quellenangabe für die Zulässigkeit des Zitats voraussetze.

fehlender Quellenangabe häufig schwer nachweisen lässt, soll sich der Schadensersatzanspruch nach einer im Schrifttum häufig geäußerten Auffassung regelmäßig
nur auf Naturalrestitution (§ 249 Abs. 1 BGB), also eine Nachholung oder Berich-
tigung der Quellenangabe beschränken.[882] Von der Rechtsprechung wird jedoch
auch wegen Verletzung des § 63 UrhG auf Schadensersatz in Geld erkannt.[883] Darüber hinaus kommt auch ein Anspruch auf Schmerzensgeld gemäß § 97 Abs. 2
Satz 4 UrhG in Betracht. Zum Teil werden strenge Maßstäbe an diesen Anspruch
gestellt.[884] Zu Recht wird jedoch im Schrifttum darauf hingewiesen, dass die Ver-
letzungshandlungen bei Verstößen gegen § 13 und § 63 UrhG vergleichbar seien.
Wie wir gesehen haben,[885] ist nach überwiegender Auffassung bei Verletzung des
Namensnennungsrechts aus § 13 UrhG ein Schadensersatz in Höhe von 100 % einer
angemessenen Lizenzgebühr zuzusprechen. Nach der hier vertretenen Auffassung
erscheint es durchaus angemessen, auch bei der Verletzung der Quellenangabepflicht eine zu fingierende Lizenzgebühr in voller Höhe als pauschalen Schaden
zuzusprechen.[886] Für den hier untersuchten Bereich der wissenschaftlichen Werke
gilt dies umso mehr, als der Quellenangabe hier eine besonders große Bedeutung
zukommt. Schließlich sei erwähnt, dass das Unterlassen der Quellenangabe keine
strafrechtlichen Sanktionen nach sich ziehen kann.[887]

II. Das Recht der freien Benutzung gem. § 24 UrhG

1. Einführung

Wie die Untersuchung des Zitatrechts gezeigt hat, kann die identische oder nahezu
identische Übernahme fremder Werksubstanz auf Grund der Schrankenbestimmung des § 51 UrhG erlaubt sein. Übernahmen, bei denen das Werk verändert wird,
fallen hingegen grundsätzlich nicht unter die Zitierfreiheit. Fraglich ist nun, ob und

---

882 Fromm/Nordemann/Dustmann, § 63 Rn. 20; Möhring/Nicolini/Gass, § 63 Rn. 32;
     Schricker/Loewenheim/Dietz/Spindler, § 63 Rn. 21.
883 Siehe etwa LG Berlin ZUM 2000, 513, 515 – Screenshots mit einem Schadensersatz
     i.H.v. 50 % der zuerkannten fiktiven Lizenzgebühr gem. § 97 Abs. 1 UrhG a. F.
884 Siehe OLG Hamburg GRUR 1974, 165, 167 – Gartentor zu § 97 Abs. 2 UrhG a. F., wonach
     der Anspruch nur erfüllt sein soll, wenn ein besonders schwerer Eingriff vorliege und die
     Genugtuungsfunktion des Schmerzensgeldes diese erfordere; aus dem Schrifttum Möhring/
     Nicolini/Gass, § 63 Rn. 32; Schricker/Loewenheim/Dietz/Spindler, § 63 Rn. 22.
885 Siehe S. 119 ff. dieser Arbeit.
886 So auch Dreier/Schulze/Schulze, § 63 Rn. 31, der auf die mit der Quellenangabe verbundene
     Werbewirkung hinweist; gegen eine restriktive Anwendung des Schmerzensgeldanspruchs
     auch Fromm/Nordemann/Dustmann, § 63 Rn. 20.
887 Siehe hierzu Weber, S. 249 mit Ausführungen zu den Vorgängerbestimmungen des LUG
     und KUG, die noch besondere Strafbestimmungen gegen das Unterlassen der Quellenan-
     gabe enthielten.

in wie weit die veränderte Übernahme fremder wissenschaftlicher Werke oder Werkteile auf Grund anderer Vorschriften zulässig sein kann. Zunächst kommt hier die freie Benutzung gemäß § 24 Abs. 1 UrhG in Betracht.[888] Nach dieser Vorschrift darf ein selbständiges Werk, das in freier Benutzung des Werkes eines anderen geschaffen worden ist, ohne Zustimmung des Urhebers des benutzten Werkes veröffentlicht und verwertet werden. Wie auch bei der Zitierfreiheit handelt es sich bei der freien Benutzung um eine Vorschrift, die das Urheberrecht im Interesse der Allgemeinheit an Wissenschaft und Kunst einschränkt. Wissenschaftlicher Fortschritt kann umso besser erzielt werden, je ungehinderter der Austausch von Ideen und Informationen erfolgt und je mehr der wissenschaftlich Tätige auf den Leistungen anderer aufbauen kann. Auf der anderen Seite darf die Übernahme fremder Leistungen nicht zu deren Aneignung und Ausbeutung führen.[889] Das Rechtsinstitut der freien Benutzung soll diese beiden Interessen – das öffentliche Interesse an wissenschaftlichem und kulturellem Fortschritt sowie das Interesse des Urhebers an der alleinigen Auswertung seines Werkes – zu einem Ausgleich bringen.

Liegen die Voraussetzungen dieser Vorschrift vor, stehen dem Urheber des benutzten Werkes keinerlei urheberrechtliche Ansprüche, mithin auch kein Anspruch auf Namensnennung, gegen den Benutzer seines Werkes zu. Dabei ist zu beachten, dass dem Urheber grundsätzlich nicht nur die Verwertung seines Werkes in unveränderter Form vorbehalten ist. Vielmehr ergibt sich aus § 23 UrhG, dass die Einwilligung des Urhebers auch dann erforderlich ist, wenn das Werk in umgestalteter Form Gegenstand der Verwertung ist.[890] Dies liegt daran, dass auch eine Umgestaltung das Originalwerk, wenn auch in veränderter Form, enthält. Die Verwertung einer Umgestaltung ist daher zugleich auch eine Verwertung des Originalwerkes.[891] Für die Frage der Zulässigkeit einer modifizierenden Übernahme fremder Werksubstanz kommt es also entscheidend auf die Abgrenzung von zustimmungspflichtiger Umgestaltung nach § 23 UrhG zur freien Benutzung nach § 24 UrhG an. Da die Grenzen zwischen beiden Rechtsinstituten fließend sind, ist eine exakte Abgrenzung häufig schwierig. Im Folgenden soll untersucht werden, wie sich im Bereich der wissenschaftlichen Schriftwerke zustimmungspflichtige Umgestaltung und freie Benutzung voneinander abgrenzen lassen. Dafür ist zunächst auf die Grundzüge beider Rechtsinstitute einzugehen.

---

888   Auch wenn § 24 UrhG nicht im Abschnitt der Schranken des Urheberrechts (§§ 44 a ff. UrhG) geregelt ist, handelt es sich der Sache nach um eine Schranke des Urheberrechts, BGH GRUR 2009, 403, 405 – Metall auf Metall.
889   Rehbinder, Rn. 376; Haberstumpf, Handbuch, Rn. 323.
890   Ulmer, § 56.
891   Rehbinder, Rn. 369.

2. Bearbeitungen und andere Umgestaltungen nach § 23 Satz 1 UrhG

In § 23 UrhG werden Bearbeitungen und andere Umgestaltungen erwähnt. Terminologisch geht das Gesetz also vom Oberbegriff der „Umgestaltung" aus. Die Frage, wodurch sich Bearbeitungen von anderen Umgestaltungen unterscheiden, wird im Schrifttum kontrovers diskutiert.

Weitgehende Einigkeit besteht über den Begriff der Bearbeitung. Ganz überwiegend wird darunter die Umgestaltung eines vorhandenen Werkes verstanden, die selbst schöpferisch ist und zugleich die Individualität des Originals bewahrt.[892] In der Bearbeitung kommt also sowohl die Individualität des Originalurhebers als auch des Bearbeiters zum Ausdruck.[893] Die Bearbeitung wird durch das Bearbeiterurheberrecht nach § 3 Satz 1 UrhG wie ein selbständiges Werk geschützt. Hiervon zu unterscheiden ist das Bearbeitungsrecht des Urhebers des Originalwerks, welches diesem die Befugnis verleiht, die Verwertung einer Bearbeitung zu erlauben oder zu verbieten. Typisches Beispiel der Bearbeitung ist die Übersetzung eines Werkes. Hier wird die äußere Form des Werkes verändert, während Inhalt und innere Form beibehalten werden. Eine Bearbeitung kann aber auch dann vorliegen, wenn nur der Inhalt eines Werkes übernommen wird, während äußere und innere Form erheblich umgestaltet werden.[894] Grundsätzlich setzt eine Bearbeitung also eine Änderung des Werkes voraus.[895]

Wodurch sich die in § 23 UrhG erwähnten anderen Umgestaltungen von der Bearbeitung unterscheiden, ist jedoch äußerst umstritten.[896] Im Wesentlichen werden hierzu drei Ansätze vertreten. Nach einer Ansicht soll der Unterschied darin liegen, dass Bearbeitungen den Zweck hätten, dem Originalwerk zu „dienen" und es bestimmten Verhältnissen anzupassen, um seine Wirkungsmöglichkeiten zu erweitern.[897] Im Gegensatz hierzu seien andere Umgestaltungen solche, denen diese

---

892 Schack, Rn. 268; Rehbinder, Rn. 218; Wandtke/Bullinger/Bullinger, § 23 Rn. 3; Fromm/Nordemann/A. Nordemann, §§ 23/24 Rn. 10; Dreyer/Kotthoff/Meckel/Dreyer, § 23 Rn. 5; a. A. Dreier/Schulze/Schulze, § 23 Rn. 6, wonach eine Bearbeitung noch nicht zwangsläufig schutzfähig sein soll.

893 Rehbinder, Rn. 218; Schack, Rn. 268 spricht insoweit von der „doppelten Prägung" der Bearbeitung.

894 Rehbinder, Rn. 218 nennt hier die Verfilmung.

895 Eine Bearbeitung kann aber auch bei unveränderter Übernahme vorliegen. So ist nach BGH NJW 2002, 3248 – Unikatrahmen eine Bearbeitung ausnahmsweise auch dann anzunehmen, wenn ein geschütztes Werk in ein neues „Gesamtkunstwerk" derart integriert wird, dass es als dessen Teil erscheint.

896 Umfassend zum Streitstand Plassmann, S. 64 ff. sowie Chakraborty, S. 30 ff.

897 So unter Verweis auf die Begründung des Regierungsentwurfes zu § 23 UrhG, UFITA 45 (1965), 240, 266 Ulmer, § 28 V 1; Dreier/Schulze/Schulze, § 23 Rn. 5; Schricker/Loewenheim/Loewenheim, § 23 Rn. 4; Chakraborty, S. 34.

dienende Funktion fehle.[898] Nach anderer Auffassung soll der Unterschied in der urheberrechtlichen Schutzfähigkeit liegen: Während Bearbeitungen schutzfähige Werke gemäß §§ 2 Abs. 2, 3 UrhG seien, könnten unter anderen Umgestaltungen nur diejenigen Veränderungen des Werkes zu verstehen sein, die keine persönlichen geistigen Schöpfungen darstellten.[899] Schöpferische Änderungen des Werkes seien danach als Bearbeitung, unschöpferische Änderungen als andere Umarbeitung zu qualifizieren. Schließlich wird vertreten, der Begriff der anderen Umgestaltung in § 23 UrhG sei generell überflüssig.[900] Darunter fielen lediglich Leistungen ohne eigenschöpferische Prägung, die jedoch als Vervielfältigungen des benutzten Werkes anzusehen seien.[901] Zwar dürfe auch diese Vervielfältigung nicht ohne die Zustimmung des Urhebers verwertet werden. Das Zustimmungserfordernis ergebe sich hier jedoch nicht aus § 23 Satz 1 UrhG, sondern aus dem allgemeinen Grundsatz, wonach jede Nutzung eines Werkes durch einen anderen grundsätzlich der Einwilligung des Urhebers bedürfe.[902]

Vorzugswürdig erscheint die Auffassung, welche zwischen schöpferischen Bearbeitungen und nichtschöpferischen „anderen" Umgestaltungen differenziert. Denn nur so genießen beide Formen der Umgestaltung das Privileg der Herstellungsfreiheit aus § 23 UrhG, dürfen also ohne Einwilligung des Originalurhebers hergestellt werden.[903] Erst die Veröffentlichung oder Verwertung ist zustimmungspflichtig. Im Ergebnis kommt der terminologischen Unterscheidung der verschiedenen Umgestaltungsformen für die vorliegende Untersuchung jedoch keine entscheidende Bedeutung zu. Denn unabhängig davon, ob eine Änderung als Vervielfältigung, Bearbeitung oder andere Umgestaltung zu bezeichnen ist, gelten für alle abhängigen Benutzungshandlungen die gleichen Rechtsfolgen. Für alle Formen der Umgestaltung gilt, dass sie nicht ohne die Einwilligung des Originalurhebers verwertet werden dürfen.[904] Darüber hinaus besteht in allen der genannten

---

898 Umstritten innerhalb dieser Auffassung ist wiederum, ob andere Umgestaltungen per se schutzfähige Werke sind, so Haberstumpf, Handbuch, Rn. 152; a. A. Schricker/Loewenheim/Loewenheim, § 23 Rn. 13, wonach andere Umgestaltungen nicht notwendig persönliche geistige Schöpfungen sein müssen; ebenso Dreier/Schulze/Schulze, § 3 Rn. 8.

899 Fromm/Nordemann/A. Nordemann, §§ 23/24 Rn. 10; Wandtke/Bullinger/Bullinger, § 23 Rn. 4; Dreyer/Kotthoff/Meckel/Dreyer, § 23 Rn. 5; Hörnig, UFITA 99 (1985), 13, 60; Bussmann, FS Möhring, S. 209.

900 v. Gamm, § 24 Rn. 2; wohl auch Schack, Rn. 268.

901 Nach wohl h. A. umfasst der Begriff der Vervielfältigung nicht nur die identische, sondern auch die nahezu identische Wiedergabe des Werkes, siehe hierzu Dreier/Schulze/Schulze, § 16 Rn. 10; Schack, Rn. 417.

902 Möhring/Nicolini/Ahlberg, § 23 Rn. 12; v. Gamm, § 24 Rn. 2.

903 Die Unterscheidung zwischen „dienenden" und „nichtdienenden" Umgestaltungen erweist sich als problematisch, da sie auf subjektive Wertungen des Umgestaltenden abstellt, kritisch hierzu auch Wandtke/Bullinger/Bullinger, § 23 Rn. 5.

904 Fromm/Nordemann/A. Nordemann, § 23/24 Rn. 10.

Umgestaltungsformen ein Namensnennungsrecht des Originalurhebers.[905] Etwas anderes gilt erst dann, wenn die genannten Formen der abhängigen Werknutzung als freie Benutzung gemäß § 24 UrhG zu qualifizieren sind. Erst dann entfällt die Abhängigkeit vom benutzten Werk und die Neuschöpfung kann ohne Einwilligung und auch ohne Nennung des Urhebers des benutzten Werkes veröffentlicht und verwertet werden. Bis dahin sind jedoch alle Zwischenstufen vom benutzten Werk abhängig, sei es als identische oder nahezu identische Vervielfältigung, sei es als Bearbeitung oder andere Umgestaltung, und damit erlaubnispflichtig.[906] Entscheidend ist also die Abgrenzung zwischen allen Formen abhängiger (im Folgenden „unfreier") Benutzung von der freien Benutzung.

3. Die Voraussetzungen der freien Benutzung gemäß § 24 Abs. 1 UrhG

§ 24 Abs. 1 UrhG setzt auf Tatbestandsseite voraus, dass es sich bei dem nachgeschaffenen Werk um ein „selbständiges Werk" handelt, das „in freier Benutzung" des Werkes eines anderen geschaffen worden ist. Das Merkmal der Selbständigkeit erfordert, dass das nachgeschaffene Werk seinerseits schutzfähig ist, und zwar unabhängig gegenüber dem nur als Anregung benutzten älteren Werk.[907] Nach der Gesetzesbegründung muss sich das nachgeschaffene Werk so weit von der Vorlage losgelöst haben, dass es als eine „völlig selbständige Neuschöpfung" anzusehen ist.[908] Hierin kommt die gesetzgeberische Erwägung zum Ausdruck, wonach die Inanspruchnahme fremden Schaffens nur dann gerechtfertigt ist, wenn sie zu einer Bereicherung des kulturellen Gesamtguts durch eine neue eigenschöpferische Leistung führt.[909]

Die beiden Tatbestandsmerkmale – Selbständigkeit und freie Benutzung – werden in Rechtsprechung und Schrifttum nicht klar voneinander getrennt. Bei der Abgrenzung zwischen unfreier und freier Benutzung wird in der Regel an beide Tatbestandsmerkmale gleichermaßen angeknüpft.[910] Überwiegend findet also kei-

---

905 Dies ergibt sich aus dem aus § 13 Satz 1 UrhG resultierenden allgemeinen Recht auf Namensnennung, wonach der Urheber grundsätzlich bei jeder Form der Werkverwertung zu nennen ist, siehe hierzu S. 101 ff. dieser Arbeit.
906 Dies betont auch Dreier/Schulze/Schulze, § 23 Rn. 4; siehe auch Fromm/Nordemann/A. Nordemann, §§ 23/24 Rn. 27 f.
907 Dreier/Schulze/Schulze, § 24 Rn. 5; das Merkmal der Selbständigkeit wurde erst im Rahmen der Urheberrechtsreform von 1965 in den Tatbestand der freien Benutzung (zuvor §§ 13 LUG, 16 KUG) aufgenommen, siehe hierzu v. Gamm, § 24 Rn. 9.
908 Begründung des Regierungsentwurfes zu § 24 UrhG, UFITA 45 (1965), 240, 266.
909 BGH GRUR 2008, 693, 695 – TV-Total.
910 Plassmann, S. 73; Schricker/Loewenheim/Loewenheim, § 24 Rn. 8 weist auf die Überschneidung beider Tatbestandsmerkmale hin; Chakraborty, S. 75 hingegen betont, dass das Kriterium der Selbständigkeit kein eigenständiges Abgrenzungskriterium zwischen freier und unfreier Benutzung sei.

ne getrennte Subsumption unter zwei Tatbestandsmerkmale statt; vielmehr werden beide Kriterien zu der Frage vermengt „ob in freier Benutzung eines geschützten älteren Werkes ein selbständiges neues Werk geschaffen" wurde.[911] Für die Ausfüllung des Tatbestands haben sich in Rechtsprechung und Schrifttum bestimmte Kriterien entwickelt, die im Folgenden untersucht werden sollen.

a) Abgrenzungskriterien

aa) „Verblassen"

Bei der Abgrenzung zwischen unfreier und freier Benutzung kommt es entscheidend auf den Abstand an, den das neue Werk zu den individuellen Zügen des benutzten Werkes aufweist. Der Abstand wird nur dann als ausreichend angesehen, wenn er über das Stadium einer Bearbeitung oder anderen Umgestaltung hinausgeht. Nach ganz überwiegender Auffassung setzt dies voraus, „dass angesichts der Eigenart des neuen Werkes die entlehnten eigenpersönlichen Züge des geschützten älteren Werkes verblassen".[912] Diese, von *Ulmer*[913] stammende Formel vom „Verblassen" wird von Rechtsprechung und Schrifttum gleichermaßen für die Abgrenzung der freien Benutzung herangezogen.[914] Nach ständiger Rechtsprechung des BGH kann von einem derartigen Verblassen grundsätzlich dann gesprochen werden, wenn die dem älteren Werk entlehnten Züge in dem neuen Werk in einer Weise zurücktreten, so dass das ältere Werk „nur noch als Anregung zu neuem, selbständigem Werkschaffen erscheint".[915] Auch im Schrifttum wird betont, dass sich unfreie und freie Benutzung dadurch unterscheiden, dass bei der freien Benutzung

---

911 BGH GRUR 1999, 984 – Laras Tochter.
912 So zuletzt ausdrücklich BGH GRUR 2011, 134, 137 – Perlentaucher; BGH GRUR 2009, 403, 406 – Metall auf Metall; BGH GRUR 2008, 693, 695 – TV-Total; mit leicht abweichender Formulierung auch BGH ZUM 2003, 777, 779 – Gies-Adler; BGH GRUR 1999, 984, 987 – Laras Tochter; BGH GRUR 1994, 206, 208 – Alcolix; BGH GRUR 1994, 191, 193 – Asterix-Persiflagen.
913 Anders als in der ersten Auflage sprach Ulmer später davon, „dass angesichts der Individualität des neuen Werkes die Züge des benutzten Werkes verblassen" müssen, Ulmer § 58 II.
914 Aus dem Schrifttum statt vieler Schricker/Loewenheim/Loewenheim, § 24 Rn. 10 m.w.N.; nur ganz vereinzelt werden andere Ansätze vertreten, so etwa Hörnig, UFITA 99 (1985), 13, 40, wonach eine freie Benutzung nur dann vorliegen soll, wenn das neue Werk gar keine geschützten Elemente des älteren Werks enthalte. Dieser restriktive Ansatz ist jedoch abzulehnen, da er den Anwendungsbereich des § 24 UrhG so sehr verkleinert, dass die Vorschrift ihrer gesetzgeberische Intention – die Förderung kulturellen Fortschritts – nicht mehr gerecht werden kann.
915 BGH ZUM 2003, 777, 779 – Gies-Adler; BGH GRUR 1999, 984, 987 – Laras Tochter; BGH GRUR 1994, 206, 208 – Alcolix; BGH GRUR 1994, 191, 193 – Asterix-Persiflagen.

die individuellen Züge des benutzten Werkes nur als Anregung dienen und in den Hintergrund treten.[916]

bb) Innerer Abstand

Dies heißt jedoch nicht, dass die individuellen Bestandteile des benutzten Werkes im neuen Werk nicht mehr erkennbar sein dürften. Der BGH hat in mehreren jüngeren Entscheidungen zur Parodie ausgeführt, dass eine freie Benutzung nicht nur dann anzunehmen ist, wenn die entlehnten individuellen Züge in dem neuen Werk in einem wörtlichen Sinn verblassen, also derart zurücktreten, dass das ältere Werk in dem neuen Werk nur noch schwach und in urheberrechtlich nicht mehr relevanter Weise durchschimmert.[917] Die künstlerische Auseinandersetzung mit einem Werk könne es erforderlich machen, dass dieses und seine Eigenheiten, soweit sie Gegenstand der Auseinandersetzung seien, in dem neuen Werk erkennbar blieben. Nach der Rechtsprechung des BGH können also auch deutliche, ja sogar unveränderte Übernahmen fremder Werkteile eine freie Benutzung darstellen.[918] Der für eine freie Benutzung erforderliche Abstand könne nämlich auch dadurch gegeben sein, dass das neue Werk zu den entlehnten Zügen des älteren Werkes einen so großen „inneren Abstand" halte, dass es dem Wesen nach als selbständig anzusehen sei.[919] Auch in einem solchen Fall würden die individuellen Züge des älteren Werkes in einem weiteren Sinn „verblassen"; sie würden von den eigenschöpferischen Zügen des neuen Werkes „überlagert".[920]

Ein solcher ausreichender „innerer Abstand" soll nach dem BGH in der Regel jedoch nur dann gegeben sein, wenn sich das neue Werk mit dem älteren auseinandersetzt, wie dies etwa bei einer Parodie der Fall sei.[921] Der BGH hat jedoch geäußert, dass auch in anderen Fällen eine freie Benutzung gegeben sein könne. Bei unveränderten Übernahmen soll jedoch bei der Prüfung, ob ein selbständiges Werk vorliege, ein strenger Maßstab angebracht sein.[922]

Festzuhalten ist hier, dass nach diesen Grundsätzen der höchstrichterlichen Rechtsprechung eine freie Benutzung nicht nur bei einer veränderten Übernahme fremder Werke/Werkteile, sondern auch bei unveränderten Übernahmen in Be-

916 Rehbinder, Rn. 377; Schricker/Loewenheim/Loewenheim, § 24 Rn. 10; Dreier/Schulze/ Dreier, § 24 Rn. 7; Fromm/Nordemann/A. Nordemann, §§ 23/24 Rn. 44.
917 BGH GRUR 1994, 206, 208 – Alcolix; BGH GRUR 1994, 191, 193 – Asterix-Persiflagen.
918 BGH GRUR 2011, 134, 137 – Perlentaucher; BGH GRUR 2000, 703, 704 – Mattscheibe.
919 BGH GRUR 2011, 134, 137 – Perlentaucher.
920 BGH GRUR 1994, 206, 208 – Alcolix; BGH GRUR 1994, 191, 193 – Asterix-Persiflagen.
921 Ebd.
922 BGH GRUR 2000, 703, 704 – Mattscheibe; BGH GRUR 1994, 206, 208 – Alcolix; BGH GRUR 1994, 191, 193 – Asterix-Persiflagen.

tracht kommen kann.[923] Entscheidend ist stets, dass die Individualität des benutzten Werkes von der des neuen überlagert wird und dieses deshalb als selbständig anzusehen ist.

b) Abgrenzungsmethode

Für die Abgrenzung nach den dargestellten Kriterien hat sich in Rechtsprechung und Schrifttum eine bestimmte Vorgehensweise durchgesetzt. Zunächst ist im Einzelnen festzustellen, durch welche objektiven Merkmale die Individualität des benutzten Werkes bestimmt wird.[924] Steht nur die Entlehnung eines Werkteils in Frage, kommt es darauf an, woraus sich die Individualität des Werkteils ergibt. Bei der Bestimmung der individuellen Merkmale des benutzten Werkes oder Werkteils kommt es – wie bei jeder Prüfung der Werkeigenschaft nach § 2 Abs. 2 UrhG – auf einen Gesamtvergleich mit vorbekannten Gestaltungen an.[925] Dadurch kann der Grad der Individualität bestimmt werden, von dem der Schutzumfang des benutzten Werkes oder Werkteils abhängt.

In einem zweiten Schritt ist zu ermitteln, ob und in welchem Umfang individuelle Merkmale des älteren Werkes in das neue Werk übernommen worden sind. Bei dieser Prüfung kommt es entscheidend auf die Übereinstimmungen, nicht auf die Verschiedenheiten der zu vergleichenden Werke an.[926] Für die Annahme einer freien Benutzung soll es nicht ausreichend sein, dass das neue Werk weiterführende, über die Entlehnung hinausgehende Teile enthält.[927] Ebenso wenig vermögen unschöpferische Änderungen oder das bloße Weglassen einzelner Teile eine freie Benutzung zu begründen.[928] Unerheblich für die Abgrenzung ist der Umfang der Entlehnung. Entscheidend ist allein, ob und inwieweit der entlehnte Teil des Werkes als solcher den urheberrechtlichen Schutzvoraussetzungen genügt.[929] Für die Entscheidung, ob eine freie oder unfreie Benutzung vorliegt, kommt es nach überwiegender Auffassung in Rechtsprechung und Schrifttum letztlich auf einen Vergleich des jeweiligen Gesamteindrucks der gegenüberstehenden Gestal-

---

923 Das Schrifttum hat sich der Formel vom „inneren Abstand" wohl einhellig angeschlossen, siehe nur Schricker/Loewenheim/Loewenheim, § 24 Rn. 12; Dreier/Schulze/Schulze, § 24 Rn. 16; Fromm/Nordemann/A. Nordemann, §§ 23/24 Rn. 43; Haberstumpf, Handbuch, Rn. 325.

924 BGH ZUM 2004, 748, 750 – Hundefigur; BGH GRUR 1998, 916, 918 – Stadtplanwerk; BGH GRUR 1987, 704, 705 – Warenzeichenlexika; Schricker/Loewenheim/Loewenheim, § 24 Rn. 14; Dreier/Schulze/Schulze, § 24 Rn. 12.

925 BGH ZUM 2004, 748, 750 – Hundefigur; BGH GRUR 1998, 916, 918 – Stadtplanwerk.

926 BGH GRUR 1994, 191, 193 – Asterix-Persiflagen; Schricker/Loewenheim/Loewenheim, § 24 Rn. 15 m.w.N.

927 BGH GRUR 1981, 352, 353 – Staatsexamensarbeit.

928 Rehbinder, Rn. 378; Schricker/Loewenheim/Loewenheim, § 24 Rn. 15.

929 Dreier/Schulze/Schulze, § 24 Rn. 14; Plassmann, S. 132.

tungen an.[930] Dabei sollen sämtliche übernommenen schöpferischen Züge in einer „Gesamtschau" – verstanden als Gegensatz einer zergliedernden Betrachtungsweise – zu berücksichtigen sein.[931]

Geht es nur um die Benutzung von Werkteilen, darf dieses Erfordernis jedoch nicht dahingehend missverstanden werden, dass etwa der übernommene Werkteil zu dem nachgeschaffenen Werk als Ganzes in Beziehung zu setzen wäre. Werden beispielsweise kürzere schutzfähige Textpassagen in ein neues umfassendes Schriftwerk übernommen, liegt nicht schon deshalb eine freie Benutzung vor, weil die übernommenen individuellen Passagen im Rahmen einer Gesamtbetrachtung nur so einen geringen Anteil ausmachen, dass von einem „Verblassen" gesprochen werden könnte. Zu Recht wird im Schrifttum darauf hingewiesen, dass anderenfalls die Gefahr bestünde, dass ein verhältnismäßig kurzes Werk oder auch nur ein Werkteil allein deswegen ungefragt benutzt werden könnte, weil das neue Werk wesentlich umfangreicher sei.[932] Bei der anzustellenden Gesamtbetrachtung sind also der benutzte Werkteil einerseits und der ihn benutzende Teil des neuen Werkes andererseits zu vergleichen.[933] Steht danach fest, dass die Individualität des benutzten Werkteils in den Hintergrund tritt, liegt eine freie Benutzung vor.

4. Besonderheiten bei der freien Benutzung wissenschaftlicher Schriftwerke

a) Beurteilungsmaßstab der herrschenden Auffassung

Die Abgrenzung zwischen freier und unfreier Benutzung bereitet im Bereich der wissenschaftlichen Werke besondere Schwierigkeiten.[934] Nach ständiger Rechtsprechung des BGH darf bei der Beurteilung der Frage, ob eine freie Benutzung vorliegt, im Interesse eines ausreichenden Urheberschutzes grundsätzlich kein zu großzügiger Maßstab angelegt werden. Zwar soll dem Urheber nicht die für ihn unentbehrliche Möglichkeit genommen werden, Anregungen aus bestehenden Werken zu übernehmen. Andererseits soll er sich auf diese Weise auch nicht eigenes persönliches Schaffen ersparen.[935] Auch das Schrifttum fordert ganz überwiegend das Anlegen eines strengen Maßstabes für die Annahme einer freien Benutzung.[936]

930 Siehe nur BGH ZUM 2004, 748, 751 – Hundefigur; ausführlich Plassmann, S. 77 ff., 132 ff.
931 BGH ZUM 2004, 748, 751 – Hundefigur; BGH GRUR 1998, 916, 918 – Stadtplanwerk.
932 Dreier/Schulze/Schulze, § 24 Rn. 16.
933 Ebd.
934 Dies betonen auch Dreyer/Kotthoff/Meckel/Dreyer, § 24 Rn. 21.
935 BGH GRUR 1981, 267, 269 – Dirlada; BGH GRUR 1978, 305, 306 – Schneewalzer m.w.N.
936 Siehe nur Wandtke/Bullinger/Bullinger, § 24 Rn. 9; Schricker/Loewenheim/Loewenheim, § 24 Rn. 17; Dreyer/Kotthoff/Meckel/Dreyer, § 24 Rn. 14.

Etwas anderes soll nun für den Bereich der wissenschaftlichen Werke gelten. Nach herrschender Auffassung soll hier der Spielraum für eine freie Benutzung größer sein als bei anderen Werkarten.[937] Begründet wird dies mit der Freiheit der wissenschaftlichen Auseinandersetzung, welche erfordere, dass bei der Übernahme von wissenschaftlichen Lehren und Theorien auch eine Anlehnung an die Formulierungen, die zu ihrer Begründung und Entwicklung gemacht wurden, möglich sein müsse.[938] Dies soll besonders dann gelten, wenn der Freiraum für eine eigenschöpferische Darstellung und Formulierung gering sei. Der BGH sah einen solchen Fall bei der erneuten Formulierung eines wissenschaftlichen Sachverhalts als gegeben an.[939] Solle nicht die Möglichkeit einer nochmaligen wissenschaftlichen Beschreibung unzumutbar erschwert werden, so der BGH, müsse der urheberrechtliche Schutzumfang einer wissenschaftlichen Arbeit gegenüber einer zweiten Arbeit, die sich mit der Untersuchung und Beschreibung desselben Forschungsgegenstandes befasse und daher zwangsläufig in gewissem Umfang zu denselben Beobachtungen und Feststellungen kommen müsse, eng bemessen werden.[940] So wird auch im Schrifttum vertreten, bei gleichbleibendem Thema und gleicher Fachsprache könne eine freie Benutzung schon dann bejaht werden, wenn eine Vielzahl der Sätze des benutzten Werkes nur durch Umstellung einzelner Worte oder Sätze neuformuliert worden sei, ohne dass sich der Aussagegehalt des Werkes geändert habe.[941] Schon geringfügige Abweichungen von der Form des Originalwerkes sollen also für eine freie Benutzung genügen können.[942] Dies soll jedoch nicht für populärwissenschaftliche Werke gelten. Anders als bei rein wissenschaftlichen Arbeiten bestehe hier ein größerer sprachlicher Gestaltungsspielraum, so dass eine unfreie Benutzung bereits dann anzunehmen sei, wenn die sprachliche Gestaltung des Originalwerks trotz der Möglichkeit einer anderen Gestaltung übernommen werde.[943] Geringfügige Umstellungen von Sätzen, Weglassungen oder Hinzufügungen sowie die Verwendung synonymer Wörter und Begriffe sollen hier

937 Schricker/Loewenheim/Loewenheim, § 24 Rn. 20; Ulmer, § 58 II 2; Haberstumpf, ZUM 2001, 819, 824; Dreyer/Kotthoff/Meckel/Dreyer, § 24 Rn. 21; Möhring/Nicolini/Ahlberg, § 24 Rn. 15; a. A. Altenpohl, S. 234.
938 Schricker/Loewenheim/Loewenheim, § 24 Rn. 20; Ulmer, § 58 II 2.
939 BGH GRUR 1981, 352 – Staatsexamensarbeit.
940 BGH GRUR 1981, 352, 355 – Staatsexamensarbeit.
941 So Schricker/Loewenheim/Loewenheim, § 24 Rn. 20 unter Verweis auf BGH GRUR 1981, 352 – Staatsexamensarbeit.
942 Möhring/Nicolini/Ahlberg, § 24 Rn. 15.
943 Möhring/Nicolini/Ahlberg, § 24 Rn. 15; hierzu auch Ulmer, § 58 II. 2.

noch nicht ausreichen, um von dem sprachlich individuell geprägten Ausdruck des benutzten Werkes wegzuführen.[944]

b) Stellungnahme

Nach der hier vertretenen Auffassung besteht kein Grund, bei der freien Benutzung wissenschaftlicher Schriftwerke grundsätzlich einen großzügigeren Maßstab anzulegen als bei anderen Werkarten. Die Ansicht, wonach schon geringfügige Abweichungen von der Darstellung für eine freie Benutzung ausreichen sollen, vermag nicht zu überzeugen. Angebracht scheint vielmehr eine differenzierende Betrachtungsweise. Durchaus sind Fälle denkbar, in welchen – wie im Fall „Staatsexamensarbeit" – der Spielraum für eine erneute sprachliche Gestaltung des wissenschaftlichen Inhalts verhältnismäßig stark eingeschränkt ist. Dies wird besonders dann gelten, wenn es um die Beschreibung eines wissenschaftlichen Sachverhalts geht, bei dem die Benutzung bestimmter Fachausdrücke sowie ein bestimmter Aufbau aus wissenschaftlichen Gründen zwingend vorgegeben sind. Hier erscheint es durchaus angebracht, die Messlatte für eine nochmalige Darstellung und Formulierung nicht zu hoch anzulegen.[945] Das muss jedoch nicht pauschal für sämtliche wissenschaftliche Werke gelten. Vielmehr liegt nahe, dass in der überwiegenden Zahl wissenschaftlicher Schriftwerke erhebliche Gestaltungsspielräume für eigenschöpferische Formulierungen bestehen. In den meisten Fällen wird für die Darstellung und Formulierung wissenschaftlicher Erkenntnisse eine große Bandbreite an sprachlichen Variationsmöglichkeiten bestehen. Zu denken ist hier beispielsweise an geisteswissenschaftliche Texte. Die zur Verfügung stehenden Formulierungsmöglichkeiten werden hier in der Regel so mannigfaltig sein, dass keineswegs von einem eingeschränkten Gestaltungsspielraum gesprochen werden kann.[946] Würden hier schon geringfügige Abweichungen in der Darstellung genügen, um eine freie Benutzung zu begründen, wäre dem Abschreiben Tür und Tor geöffnet. Fremde wissenschaftliche Erkenntnisse könnten durch marginale Umformulierungen, Ergänzungen oder Kürzungen sowie die Verwendung synonymer Wörter und Begriffe einfach übernommen werden. Handelte es sich hierbei bereits um eine freie Benutzung gemäß § 24 UrhG, müsste nicht einmal der Urheber des

---

944 OLG München ZUM 1994, 362, 365; ähnlich auch die ältere Entscheidung des LG München I UFITA 24 (1957), 265, 272, wonach auch bei geänderter Formgebung des Werkes und dadurch bedingten Änderungen des Textes erst dann von einer freien Benutzung auszugehen sei, wenn die Entlehnungen des benutzten Werkes als unwesentlich in den Hintergrund träten.
945 So auch v. Moltke, S. 108.
946 Siehe hierzu auch S. 65 ff. dieser Arbeit.

übernommenen Werkes genannt oder die Quelle angegeben werden. Ein derartig großzügiges Verständnis vom Institut der freien Benutzung kann nicht gewollt sein. Bedenken hiergegen ergeben sich nicht zuletzt aus systematischen Erwägungen. Denn es besteht die Gefahr, durch Herabsetzung des Beurteilungsmaßstabes die Voraussetzungen der Zitierfreiheit zu unterlaufen.[947] Ohne die Anforderungen des § 51 UrhG zu beachten, könnten fremde Werke oder Werkteile in ein anderes Werk übernommen werden, wenn sie nur durch Umstellung einzelner Wörter oder Satzteile neuformuliert würden. Ohne Beachtung des für Zitate zulässigen Umfangs und die im Rahmen des Zitatzwecks erforderliche inhaltliche Auseinandersetzung mit den entlehnten Stellen, könnten geschützte Texte auf diese Weise sanktionslos und ohne Quellenangabe übernommen werden.

III. Das Recht der Inhaltsmitteilung gem. § 12 Abs. 2 UrhG

Lässt sich eine Entlehnung fremder Werksubstanz nicht auf die Zitierfreiheit oder das Recht der freien Benutzung stützen, ist schließlich fraglich, ob sie nicht vom Recht der Inhaltsmitteilung nach § 12 Abs. 2 UrhG gedeckt sein kann. Dies kommt insbesondere dann in Betracht, wenn nur inhaltliche Elemente des wissenschaftlichen Werkes übernommen werden. Anwendung und Auslegung des § 12 Abs. 2 UrhG werden daher häufig bei der Prüfung der Zulässigkeit von Inhaltsangaben und Zusammenfassungen fremder Werke (sog. Abstracts) diskutiert.[948]

1. Das Mitteilungsrecht des Urhebers gem. § 12 Abs. 2 UrhG

Nach § 12 Abs. 2 UrhG ist es dem Urheber vorbehalten, den Inhalt seines Werkes öffentlich mitzuteilen oder zu beschreiben, solange weder das Werk noch der wesentliche Inhalt oder eine Beschreibung des Werkes mit seiner Zustimmung veröffentlicht ist. Die Vorschrift gewährt dem Urheber ein Recht: solange das Werk nicht veröffentlicht ist, steht es allein ihm zu, dessen Inhalt öffentlich mitzuteilen oder zu beschreiben. Zweck dieser Regelung ist es, den Urheber vor einer unerwünscht vorzeitigen Bekanntgabe seines Werkschaffens zu schützen.[949] § 12 Abs. 2 UrhG gewährt jedoch nur ein Recht zur Erstmitteilung. Es erlischt, wenn

---

947 Diese Bedenken teilen wohl auch Schricker/Loewenheim/Loewenheim, § 24 Rn. 20.
948 Siehe hierzu aus dem Schrifttum Berger/Büchner, K&R 2007, 151 ff.; Erdmann, FS Tilmann, S. 21 ff.; Kröner/Schimpf, AfP 2003, 333 ff.; Hackemann, GRUR 1982, 262, 267.
949 Möhring/Nicolini/Kroitzsch, § 12 Rn. 24; aus der Rechtsprechung BGH GRUR 2011, 134 – Perlentaucher; OLG Frankfurt ZUM 2008, 233; OLG Frankfurt GRUR 2008, 249; LG Frankfurt a.M. ZUM 2007, 65; LG Frankfurt a.M. AfP 2005, 402; LG Frankfurt a.M. ZUM-RD 2003, 532; OLG Frankfurt ZUM-RD 1998, 561.

der Urheber oder ein Dritter mit seiner Zustimmung das Werk veröffentlicht, öffentlich beschreibt oder seinen Inhalt öffentlich mitteilt.[950]

2. Erweiterte Auslegung des § 12 Abs. 2 UrhG?

Ist das Mitteilungsrecht verbraucht, wird daraus im Umkehrschluss gefolgert, dass jedermann berechtigt ist, den Inhalt eines Werkes öffentlich mitzuteilen oder zu beschreiben. In Rechtsprechung und Schrifttum ist jedoch umstritten, ob und inwieweit § 12 Abs. 2 UrhG als Schranke des Urheberrechts anzusehen ist. Im Wesentlichen werden hierzu zwei Auffassungen vertreten.

a) § 12 Abs. 2 UrhG als Schranke des Urheberrechts

Nach einer Auffassung hat § 12 Abs. 2 UrhG den Charakter einer Schrankenbestimmung.[951] Die Vorschrift lasse eine Inhaltsmitteilung oder -beschreibung auch insoweit zu, als davon an sich schutzfähige inhaltliche Elemente des Werkes erfasst würden. Auch wenn die Inhaltsmitteilung nach den allgemeinen Regeln als Bearbeitung einzustufen sei, die grundsätzlich nicht ohne Zustimmung des Originalurhebers vervielfältigt werden dürfe, lasse § 12 Abs. 2 UrhG eine solche Inhaltsmitteilung zu.[952] Inhaltsmitteilungen seien vom Einwilligungsvorbehalt des § 23 Satz 1 UrhG freigestellt.[953] § 12 Abs. 2 UrhG wird also als eine Ergänzung zu den Schranken der §§ 44 a ff. UrhG oder als lex specialis zu § 23 UrhG qualifiziert.[954] Einhellig wird jedoch betont, dass die Schranke der Inhaltsmitteilung nicht grenzenlos zu gewähren sei: Der Anwendungsbereich der Vorschrift sei dort verlassen, wo eine Inhaltsmitteilung die Lektüre des Originalwerkes ersetze.[955] Zum Teil wird auch vertreten, eine Inhaltsmitteilung sei nur dann zulässig, wenn sie dem

---

950 Ulmer, § 39 III 2.
951 Haberstumpf, Handbuch, Rn. 205; Erdmann, FS Tilmann, S. 31; Hackemann, GRUR 1982, 262, 267; so auch noch Schricker/Dietz, 3. A., § 12 Rn. 29; aus der Rechtsprechung LG Frankfurt ZUM 2007, 65, 67 (nicht rechtskräftig).
952 Rehbinder, Rn. 511.
953 So ausdrücklich LG Frankfurt ZUM 2007, 65, 67 (nicht rechtskräftig); ähnlich Hackemann, GRUR 1982, 262, 267.
954 Hackemann, GRUR 1982, 262, 267.
955 v. Moltke, S. 105; Erdmann, FS Tilmann, S. 30; die Autoren berufen sich dabei auf eine Entscheidung des RG aus dem Jahre 1930 zur Frage der Zulässigkeit von kurzen Inhaltsangaben von Operetten in Operettenführern (RGZ 129, 252). Die Berufung auf diese Entscheidung geht jedoch fehl, da sich das RG in der genannten Entscheidung mit keinem Wort auf das Recht der Inhaltsmitteilung gemäß § 11 Abs. 1 Satz 2 LUG bezog, sondern ausschließlich prüfte, ob es sich bei den streitgegenständlichen Zusammenfassungen um eine unfreie Bearbeitung (§ 12 LUG) oder eine freie Benutzung (§ 13 Abs. 1 LUG) handelte, siehe RGZ 129, 252, 254 f.

Zwecke der öffentlichen Information oder Kritik diene.[956] Es wird daher gefordert, § 12 Abs. 2 UrhG grundsätzlich restriktiv und *in dubio pro auctore* auszulegen.[957] Bei wissenschaftlichen Werken sollen deshalb nur solche Mitteilungen oder Beschreibungen zulässig sein, die den Leser über den wesentlichen Kerngehalt der Erkenntnis oder Lehre unterrichten.[958]

b) Gegenauffassung

Nach anderer Auffassung handelt es sich bei § 12 Abs. 2 UrhG nicht um eine Schrankenbestimmung.[959] Dementsprechend ist die Benutzung urheberrechtlich geschützter Inhalte und Formen in einem neuen Werk allein an den §§ 23, 24 UrhG zu messen. Diese Vorschriften seien abschließend. § 12 Abs. 2 UrhG eröffne keine Umgehung der Bestimmung des § 23 Satz 1 UrhG, wonach abhängige Bearbeitungen nur mit Zustimmung des Urhebers veröffentlicht und verwertet werden dürften.[960] Soweit ein Eingriff in das Urheberrecht mit den Rechtsfolgen aus dem negativen Verbietungsrecht vorliege, scheide eine Anwendung des § 12 Abs. 2 UrhG aus.[961] Dem hat sich der BGH in der jüngst ergangenen Entscheidung „Perlentaucher" angeschlossen.[962] Der BGH stellte in diesem Urteil klar, dass die Bestimmung des § 12 Abs. 2 UrhG einen zusätzlichen Schutz des Urhebers vor der Veröffentlichung seines Werkes, nicht aber eine Beschränkung seiner Rechte nach der Veröffentlichung regelt. Was nach der Veröffentlichung zulässig sei, richte sich nach den allgemeinen Vorschriften. Eine Einschränkung der Rechte des Urhebers lasse sich aus § 12 Abs. 2 UrhG nicht – auch nicht im Umkehrschluss – herleiten.[963]

---

956 Rehbinder, Rn. 511.

957 v. Moltke, S. 105.

958 v. Moltke, S. 105 f., 139, sieht diese Grenze jedoch schnell erreicht: Wer fremdes wissenschaftliches Gedankengut mit eigenen Worten darstelle, könne sich nicht auf den wesentlichen Kerngehalt beschränken. Die sinngemäße Übernahme fremden wissenschaftlichen Gedankenguts könne daher in der Regel nicht mit § 12 Abs. 2 UrhG gerechtfertigt werden.

959 Wandtke/Bullinger/Bullinger, § 12 Rn. 22; Dreier/Schulze/Schulze, § 12 Rn. 24; v. Gamm, § 12 Rn. 8; Dreyer/Kotthoff/Meckel/Dreyer, § 12 Rn. 25; inzwischen auch Schricker/Loewenheim/Dietz/Peukert, § 12 Rn. 29; Berger/Büchner, K&R 2007, 151, 153; Mehrings GRUR 1982, 275, 285; aus der Rechtsprechung OLG Frankfurt ZUM 2008, 233, 235; ebenso OLG Frankfurt GRUR 2008, 249, 251.

960 Wandtke/Bullinger/Bullinger, § 12 Rn. 22.

961 So ausdrücklich v. Gamm, § 12 Rn. 8.

962 BGH GRUR 2011, 134 – Perlentaucher.

963 BGH GRUR 2011, 134, 139 – Perlentaucher; kritisch hierzu Haberstumpf ZUM 2011, 158, 160.

c) Stellungnahme

Auch nach der hier vertretenen Auffassung ist § 12 Abs. 2 UrhG nicht geeignet, einen Eingriff in die Verwertungsrechte des Urhebers zu legitimieren. Hierfür spricht schon der Wortlaut der Vorschrift. Danach ist es *dem Urheber* vorbehalten, den Inhalt seines Werkes mitzuteilen. Anders als die Schrankenbestimmungen der §§ 44 a ff. UrhG, welche die Rechte des Urhebers einschränken, handelt es sich bei § 12 Abs. 2 UrhG um eine Vorschrift, die Befugnisse des Urhebers im Hinblick auf sein Werk beschreibt. Eine Auslegung als Schranke, die sich im Wege des Umkehrschlusses nun *gegen den Urheber* richtet, scheint mit dem Wortlaut kaum vereinbar.[964] Des Weiteren spricht aber auch die systematische Stellung des Rechts der Inhaltsmitteilung im Abschnitt des Urheberpersönlichkeitsrechts gegen eine solche Interpretation.[965] Auch ist zu berücksichtigen, dass die Auslegung des § 12 Abs. 2 UrhG als zusätzliche Schrankenbestimmung zu untragbaren Ergebnissen führen würde: Zu Recht weist das OLG Frankfurt darauf hin, dass die Konsequenz dieser Auslegung darin bestünde, dass im Prinzip jegliche unfreie Bearbeitung zulässig wäre, wenn sie nur im Gewand einer Inhaltsmitteilung erfolgte.[966] Diese Bedenken lassen sich auch nicht durch das zur Abgrenzung zwischen zulässiger und unzulässiger Inhaltsmitteilung angewandte Substitutionskriterium ausräumen, wonach die Inhaltsmitteilung nicht die Lektüre des Originalwerkes ersetzen dürfe. Denn dieses Kriterium, für dessen Anwendung sich im Gesetz keinerlei Anhaltspunkte finden, erweist sich als unscharf und birgt die Gefahr, die ohnehin schwierige Abgrenzung zwischen unfreier und freier Benutzung weiter zu verkomplizieren.[967]

Nach alledem gilt: Stellt sich ein Text nach den allgemeinen Kriterien als unfreie Bearbeitung oder andere Umgestaltung im Sinne von § 23 UrhG dar, weil er schutzfähige Bestandteile des Originalwerkes enthält und nicht den für eine freie Benutzung erforderlichen Abstand aufweist, darf er nur mit Einwilligung des Urhebers veröffentlicht und verwertet werden. Hieran ändert auch die Tatsache nichts, dass der Text lediglich den Inhalt eines anderen Werkes mitteilt oder beschreibt. Dieses Verständnis deckt sich auch mit dem Willen des Gesetzgebers. Nach der Gesetzesbegründung erweitert § 12 Abs. 2 UrhG das Veröffentlichungsrecht in der Weise, dass dem Urheber auch die erste öffentliche Mitteilung oder Beschreibung

---

964 So auch Berger/Büchner, K&R 2007, 151, 153.
965 Wandtke/Bullinger/Bullinger, § 12 Rn. 22; zustimmend Berger/Büchner, K&R 2007, 151, 153.
966 OLG Frankfurt ZUM 2008, 233, 235; OLG Frankfurt GRUR 2008, 249, 251.
967 Wandtke/Bullinger/Bullinger, § 12 Rn. 22; ablehnend auch Berger/Büchner, K&R 2007, 151, 153.

des Inhalts des Werkes vorbehalten ist.[968] Für eine Auslegung der Vorschrift als Schrankenbestimmung bestehen auch danach keine Anhaltspunkte.

---

968 Begründung des Regierungsentwurfes zu § 12 UrhG, UFITA 45 (1965), 240, 259.

Dritter Teil: Das Plagiat im Wissenschaftsrecht

A. Einführung

Im bisherigen Verlauf der Arbeit wurde untersucht, inwieweit wissenschaftliche Werke durch das Urheberrecht vor unbefugter Verwertung und Anmaßung der Urheberschaft geschützt sind. Das Urheberrecht ist jedoch nicht das einzige Rechtsgebiet, das Regelungen zum Schutz wissenschaftlicher Werke enthält. Auch das Wissenschaftsrecht, verstanden als Komplex aller im Bereich der Hochschulen und außeruniversitären Forschungseinrichtungen geltenden Normen, enthält Regelungen, die den Schutz wissenschaftlicher Werke betreffen. Im Folgenden soll untersucht werden, ob und in wie weit wissenschaftliche Autoren nach den in diesem Bereich geltenden Vorschriften vor unbefugten Übernahmen ihrer Werke geschützt sind.

B. Wissenschaftsinterne Regeln und Institutionen gegen wissenschaftliches Fehlverhalten

I. Initiative der Deutschen Forschungsgemeinschaft

1. Die Kommission „Selbstkontrolle in der Wissenschaft"

Aus Anlass eines besonders schwerwiegenden Falles wissenschaftlichen Fehlverhaltens setzte die Deutsche Forschungsgemeinschaft (DFG) 1997 die international zusammengesetzte Expertenkommission „Selbstkontrolle in der Wissenschaft" ein.[969] Aufgabe dieser Kommission war es, den Ursachen von Unredlichkeit im Wissenschaftssystem nachzugehen, präventive Gegenmaßnahmen zu diskutieren, sowie Empfehlungen zur Sicherung wissenschaftlicher Selbstkontrolle zu geben.[970] Als Ergebnis legte die Kommission sechzehn Empfehlungen vor, die sich an die Institutionen der deutschen Wissenschaft, insbesondere an Universitäten und

---

969 Konkreter Anlass war der Aufsehen erregende Skandal um die beiden Medizinprofessoren und Krebsforscher Friedhelm Herrmann und Marion Brach, die in großem Umfang Daten gefälscht hatten, siehe hierzu Apel, S. 313 sowie Zankl, S. 153 ff.
970 DFG Denkschrift, S. 3.

Forschungseinrichtungen sowie deren wissenschaftlich tätige Mitglieder richteten.[971] Die DFG betonte, dass ihre Empfehlungen nicht andere rechtliche und standesrechtliche Regelungen ersetzen, sondern lediglich ergänzen sollen.[972] Sie formulieren und präzisieren wissenschaftsethische Prinzipien, die innerhalb der Wissenschaftsgemeinschaft ohnehin ungeschriebener Verhaltenskodex sind.[973]

2. Zum Inhalt der DFG-Empfehlungen

Hochschulen und außeruniversitäre Forschungsinstitute wurden in den DFG-Empfehlungen aufgefordert, sogenannte „Regeln guter wissenschaftlicher Praxis" zu formulieren, sie ihren Mitgliedern bekannt zu geben und diese darauf zu verpflichten.[974] Derartige Regeln sollen nach den DFG-Empfehlungen allgemeine Grundsätze wissenschaftlichen Arbeitens umfassen, wie etwa die Gebote, lege artis zu arbeiten, Resultate zu dokumentieren sowie „strikte Ehrlichkeit im Hinblick auf die Beiträge von Partnern, Konkurrenten und Vorgängern zu wahren".[975] Darüber hinaus wurde den Hochschulen und Forschungseinrichtungen aufgegeben, Verfahren zum Umgang mit Vorwürfen wissenschaftlichen Fehlverhaltens auszugestalten.[976] Diese Verfahrensregelungen müssen nach den DFG-Empfehlungen unter anderem eine Definition von Tatbeständen enthalten, die in Abgrenzung zu den genannten Regeln guter wissenschaftlicher Praxis als „wissenschaftliches Fehlverhalten" einzustufen seien. Die DFG nennt hier neben der Erfindung und Fälschung von Daten ausdrücklich das „Plagiat", ohne dies näher zu konkretisieren.[977] Neben den Tatbeständen wissenschaftlichen Fehlverhaltens sollen derartige Verfahrensregelungen auch Sanktionen in Abhängigkeit vom Schweregrad des nachgewiesenen Fehlverhaltens vorsehen.

---

971 Die Empfehlungen der Kommission (im Folgenden: DFG-Empfehlungen) wurden mit Begründungen und Kommentaren 1998 als „Denkschrift" veröffentlicht. Zu den DFG-Empfehlungen siehe ausführlich Apel, S. 314 ff.; Rupp, FS Leuze, S. 437, 441 ff.; Lippert, WissR 2000, 210, 214.
972 DFG Denkschrift, S. 6 f.
973 Schulz, S. 158.
974 Empfehlung 2, DFG Denkschrift, S. 7.
975 Empfehlung 1, DFG Denkschrift, S. 7 mit weiteren Anforderungen an Regeln guter wissenschaftlicher Praxis.
976 Empfehlung 8, DFG Denkschrift, S. 13.
977 Ebd.

3. Umsetzung der DFG-Empfehlungen als Voraussetzung der Fördermittelvergabe

Im Jahre 1998 beschloss die DGF, die Vergabe von Fördermitteln zukünftig an die Umsetzung der DFG-Empfehlungen zu knüpfen.[978] Hochschulen und andere Forschungseinrichtungen müssen nach dem Beschluss der DFG an ihren Einrichtungen die DFG-Empfehlungen 1 bis 8 implementieren, also insbesondere Regeln guter wissenschaftlicher Praxis formulieren sowie Verfahren zum Umgang mit wissenschaftlichem Fehlverhalten etablieren. Forschungseinrichtungen, die diese Vorgabe nicht erfüllen, können seit dem 1. Juli 2002 keine Fördermittel mehr bei der DFG beantragen.[979]

II. Der „Ombudsman für die Wissenschaft"

In Umsetzung der DFG-Empfehlungen richtete der Senat der DFG 1999 auch einen sogenannten „Ombudsman für die Wissenschaft" ein.[980] Bei diesem Gremium handelt es sich um eine unabhängige Beratungs- und Vermittlungsinstanz für Fragen guter wissenschaftlicher Praxis und deren mögliche Verletzung. Sie kann von allen Wissenschaftlern in Deutschland angerufen werden, unabhängig davon, in welcher Einrichtung sie tätig sind und ob ein Zusammenhang mit der Fördertätigkeit der DFG besteht.[981] Es ist nicht Aufgabe des Ombudsmans, wissenschaftliches Fehlverhalten festzustellen oder Sanktionen zu verhängen. Besteht nach Auffassung des Gremiums ein begründeter Anfangsverdacht auf wissenschaftliches Fehlverhalten, gibt der Ombudsman das Verfahren an die zuständige Kommission für wissenschaftliches Fehlverhalten der entsprechenden wissenschaftlichen Einrichtung mit der Bitte um eine entsprechende Untersuchung weiter.[982]

Ausweislich des Erfahrungsberichts nach zehnjährigem Bestehen des Ombudsmans stellen Autorschaftsfragen den häufigsten Grund für Anfragen an das Om-

---

978 Beschluss der Mitgliederversammlung der DFG vom 17. Juni 1998, siehe DFG-Verwendungsrichtlinien, S. 23.

979 DFG-Verwendungsrichtlinien, S. 23; siehe hierzu auch Rupp, FS Leuze, S. 437, 440 f.

980 Zunächst hieß das Gremium „Ombudsman der DFG". 2010 nahm der Senat der DFG jedoch eine Namensänderung in „Ombudsman für die Wissenschaft" vor, um das Verfahren dieses Gremiums nachvollziehbar von dem DFG-internen „Verfahren bei Verdacht eines wissenschaftlichen Fehlverhaltens" abzugrenzen, siehe hierzu auch Beisiegel, Bericht: 10 Jahre Ombudsarbeit in Deutschland, S. 12.

981 Siehe hierzu Beisiegel, Bericht: 10 Jahre Ombudsarbeit in Deutschland, S. 2; ausführlich auch Apel, S. 316 f., 333 f.

982 Beisiegel, Bericht: 10 Jahre Ombudsarbeit in Deutschland, S. 3. Die Verfahrensgrundsätze des Ombudsmans sind im Internet abrufbar unter www.ombudsman-fuer-die-wissenschaft.de/verfahrensgrundsaetze.html [14. Dezember 2010].

budsgremium dar.[983] In mehr als 10% aller Anfragen handelt es sich um Fälle von Plagiatsvorwürfen.[984] In seinen Berichten hat das Gremium mehrfach sein Erstaunen darüber ausgedrückt, wie gering das „Unrechtsbewusstsein" bei diesem Thema ausgeprägt sei. Der Ombudsman betonte hierzu, dass es in der Wissenschaftsgemeinde offenbar kein klares Bewusstsein dazu gebe, dass Texte und Ideen anderer nicht übernommen werden dürften, ohne sie eindeutig als solche zu kennzeichnen.[985] Ebenso kritisierte der Ombudsman den Umgang der Universitäten mit den als wissenschaftliches Fehlverhalten angezeigten Plagiatsfällen. Erst wenn durch Sanktionen klar gemacht werde, dass die Übernahme von ganzen Kapiteln aus Publikationen in Promotionen oder Habilitationen nicht statthaft sei, könne sich das Bewusstsein verändern und dadurch vielleicht die Zahl der Plagiate reduzieren.[986]

III. Regelwerke der Max-Planck-Gesellschaft

Parallel zur Initiative der DFG erarbeitete die Max-Planck-Gesellschaft (MPG) eigene Regelwerke zum Umgang mit wissenschaftlichem Fehlverhalten. So verabschiedete der Senat der MPG 1997 eine „Verfahrensordnung bei Verdacht auf wissenschaftliches Fehlverhalten".[987] Sie beinhaltet ein detailliert ausgestaltetes zweistufiges Verfahren, bestehend aus einer Vorprüfung und einer förmlichen Untersuchung durch einen Untersuchungsausschuss. Hält der Untersuchungsausschuss mehrheitlich ein Fehlverhalten für hinreichend erwiesen, legt er das Ergebnis seiner Untersuchung dem Präsidenten mit einem Vorschlag zum weiteren Verfahren vor. Anderenfalls wird das Verfahren eingestellt.[988]

Die MPG-Verfahrensordnung enthält einen Katalog von Verhaltensweisen, die als wissenschaftliches Fehlverhalten anzusehen sind. Die einzelnen Tatbestände wissenschaftlichen Fehlverhaltens sind dort in die drei Gruppen „Falschangaben", „Verletzung geistigen Eigentums" und „Beeinträchtigung der Forschungstätigkeit anderer" unterteilt.[989] Zur „Verletzung geistigen Eigentums" gehört nach der MPG-

---

983 Beisiegel, Bericht: 10 Jahre Ombudsarbeit in Deutschland, S. 4.
984 Beisiegel, Bericht: 10 Jahre Ombudsarbeit in Deutschland, S. 5. In seinem Jahresbericht 2006 bezeichnete der Ombudsman die zunehmende Zahl von Plagiatsvorwürfen als sehr ernst zu nehmendes Problem, das auf den Einsatz der elektronischen Medien zurückzuführen sei, siehe hierzu Jahresbericht des Ombudsman der DFG 2006, S. 2.
985 Jahresbericht des Ombudsman der DFG 2009, S. 3; siehe hierzu auch Beisiegel, Bericht: 10 Jahre Ombudsarbeit in Deutschland, S. 5.
986 Beisiegel, Bericht: 10 Jahre Ombudsarbeit in Deutschland, S. 5.
987 Verfahrensordnung bei Verdacht auf wissenschaftliches Fehlverhalten, beschlossen vom Senat der Max-Planck-Gesellschaft am 14. November 1997, geändert am 24. November 2000, im Folgenden: MPG-Verfahrensordnung.
988 Ziff. II. 2. c) MPG-Verfahrensordnung.
989 Siehe Anlage 1 MPG-Verfahrensordnung.

Verfahrensordnung auch der Tatbestand des „Plagiats".[990] Darüber hinaus enthält die MPG-Verfahrensordnung einen „Katalog möglicher Sanktionen bzw. Konsequenzen bei wissenschaftlichem Fehlverhalten". Genannt sind hier arbeitsrechtliche, akademische, zivil- und strafrechtliche Konsequenzen, der Widerruf wissenschaftlicher Publikationen sowie die Information von Öffentlichkeit und Presse.[991]

Neben der MPG-Verfahrensordnung verabschiedete der Senat der MPG im Jahr 2000 „Regeln zur Sicherung guter wissenschaftlicher Praxis".[992] Mit dieser Zusammenstellung von Grundregeln guter wissenschaftlicher Praxis griff die MPG die DFG-Empfehlungen auf und passte sie den Forschungsbedingungen der MPG an. Sie sind für alle in der Forschungsarbeit der MPG Tätigen verbindlich.[993] Ebenso schuf die MPG ein eigenes Ombudssystem. In jedem Institut und jeder Forschungseinrichtung der MPG muss eine neutrale Ombudsperson von den wissenschaftlichen Mitarbeitern gewählt werden. Sie hat die Aufgabe, bei einem Verdacht auf Verstöße gegen die Grundsätze guter wissenschaftlicher Praxis den Beteiligten als Ansprechpartner vertraulich und beratend zur Verfügung zu stehen.[994]

IV. Standard- und Verfahrensimplementation durch Hochschulen und andere Forschungseinrichtungen

1. Empfehlung der Hochschulrektorenkonferenz

Auf Anregung der DFG[995] erarbeitete die Hochschulrektorenkonferenz (HRK) eine Muster-Verfahrensordnung für Hochschulen, welche sie 1998 in Form einer „Empfehlung zum Umgang mit wissenschaftlichem Fehlverhalten in den Hochschulen" verabschiedete.[996] Diese Empfehlung deckt sich zu einem großen Teil mit den

---

990 Anlage 1 Ziff. I. 4. a) MPG-Verfahrensordnung.
991 Siehe Anlage 2 MPG-Verfahrensordnung.
992 Regeln zur Sicherung guter wissenschaftlicher Praxis, beschlossen vom Senat der Max-Planck-Gesellschaft am 24. November 2000, geändert am 20. März 2009, im Folgenden: MPG-Regeln.
993 Siehe MPG-Regeln, S. 1. Die MPG-Regeln enthalten Ausführungen zu den allgemeinen Prinzipien wissenschaftlichen Arbeitens sowie Grundsätze zu folgenden Themen: Zusammenarbeit und Leitungsverantwortung in Arbeitsgruppen, Betreuung des wissenschaftlichen Nachwuchses, Sicherung und Aufbewahrung von Primärdaten, Datenschutz, wissenschaftliche Veröffentlichungen, Interessenkonflikte zwischen Wissenschaft und Industrie, Bestellung von Ombudsleuten, Schutz des sog. „Whistleblowers".
994 Siehe Ziff. 8 MPG-Regeln sowie die „Richtlinien des Wissenschaftlichen Rates für die Einsetzung von Ombudspersonen in den Max-Planck-Instituten und in den Sektionen der Max-Planck-Gesellschaft", beschlossen vom Wissenschaftlichen Rat der MPG am 15. Februar 2001, geändert am 16. Februar 2006.
995 Anmerkung zu Empfehlung 8, DFG-Denkschrift, S. 16.
996 Empfehlung des 185. Plenums der HRK vom 6. Juli 1998, im Folgenden: HRK-Empfehlung.

Formulierungen der MPG-Verfahrensordnung. Ausweislich der Einleitung der HRK-Empfehlung wollte das Plenum durch die enge Anlehnung an das Regelwerk der MPG darauf hinwirken, dass die Verfahren zum Umgang mit Vorwürfen wissenschaftlichen Fehlverhaltens für alle Wissenschaftler unabhängig von ihrem Wirkungsort grundsätzlich gleichartig sein sollten.[997] Wie auch die MPG-Verfahrensordnung definiert die HRK-Empfehlung Tatbestände wissenschaftlichen Fehlverhaltens. Sie empfiehlt den Hochschulen ferner die Bestellung interner Ombudsleute für alle Hochschulangehörigen, sowie die Einrichtung einer ständigen Kommission zur Untersuchung von Vorwürfen wissenschaftlichen Fehlverhaltens. Die HRK gab den Hochschulen auf, die vorgeschlagenen Regeln zum Umgang mit wissenschaftlichem Fehlverhalten zügig umzusetzen.[998]

2. Umsetzung durch die Hochschulen

Die Empfehlungen der DFG und HRK führten innerhalb weniger Jahre zu einer regelrechten Kodifikationswelle im deutschen Wissenschaftssystem. In großer Zahl verabschiedeten Hochschulen, Fachhochschulen und außeruniversitäre Forschungseinrichtungen Regeln guter wissenschaftlicher Praxis sowie Verfahrensordnungen zum Umgang mit wissenschaftlichem Fehlverhalten und setzten die entsprechenden Verfahrensgremien ein. Eine große Rolle für die hohe Umsetzungsdichte wird hierbei sicherlich die Verknüpfung der DFG-Fördermittelvergabe an eine Implementierung gespielt haben.[999] Inhaltlich orientierten sich die Hochschulen dabei stark an den Empfehlungen der Spitzeninstitutionen, insbesondere der HRK-Empfehlung, die von zahlreichen Einrichtungen zu großen Teilen wortwörtlich übernommen wurde.

Die Umsetzung durch die Hochschulen vermittelt jedoch kein einheitliches Bild. Zum Teil wurden zunächst Verfahrensordnungen zum Umgang mit wissenschaftlichem Fehlverhalten und später Regeln guter wissenschaftlicher Praxis formuliert, zum Teil wurden beide Materien in einem Regelwerk miteinander verbunden. Auch regelungstechnisch sind unterschiedliche Vorgehensweisen zu verzeichnen. Wohl

---

997 Siehe Ziff. A. 4. HRK-Empfehlung.
998 Ebd.
999 Apel, S. 319 f.

überwiegend implementierten die Hochschulen die Regelwerke als Satzungen.[1000] Die meisten Landeshochschulgesetze enthalten jedoch keine spezielle Ermächtigungsnorm zum Erlass von Vorschriften guter wissenschaftlicher Praxis und zum Umgang mit wissenschaftlichem Fehlverhalten.[1001] Die Rechtsetzungsbefugnis der Hochschulen leitet sich dann aus den allgemeinen landesgesetzlichen Ermächtigungen zum Erlass der zur Erfüllung der hochschulischen Aufgaben erforderlichen Satzungen oder speziellen Aufgabenzuweisungsnormen für den Senat der Hochschule ab.[1002]

Eine Reihe von Hochschulen setzte die Empfehlungen von DFG und HRK nicht im Wege der Satzung um, sondern verabschiedete entsprechende „Richtlinien" oder „Leitlinien".[1003] Die Rechtsqualität solcher Regelwerke ist zweifelhaft. Im Schrifttum wird darauf hingewiesen, dass es sich hierbei im Einzelfall um bloße Empfehlungen handeln könne, denen der Charakter einer rechtlichen Norm fehle.[1004] Um die von der DFG geforderte inneruniversitäre Verbindlichkeit solcher

---

1000 So etwa Freie Universität Berlin, „Ehrenkodex, Satzung zur Sicherung guter wissenschaftlicher Praxis" vom 16. Juni 1999, geändert am 17. April 2002, in: Amtsblatt der Freien Universität Berlin, 29/2002, S. 2 ff.; Humboldt-Universität zu Berlin, „Satzung über die Grundsätze der Humboldt-Universität zu Berlin zur Sicherung guter wissenschaftlicher Praxis und über den Umgang mit Vorwürfen wissenschaftlichen Fehlverhaltens" vom 25. Juni 2002, in: Amtliches Mitteilungsblatt des Präsidenten, 33/2002 (im Folgenden: Satzung HU Berlin); Albert-Ludwigs-Universität Freiburg, „Satzung der Albert-Ludwigs-Universität Freiburg zur Sicherung der Selbstverantwortung in der Forschung und zum Umgang mit wissenschaftlichem Fehlverhalten vom 27. Oktober 2004", geändert am 19. September 2007, in: Amt. Bek. v. 5. Oktober 2007, S. 231 (im Folgenden: Satzung Universität Freiburg); Ruprecht-Karls-Universität Heidelberg, „Satzung zur Sicherung guter wissenschaftlicher Praxis und zum Umgang mit Fehlverhalten in der Wissenschaft" vom 10. November 1998; eine umfassende Übersicht bietet Apel, S. 335 ff.
1001 Soweit ersichtlich regeln hierzu lediglich die Landeshochschulgesetze Sachsens und Baden-Württembergs eine spezielle Rechtssetzungsbefugnis. Siehe § 3 Abs. 5 S. 4 LHG-BW lautet: „Im Rahmen der Selbstkontrolle in der Wissenschaft stellen die Hochschulen Regeln zur Einhaltung der allgemein anerkannten Grundsätze guter wissenschaftlicher Praxis und zum Umgang mit wissenschaftlichem Fehlverhalten auf.".
1002 Siehe etwa § 2 Abs. 1 S. 2 BerlinHG, ausführlich hierzu Apel, S. 334 ff.
1003 Siehe beispielsweise die „Richtlinien der Ludwigs-Maximilians-Universität München zur Selbstkontrolle in der Wissenschaft" vom 16. Mai 2002, zuletzt geändert am 11. Februar 2010 (im Folgenden: Richtlinien LMU München); Technische Universität München, „Richtlinien zur Sicherung guter wissenschaftlicher Praxis und für den Umgang mit wissenschaftlichem Fehlverhalten" vom 15. Mai 2002; Ruhr-Universität Bochum, „Leitlinien guter wissenschaftlicher Praxis und Grundsätze für das Verfahren bei vermutetem wissenschaftlichen Fehlverhalten" vom 25. Juni 2002.
1004 Apel, S. 339.

Regelungen zu erreichen, wird in diesen Fällen eine einzelvertragliche Umsetzung mit allen wissenschaftlich tätigen Hochschulmitgliedern vorgeschlagen.[1005]

3. Umsetzung durch außeruniversitären Forschungseinrichtungen

Neben Hochschulen und Fachhochschulen haben auch zahlreiche außeruniversitäre Forschungseinrichtungen,[1006] deren Dachorganisationen,[1007] Akademien der Wissenschaften[1008] sowie wissenschaftliche Verbände und Vereine[1009] Regeln guter wissenschaftlicher Praxis sowie Verfahrensregelungen zum Umgang mit wissenschaftlichem Fehlverhalten erlassen und in Kraft gesetzt. Insbesondere ist darauf hinzuweisen, dass alle Mitgliedseinrichtungen der DFG die DFG-Empfehlungen inzwischen umgesetzt haben.

C. Das Plagiat als Tatbestand wissenschaftlichen Fehlverhaltens

I. Der Tatbestand wissenschaftlichen Fehlverhaltens

Zentraler Begriff der von den Hochschulen und außeruniversitären Forschungseinrichtungen verabschiedeten Regelwerke ist das „wissenschaftliche Fehlverhalten". Alle wissenschaftsinternen Sanktionen, Reaktionen oder Konsequenzen auf wissenschaftliches Fehlverhalten setzen die in einem ordnungsgemäßen Untersuchungsverfahren gewonnene Feststellung solchen Fehlverhaltens voraus.[1010] Auch wenn die einzelnen Satzungen, Richtlinien und Empfehlungen zum Teil beträchtlich voneinander abweichen,[1011] enthält der überwiegende Teil der Regelwerke

---

1005　Lippert, WissR 2000, 210, 215; Siehe auch Rupp, FS Leuze, S. 437, 444, wonach sich auch im Falle der Umsetzung durch Satzungen deren rechtlicher Regelungsgehalt nur auf das Verfahren zur Ermittlung wissenschaftlichen Fehlverhaltens, nicht aber auf die Regeln guter wissenschaftlicher Praxis beziehen könne. Letztere stellten nach seiner Ansicht nur wissenschafts*ethische* Grundsätze dar, die einer Rechtssetzung durch die Hochschulen nicht zugänglich seien, a. A. Apel, S. 338.
1006　So beispielsweise GSI Helmholtzzentrum für Schwerionenforschung GmbH, Darmstadt; Deutsches Elektronen-Synchroton, Hamburg (DESY); Deutsches Krebsforschungszentrum, Heidelberg (DKFZ); Deutsches Zentrum für Luft- und Raumfahrt e.V., Köln (DLR).
1007　So beispielsweise die Wissenschaftsgemeinschaft Gottfried Wilhelm Leibniz (WGL) sowie die Hermann von Helmholtz-Gemeinschaft Deutscher Forschungszentren (HGF).
1008　So beispielsweise Berlin-Brandenburgische Akademie der Wissenschaften (BBAW); Bayerische Akademie der Wissenschaften, München; Heidelberger Akademie der Wissenschaften (HAW).
1009　So beispielsweise Arbeitsgemeinschaft industrieller Forschungseinrichtungen „Otto von Guericke" e.V., Köln (AiF); Forschungsverbund Berlin e.V.; Deutscher Verein für Kunstwissenschaft, Berlin (DVfK).
1010　Rupp, FS Leuze, S. 437, 446; siehe auch Apel, S. 384.
1011　Siehe hierzu Hartmann/Fuchs, WissR 2003, 204, 206 ff.

jedoch dieselbe Definition wissenschaftlichen Fehlverhaltens. So liegt nach dem weitgehend übereinstimmenden Eingangswortlaut der Tatbestandsdefinitionen der Hochschulen und Forschungseinrichtungen[1012] wissenschaftliches Fehlverhalten vor,

> „...wenn in einem wissenschaftserheblichen Zusammenhang bewusst oder grob fahrlässig Falschangaben gemacht werden, geistiges Eigentum anderer verletzt oder sonst wie deren Forschungstätigkeit beeinträchtigt wird."[1013]

An diese allgemeine Definition schließt sich in den Regelwerken ein in mehrere Tatbestandsgruppen aufgegliederter nicht abschließender Katalog konkret benannter Verhaltensweisen, die als wissenschaftliches Fehlverhalten eingestuft werden. Im Folgenden soll der spezifische Tatbestand des Plagiats, welcher in der Tatbestandsgruppe „Verletzung des geistigen Eigentums" genannt wird, näher untersucht werden.

II. Der spezifische Tatbestand des Plagiats

1. Wortlaut des Tatbestandes

Als zweite Gruppe der katalogartig aufgeführten Fehlverhaltenstatbestände wird in den Regelwerken die „Verletzung geistigen Eigentums" genannt. Im Folgenden soll am Beispiel der Muster-Verfahrensordnung der HRK,[1014] die von Hochschulen und anderen Forschungseinrichtungen übernommen wurde, erläutert werden, was nach wissenschaftsrechtlichen Grundsätzen unter diesen Tatbestand fällt. Als wissenschaftliches Fehlverhalten kommt danach insbesondere in Betracht die

> (...) „Verletzung geistigen Eigentums in Bezug auf ein von einem anderen geschaffenes urheberrechtlich geschütztes Werk oder von anderen stammende wesentliche wissenschaftliche Erkenntnisse, Hypothesen, Lehren oder Forschungsansätze" durch „die unbefugte Verwertung unter Anmaßung der Autorschaft (Plagiat)".[1015]

Als weitere tatbestandsmäßige Verletzungen geistigen Eigentums werden „die Ausbeutung von Forschungsansätzen und Ideen, insbesondere als Gutachter (Ide-

---

1012 So auch Apel, S. 384.
1013 So als erstes die MPG-Verfahrensordnung, siehe dort Anlage 1 Ziff. I.; wortwörtlich oder mit geringfügigen sprachlichen Abweichungen übernommen z.B. in: Ziff. B. 1. HRK-Empfehlung; § 2 Abs. 1 Satzung Universität Freiburg; § 4 Richtlinien LMU München; Ziff. A. 2. Satzung zur Sicherung guter wissenschaftlicher Praxis der Freien Universität Berlin; Anlage I Ziff. 1 Richtlinien zur Sicherung guter wissenschaftlicher Praxis der Berlin-Brandenburgische Akademie der Wissenschaften.
1014 HRK-Empfehlung.
1015 So der Wortlaut von Ziff. B. 1. b) HRK-Empfehlung, identisch oder nahezu identisch übernommen beispiels-weise in § 2 Abs. 3 a) Satzung Universität Freiburg; § 9 a) Satzung HU Berlin.

endiebstahl), „die Anmaßung oder unbegründete Annahme wissenschaftlicher Autor- oder Mitautorschaft", „die Verfälschung des Inhalts" sowie „die unbefugte Veröffentlichung und das unbefugte Zugänglichmachen gegenüber Dritten, solange das Werk, die Erkenntnis, die Hypothese, die Lehre oder der Forschungsansatz noch nicht veröffentlich sind" genannt.[1016]

2. Inhalt und Struktur des Plagiatstatbestandes

Zunächst fällt auf, dass der zitierte Tatbestand – anders als das Urheberrechtsgesetz – eine Legaldefinition des Plagiats enthält. Plagiat wird definiert als „die unbefugte Verwertung unter Anmaßung der Autorschaft". Als Objekte der unbefugten Verwertung kommen dabei zunächst von anderen geschaffene urheberrechtlich geschützte Werke in Betracht. In dieser Tatbestandsalternative überschneidet sich der Regelungsgehalt der Vorschrift mit dem Schutz des Urheberrechts. Die unbefugte Verwertung eines urheberrechtlich geschützten Werkes unter Anmaßung der Urheberschaft erfüllt sowohl den Tatbestand einer Urheberrechtsverletzung (§§ 97 Abs. 1, 13 UrhG) als auch den Tatbestand wissenschaftlichen Fehlverhaltens.

Der wissenschaftsrechtliche Plagiatstatbestand[1017] umfasst jedoch nicht nur die Verwertung urheberrechtlich geschützter Werke. Als weitere Objekte der unbefugten Verwertung nennt der Tatbestand „von anderen stammende wesentliche wissenschaftliche Erkenntnisse, Hypothesen, Lehren oder Forschungsansätze". Der Anwendungsbereich des wissenschaftsrechtlichen Plagiatstatbestandes geht also weit über den urheberrechtlichen Schutz wissenschaftlicher Werke hinaus. Unabhängig von der Frage, ob fremde wissenschaftliche Erkenntnisse, Hypothesen, Lehren oder Forschungsansätze urheberrechtlich geschützt sind oder geschützt sein können, dürfen sie nach wissenschaftsrechtlichen Maßstäben nicht unbefugt und unter Anmaßung der Autorschaft verwertet werden. Der wissenschaftsrechtliche Plagiatstatbestand spricht daher auch nicht von der Anmaßung der „Urheberschaft", sondern benutzt den weiteren Begriff der „Autorschaft".[1018] Nach wissenschaftsrechtlichen Maßstäben ist der wissenschaftliche Autor also verpflichtet, auch bei der Verwertung urheberrechtlich ungeschützten Materials wie etwa Leh-

1016 Ziff. B. 1. b) HRK-Empfehlung.
1017 Entgegen Rieble, S. 79 ff. lässt sich der in den Verfahrensordnungen geregelte Plagiatstatbestand durchaus auch als wissenschafts*rechtlicher* und nicht nur wissenschafts*ethischer* Tatbestand bezeichnen. In jedem Fall gilt dies für die entsprechenden Satzungen der Hochschulen, denen der rechtliche Regelungsgehalt schwer abgesprochen werden kann. Zutreffend hat Apel, S. 338 hierzu ausgeführt, dass der wissenschaftsethische Ursprung solcher Regeln diese nicht vor einer Einbindung in rechtsnormative Regelungszusammenhänge schützt. Anderes kann für Regelwerke gelten, die nur als unverbindliche „Richtlinien" oder „Empfehlungen" verabschiedet wurden.
1018 Siehe hierzu auch S. 112 ff. dieser Arbeit.

ren oder Forschungsansätzen, jede Benutzung fremden Geistesgutes offenzulegen, will er sich nicht dem Vorwurf wissenschaftlichen Fehlverhaltens aussetzen.

In subjektiver Hinsicht erfordert der Tatbestand wissenschaftlichen Fehlverhaltens Vorsatz oder grobe Fahrlässigkeit.[1019] Anders als im Urheberrecht, wo dem Urheber der verschuldensunabhängige Beseitigungs- und Unterlassungsanspruch aus § 97 Abs. 1 Satz 1 UrhG oder Schadensersatzansprüche schon bei leichter Fahrlässigkeit zustehen können, sehen die wissenschaftsrechtlichen Regelwerke einen milderen Verschuldensmaßstab vor. Untere Grenze soll hier die grobe Fahrlässigkeit sein, welche erst bei einem besonders schweren Verstoß gegen die objektiv erforderliche Sorgfalt angenommen wird.[1020]

D. Rechtsfolgen / Sanktionierung wissenschaftlichen Fehlverhaltens

Nach den Verfahrensordnungen der Hochschulen und Forschungseinrichtungen prüfen die zuständigen Verfahrensgremien – i.d.R. Untersuchungsausschuss oder Kommission genannt[1021] – im förmlichen Untersuchungsverfahren, ob wissenschaftliches Fehlverhalten vorliegt oder nicht. Hält das zuständige Untersuchungsorgan ein wissenschaftliches Fehlverhalten für hinreichend erwiesen, wird dies förmlich festgestellt. Fraglich ist nun, welche Rechtsfolgen der Feststellung wissenschaftlichen Fehlverhaltens zukommen können.

I. Wissenschaftsspezifische Maßnahmen

Zunächst ist darauf hinzuweisen, dass sich die Befugnisse der Untersuchungsorgane im Wesentlichen darauf beschränken, wissenschaftliches Fehlverhalten festzustellen und Vorschläge zu weiteren Maßnahmen abzugeben.[1022] Sie sind nicht befugt, rechtliche Sanktionen gegenüber dem beschuldigten Wissenschaftler zu verhängen. Im Schrifttum wird jedoch auf die „weichen Sanktionen" der Verfah-

---

1019 Siehe nur Ziff. B. 1. HRK-Empfehlung.
1020 MünchKommBGB/Grundmann, § 276 Rn. 94.
1021 Zuständig für die förmliche Untersuchung wissenschaftlichen Fehlverhaltens ist nach zahlreichen Regelwerken ein „Untersuchungsausschuss", so etwa gem. § 7 Satzung Universität Freiburg, § 9 Abs. 1 Richtlinien LMU München; Ziff. II. 1. MPG-Verfahrensordnung; andere Richtungen sehen eine entsprechende „Kommission", so etwa gem. § 12 Abs. 1 Satzung HU Berlin, so auch Ziff. III. 1. HRK-Empfehlung.
1022 Ziff. C. IV. 2. e) HRK-Empfehlung lautet: „ (...) Hält die Kommission ein Fehlverhalten für erwiesen, legt sie das Ergebnis ihrer Untersuchung mit einem Vorschlag zum weiteren Verfahren (...) zur Entscheidung und weiteren Veranlassung vor"; ähnlich Ziff. C. II. 2. c) MPG-Verfahrensordnung: „Hält der Untersuchungsausschuss mehrheitlich ein Fehlverhalten für erwiesen, so legt er das Ergebnis seiner Untersuchung dem Präsidenten mit einem Vorschlag zum weiteren Verfahren zur Entscheidung vor.".

rensgremien hingewiesen.[1023] Gemeint sind hiermit die tatsächlich schon belastende Durchführung eines Untersuchungsverfahrens, kritische Stellungnahmen und Abschlussberichte der Untersuchungsorgane sowie deren mögliche Veröffentlichung. Eine gewisse Sanktionswirkung wird man all diesen Maßnahmen sicherlich nicht absprechen können, bedenkt man, wie schnell und nachhaltig die Reputation eines mit Vorwürfen wissenschaftlichen Fehlverhaltens konfrontierten Wissenschaftlers geschädigt sein kann.

Darüber hinaus regeln die Verfahrensordnungen wissenschaftsspezifische Sanktionsmaßnahmen, die von den jeweils zuständigen Leitungsorganen der Hochschulen oder Forschungseinrichtungen eingeleitet werden können. Zu nennen sind hier etwa die Unterrichtung anderer wissenschaftlicher Einrichtungen, Verlage, Fördereinrichtungen, Standesorganisationen oder Ministerien über die Feststellung wissenschaftlichen Fehlverhaltens sowie die Benachrichtigung der Öffentlichkeit.[1024] Darüber hinaus sehen zahlreiche Verfahrensordnungen nach dem Modell der MPG-Verfahrensordnung eine Verpflichtung zum Widerruf fehlerbehafteter Publikationen in Fällen der Verletzung geistigen Eigentums vor.[1025] Danach soll der betreffende Autor verpflichtet sein, die betreffende Arbeit zurückzurufen, soweit sie noch nicht veröffentlicht ist. Bei bereits veröffentlichten Werken soll der Autor zu einer Richtigstellung verpflichtet sein.[1026] Einige Verfahrensordnungen sehen schließlich vor, dass fehlerhafte Veröffentlichungen aus der Veröffentlichungsliste des betreffenden Autors zu streichen oder entsprechend zu kennzeichnen seien.[1027]

II. Sanktionen der allgemeinen Rechtsordnung

Die Verfahrensordnungen enthalten darüber hinaus Kataloge möglicher Sanktionen und Konsequenzen bei wissenschaftlichem Fehlverhalten.[1028] Darin wird unter Verweis auf die jeweils zuständigen Organe auf arbeitsrechtliche,[1029] akademi-

---

1023 Siehe hierzu ausführlich Schulze-Fielitz, WissR 2004, 100, 119 ff., ähnlich Apel, S. 418.
1024 Siehe etwa Ziff. C. IV. 3. b) HRK-Empfehlung; Anlage 2 Ziff. V MPG-Verfahrensordnung; § 8 Abs. 6 Satzung Universität Freiburg. Zu förderungsspezifischen Maßnahmen der DFG siehe ausführlich Apel, S. 419.
1025 Anlage 2 Ziff. V MPG-Verfahrensordnung; ähnlich § 8 Abs. 4 c) Satzung; Anlage 2 Ziff. V Richtlinien LMU München.
1026 Siehe hierzu Apel, S. 418 f.
1027 So z.B. § 8 Abs. 4 c) Satzung Universität Freiburg.
1028 Den ersten Katalog dieser Art enthält die MPG-Verfahrensordung in ihrer Anlage 2. Dieser Katalog wurde von zahlreichen Hochschulen und Forschungseinrichtungen übernommen, siehe etwa Anlage 2 Richtlinien LMU München; Empfehlungen zu guter wissenschaftlicher Praxis der Leibnitz Gemeinschaft (WGL).
1029 Abmahnung, außerordentliche und ordentliche Kündigung, Vertragsauflösung etc.

sche,[1030] beamtenrechtliche,[1031] zivilrechtliche[1032] und strafrechtliche[1033] Konsequenzen hingewiesen. Diese in den Verfahrensordnungen enthaltenen Kataloge dürfen natürlich nicht dahingehend missverstanden werden, als dass die Untersuchungsorgane bei förmlicher Feststellung wissenschaftlichen Fehlverhaltens befugt wären, Sanktionen aus den genannten Rechtsgebieten zu verhängen. Vielmehr soll deren Aufzählung den Einrichtungen als „Orientierungshilfe" für die Frage dienen, welche weiteren rechtlichen Schritte gegen den betroffenen Wissenschaftler eingeleitet werden könnten.[1034] Alle in den Katalogen aufgezählten Reaktionen haben gemeinsam, dass sich ihr Tatbestand nicht auf wissenschaftliches Fehlverhalten als solches stützt.[1035] Sie werden in gesetzlich geregelten rechtsstaatlichen Entscheidungsverfahren getroffen, beruhen auf eigenen Voraussetzungen und sind auch nicht kraft Tatbestandswirkung an die Feststellung wissenschaftlichen Fehlverhaltens gebunden.[1036] Im Schrifttum wird jedoch darauf hingewiesen, dass die konkrete Feststellung wissenschaftlichen Fehlverhaltens für die Einleitung rechtlicher Sanktionsmaßnahmen, insbesondere auch im Rahmen der Ermittlung der Tatsachengrundlage hilfreich sein kann.[1037]

Auch die in den Verfahrensordnungen aufgeführten akademischen Konsequenzen, wie etwa der Entzug eines Doktorgrades oder der Lehrbefugnis knüpfen nicht an die förmliche Feststellung wissenschaftlichen Fehlverhaltens nach den Verfahrensordnungen. Vielmehr gilt auch hier, dass derartige Sanktionen nur von den jeweils zuständigen Organen in den entsprechenden, speziell geregelten Entscheidungsverfahren verhängt werden können. Der Entzug akademischer Grade beispielsweise ist in den Landeshochschulgesetzen oder den Promotionsordnungen der Hochschulen geregelt und kann nur von den Körperschaften ausgesprochen

---

1030 Entzug akademischer Grade, Entzug der Lehrbefugnis etc.
1031 Maßnahmen nach dem Landesdisziplinarrecht in der jeweils geltenden Fassung.
1032 Beseitigungs- und Unterlassungsansprüche aus Urheber-, Patent-, Wettbewerbs- und Persönlichkeitsrecht, Herausgabeansprüche, Erteilung eines Hausverbots etc.
1033 Ausspähen von Daten, Verwertung fremder Geheimnisse, Betrug, Subventionsbetrug, Urheberrechtsverletzung, Urkundenfälschung etc.
1034 Vorbemerkung Anlage 2 MPG-Verfahrensordnung.
1035 Rupp, FS Leuze, S. 437, 446.
1036 Apel, S. 419; zu den Sanktionen der allgemeinen Rechtsordnung auch Stegemann-Boehl, WissR 1996, 139, 153 ff.
1037 Rupp, FS Leuze, S. 437, 447; Apel, S. 420; siehe hierzu auch Grunwald, GS Krüger, S. 127, 140, der auf die nicht zu unterschätzende „faktische Wirkung" der Tatsachenfeststellung durch Experten hinweist.

werden, die den akademischen Grad verliehen haben.[1038] Mag sich auch im Einzelfall der Tatbestand wissenschaftlichen Fehlverhaltens mit den Voraussetzungen des Entzuges akademischer Grade überschneiden, bleiben letztere dennoch rechtlich unabhängig von der Feststellung wissenschaftlichen Fehlverhaltens der Untersuchungsgremien. Die förmliche Feststellung wissenschaftlichen Fehlverhaltens vermag keine Feststellungswirkung für Sanktionen der allgemeinen Rechtsordnung zu begründen. Festzuhalten bleibt, dass die nach den Verfahrensordnungen zum Umgang mit wissenschaftlichem Fehlverhalten zuständigen Organe in keinem Fall rechtlich befugt sind, „harte Sanktionen" auszusprechen.[1039]

E. Kritik und Stellungnahme

I. Zum wissenschaftsrechtlichen Plagiatstatbestand

Bevor die Frage der Effektivität des wissenschaftsrechtlichen Plagiatstatbestandes untersucht wird, lässt sich zunächst sagen, dass seine tatbestandliche Normierung als wissenschaftliches Fehlverhalten in den Regelwerken der Hochschulen und Forschungseinrichtungen aus Sicht wissenschaftlicher Autoren durchaus positiv zu bewerten ist. Indem der Anwendungsbereich des Plagiatstatbestandes dadurch über den Schutzbereich des Urheberrechts hinausgeht, dass er auch die unbefugte Verwertung urheberrechtlich ungeschützten Geistesguts erfasst, ist er grundsätzlich in der Lage, die Rechtsstellung wissenschaftlicher Autoren zu verbessern. Der wissenschaftsrechtliche Plagiatstatbestand scheint daher geeignet, die viel beklagten Schwächen des urheberrechtlichen Schutzes wissenschaftlicher Werke ausgleichen zu können. Während der Inhalt wissenschaftlicher Werke als solcher urheberrechtlich nicht geschützt werden kann,[1040] erstreckt sich der Schutzbereich des wissenschaftsrechtlichen Plagiatstatbestandes gerade auch auf diesen. Wesentliche wissenschaftliche Erkenntnisse, Lehren oder Forschungsansätze dürfen ganz unabhängig davon, ob sie einen konkreten Niederschlag in einem Schriftwerk gefun-

---

1038 Exemplarisch sei auf § 34 Abs. 7 BerlHG hingewiesen: Danach kann ein akademischer Grad vom Leiter der Hochschule wieder entzogen werden, wenn sich nachträglich herausstellt, dass er durch Täuschung erworben worden ist, die wesentlichen Voraussetzungen für die Verleihung nicht vorlagen, der Inhaber der Verleihung eines akademischen Grades unwürdig war oder sich durch späteres Verhalten der Führung eines akademischen Grades unwürdig erwiesen hat. Ähnlich auch § 35 Abs. 7 LHG-BW. Ausführlich zur Entziehung akademischer Grade Maurer, S. 753, 776 f. Kritisch zur Rechtslage Tiedemann, ZRP 2010, 53 ff., der sämtliche in den Bundesländern existierende Vorschriften zum Entzug akademischer Grade mangels hinreichender Bestimmtheit für verfassungswidrig hält. Zur Frage der Wirksamkeit eines Verzichts auf den Doktorgrad Nebendahl/Rönnau, NVwZ 1988, 873.

1039 Schulze-Fielitz, WissR 2004, 100, 119.

1040 Siehe hierzu S. 70 ff. dieser Arbeit.

den haben, nicht ohne Offenlegung der geistigen Urheberschaft verwertet werden. Zuordnungsobjekt ist also nicht nur das urheberrechtlich geschützte wissenschaftliche Schriftwerk, sondern die wissenschaftliche Leistung des Forschers insgesamt.

Es bestehen jedoch Zweifel, ob der wissenschaftsrechtliche Plagiatstatbestand regelungstechnisch als geglückt zu bezeichnen ist. Problematisch erscheint hier insbesondere, dass die Legaldefinition des Plagiats urheberrechtliche und wissenschaftsethische Begrifflichkeiten miteinander vermengt. Soweit der Tatbestand in seiner ersten Alternative die unbefugte Verwertung urheberrechtlich geschützter Werke unter Anmaßung der Autorschaft als Plagiat definiert, suggeriert die Vorschrift die Existenz eines urheberrechtlichen Plagiatstatbestandes, den das Urheberrechtsgesetz jedoch gar nicht vorsieht.[1041] Wegen der mit seiner Verwendung verbundenen Unklarheiten erscheint es daher sinnvoll, auch im wissenschaftsrechtlichen Kontext auf die Verwendung des Plagiatsbegriffes zu verzichten. Vielmehr wäre es richtig, unabhängig von der Definition als Plagiat *jede* Urheberrechtsverletzung als Tatbestand wissenschaftlichen Fehlverhaltens zu normieren.

Darüber hinaus sollte auch in Parallele zu § 63 UrhG[1042] eine wissenschaftsrechtliche Pflicht zur Quellenangabe, welche sich auch auf urheberrechtlich ungeschütztes wissenschaftliches Gedankengut erstreckt, normiert und deren Verletzung ausdrücklich als Tatbestand wissenschaftlichen Fehlverhaltens ausgestaltet werden. Zwar sehen bereits zahlreiche Regeln guter wissenschaftlicher Praxis ein umfassendes Zitiergebot vor. So heißt es beispielsweise in den MPG-Regeln, „Veröffentlichungen, die über neue wissenschaftliche Ergebnisse berichten sollen, müssen (...) eigene und fremde Vorarbeiten vollständig und korrekt nachweisen".[1043] Andere „Leitlinien" zur Gestaltung wissenschaftlicher Publikationen sehen vor, dass „Befunde und Ideen anderer Forscher (...) ebenso wie relevante Publikationen anderer Autoren und Autorinnen in gebotener Weises zu zitieren" seien.[1044] Die Verletzung solcher Zitiergebote ist jedoch in den existierenden Regelwerken nicht als Tatbestand wissenschaftlichen Fehlverhaltens normiert. Eine ausdrückliche Aufnahme in den Katalog wissenschaftlicher Fehlverhaltensweisen erscheint sinnvoll, um dem Gebot der Quellenangabe mehr Nachdruck zu verleihen und seine Missachtung auch mit dem wissenschaftsinternen Untersuchungsverfahren verfolgen zu können. So wie die Verletzung der urheberrechtlichen Pflicht zur Quellenangabe gemäß § 63 UrhG nicht nur einen Ordnungsverstoß sondern eine Urheberrechtverletzung darstellt,[1045] sollte auch die Verletzung der wissenschaftlichen Zitiernorm eindeutig als wissenschaftliches Fehlverhalten qualifiziert werden.

1041 Siehe hierzu S. 35 ff. dieser Arbeit.
1042 Siehe hierzu oben S. 143 ff.
1043 Ziff. 6 MPG-Regeln; ebenso § 6 Satzung HU Berlin.
1044 So Ziff. 5. 2. Anhang Satzung Universität Freiburg.
1045 Siehe hierzu auch Rieble, S. 110.

II. Zur Effektivität der wissenschaftsinternen Regelwerke

Die Einführung wissenschaftsinterner Untersuchungsverfahren zum Umgang mit wissenschaftlichem Fehlverhalten ist kontrovers diskutiert worden. Ganz allgemein wurde in Frage gestellt, ob die Schaffung eines wissenschaftseigenen Verfahrens neben den existierenden Verfahren der allgemeinen Rechtsordnung, insbesondere dem Straf- und Disziplinarverfahren, nicht eine „überflüssige Perfektion" sei, die zudem zu Abgrenzungsschwierigkeiten mit den bestehenden Regelungen führen müsse.[1046] Konkret im Hinblick auf die hochschulspezifischen Regelwerke wird deren beschränkte Reichweite kritisiert. Da sie nur im Bereich der Hochschulen gälten, seien etwa Wissenschaftler aus der Privatwirtschaft von den Regelungen nicht betroffen.[1047] Darüber hinaus wird die Uneinheitlichkeit der bestehenden Regelwerke,[1048] deren teilweise rechtlich unverbindlicher Charakter sowie die wissenschaftskulturelle Zurückhaltung bei der Ahndung wissenschaftlichen Fehlverhaltens bemängelt.[1049]

Sicherlich unterliegt die Feststellung und Sanktionierung wissenschaftlichen Fehlverhaltens nach den bestehenden Verfahrensordnungen gewissen Einschränkungen. Indem die Regelwerke nur innerhalb der einzelnen wissenschaftlichen Einrichtung wirken, sie also jeweils nur einen beschränkten Adressatenkreis ansprechen, können sie keinen einheitlichen und lückenlosen Schutz vor wissenschaftlichem Fehlverhalten wie der unbefugten Verwertung fremden Geistesguts bieten. Zu berücksichtigen ist an dieser Stelle auch, dass nicht alle wissenschaftsinternen Regelungen rechtsverbindlichen Charakter haben, sondern teilweise nur als Empfehlungen oder Leitlinien ausgestaltet sind. Darüber hinaus trifft es zu, dass die jeweiligen Verfahrensinstitutionen nur „weiche" Sanktionen verhängen können, womit ihrer Effektivität von vornherein gewisse Grenzen gesetzt sind.

Gleichwohl ist die Implementierung wissenschaftsinterner Regelwerke positiv zu bewerten.[1050] Was vormals lediglich ungeschriebene Regeln wissenschaftlicher Ethik waren, hat durch die Schaffung spezifischer Regelungen eine rechtliche Normierung erfahren. Zutreffend wird im Schrifttum darauf hingewiesen, dass die wissenschaftseigene Regelbildung für das Selbstverständnis der Wissenschaft von grundlegender Bedeutung sei, weil dadurch das Bewusstsein wissenschaftsimmanenter Leitprinzipien geschärft und an die Forscherverantwortung appelliert wer-

---

1046 Schmidt-Aßmann, NVwZ 1998, 1225, 1232.
1047 Rieble, S. 77.
1048 Hartmann/Fuchs, WissR 2003, 204, 206 ff.
1049 Siehe hierzu insbesondere Rieble, S. 57 ff., 71 ff., der insgesamt vom „Versagen eines Systems" spricht.
1050 So im Ergebnis auch Schmidt-Aßmann, NVwZ 1998, 1225, 1232; Rupp, FS Leuze, S. 437, 448.

de.[1051] Ebenso wird man allein schon der Existenz wissenschaftsinterner Untersuchungsverfahren sowie der Kodifizierung von Tatbeständen wissenschaftlichen Fehlverhaltens eine gewisse präventive Vorwirkung beimessen können.[1052] Zu berücksichtigen ist hier insbesondere, welche reputationsgefährdende Wirkung einer förmlichen Feststellung wissenschaftlichen Fehlverhalten anhaften kann.[1053]

Auch wenn die einzelnen Regelwerke nur innerhalb eines beschränkten Adressatenkreises Anwendung finden, ist nicht zu verkennen, dass die Kodifizierung wissenschaftsinterner Regeln inzwischen derart weit fortgeschritten ist, dass wohl die Mehrheit der in Deutschland wissenschaftlich Tätigen in den Anwendungsbereich einer Regelung des Umgangs mit wissenschaftlichem Fehlverhalten fällt. Wie bereits erläutert, wurden nicht nur von Hochschulen und anderen staatlichen Wissenschaftsinstitutionen, sondern auch von der wohl überwiegenden Mehrheit privatwirtschaftlicher Forschungseinrichtungen, Vereine und Verbände entsprechende Regelungen verabschiedet. Der nebenberufliche Privatgelehrte, der keinerlei Regeln guter wissenschaftlicher Praxis unterliegt, wird in Anbetracht dieser weitverbreiteten Kodifizierung wissenschaftsrechtlicher Regelungen sicherlich die Ausnahme bilden.

All dies soll nicht darüber hinwegtäuschen, dass die dargestellten Mechanismen wissenschaftlicher Selbstkontrolle in ihrem heutigen Zustand auch Schwächen aufweisen. Es wäre wünschenswert, dass die Institutionen des deutschen Wissenschaftsbetriebs ihren rechtlichen Handlungsspielraum bei der weiteren Schaffung und Verbesserung von Regelungen gegen wissenschaftliches Fehlverhalten ausschöpften und überall dort, wo dies noch nicht der Fall, aber rechtlich möglich ist, unverbindliche Empfehlungen in verpflichtende Regelungen umzuwandeln. Schließlich ist an die Akteure des Wissenschaftsbetriebs zu appellieren, die Möglichkeiten, welche die wissenschaftseigenen Verfahrensregelungen schon heute bieten, auch entschieden und konsequent auszuschöpfen.

1051 Rupp, FS Leuze, S. 437, 448.
1052 Schulze-Fielitz, WissR 2004, 100, 123.
1053 Welche rufschädigenden Konsequenzen Plagiatsvorwürfe haben können, macht der Fall der Philosophieprofessorin Elisabeth Ströker deutlich, die die gegen sie gerichteten Vorwürfe in einem eigenen Buch verarbeitete, siehe Ströker, Im Namen des Wissenschaftsethos.

Zusammenfassung

A. Erster Teil

Der Begriff des Plagiates wird seit der Antike für Fälle der Anmaßung der Urheberschaft an fremden Schöpfungen gebraucht. Während er zunächst nur einen moralischen Vorwurf zum Ausdruck brachte, entwickelte er sich mit der Entstehung des modernen Urheberrechts zu einem Rechtsbegriff. Doch hat er nie Eingang in die Urheberrechtsgesetzgebung gefunden. Gleichwohl wird er im urheberrechtlichen Schrifttum überwiegend verwendet und dort als Rechtsbegriff definiert. Ein einheitliches Begriffsverständnis besteht jedoch nicht. Auf Grund seiner Unschärfe und der Tatsache, dass er keinen gesetzlichen Tatbestand darstellt, sollte auf eine Verwendung des Plagiatsbegriffes in der urheberrechtlichen Praxis verzichtet werden. Werden Plagiatsvorwürfe erhoben, kommt es aus urheberrechtlicher Sicht einzig und allein darauf an, ob der gesetzliche Tatbestand einer Urheberrechtsverletzung erfüllt ist oder nicht.

B. Zweiter Teil

I. Der urheberrechtliche Schutz wissenschaftlicher Schriftwerke weist verschiedene Besonderheiten auf. Dies betrifft sowohl Form und Inhalt als auch die Gestaltungshöhe dieser Werkart. Die zum Teil vertretene Auffassung, wonach die Verwendung einer in der Wissenschaft üblichen Fachsprache sowie ein aus wissenschaftlichen Gründen gebotener und üblicher Aufbau der Schutzfähigkeit grundsätzlich entgegensteht, ist abzulehnen. Eine konsequente Verfolgung dieses Ansatzes hieße, einem Großteil der wissenschaftlichen Werke den Schutz des Urheberrechts zu versagen. Erforderlich aber auch ausreichend ist, dass dem Urheber trotz der thematischen Stoffgebundenheit seiner Darstellung Spielraum für individuelles Schaffen verbleibt. Wissenschaftliche Schriftwerke werden regelmäßig in ihrer Form eine individuelle Prägung aufweisen und damit schutzfähig sein.

Der Inhalt wissenschaftlicher Schriftwerke als solcher (die im Werk enthaltenen Erkenntnisse, Lehren und Theorien) kann aber nicht Gegenstand des Urheberrechtsschutzes sein. Ein derartiger Schutz würde zwar weder an der Schutzvoraussetzung der Individualität noch an der Abgrenzung zu den technischen Schutzrechten scheitern. Doch steht einem Urheberrechtsschutz die Gefahr einer Monopolisierung wissenschaftlicher Erkenntnisse auf Grund des Ausschließlichkeitscharakters des Urheberrechts entgegen. Denn die Schrankenbestimmungen des UrhG vermögen nicht umfassend zu gewährleisten, eine im Falle des Inhaltsschutzes bestehende Monopolisierung wissenschaftlichen Gedankenguts zu verhindern. Die Ablehnung eines Inhaltsschutzes bedeutet jedoch nicht die völlige Schutzlosigkeit wissenschaftlicher Inhalte. Auch wenn die einzelnen Erkenntnisse als solche frei sind, kann sich nach der sog. Gewebetheorie (*Ulmer*) der urheberrechtliche Schutz auf die individuelle Art und Weise erstrecken, wie die wissenschaftlichen Erkenntnisse verknüpft, systematisiert und angeordnet werden.

Schließlich ist es nicht gerechtfertigt, an die Gestaltungshöhe wissenschaftlicher Schriftwerke erhöhte Anforderungen zu stellen. Für eine Beschränkung des Urheberrechtsschutzes auf überdurchschnittliche wissenschaftliche Leistungen bestehen weder Anlass noch Rechtfertigung. Danach lässt sich feststellen, dass es um den urheberrechtlichen Schutz wissenschaftlicher Schriftwerke bei richtiger Auslegung der Schutzvoraussetzungen nicht so schlecht bestellt ist, wie dies in der Diskussion häufig dargestellt wird. Als „Stiefkind des Urheberrechts" wird man den wissenschaftlichen Urheber demnach nicht bezeichnen können.

II. Das Recht auf Anerkennung der Urheberschaft gem. § 13 UrhG schützt den Urheber davor, dass ihm Dritte die Urheberschaft streitig machen. § 13 Satz 1 UrhG gewährt Ansprüche sowohl gegen die Anmaßung als auch gegen ein Bestreiten der Urheberschaft. Werden fremde geschützte Werke oder Werkteile von Dritten übernommen, besteht grundsätzlich bei jeder Verwertungshandlung ein Namensnennungsrecht des Urhebers. Dieses Recht folgt ebenfalls aus § 13 Satz 1 UrhG. Satz 2 der Vorschrift betrifft hingegen nur das Bestimmungsrecht über die Urheberbezeichnung auf dem Original oder auf Vervielfältigungsstücken. Grundsätzlich stehen auch dem Urheber im Arbeits- oder Dienstverhältnis sämtliche aus § 13 UrhG fließenden Befugnisse zu. Sie sind jedoch sowohl ausdrücklichen als auch stillschweigenden Einschränkungen zugänglich. Dabei können auch Branchenübungen und Verkehrsgewohnheiten zu berücksichtigen sein. An die Annahme einer stillschweigend erfolgten vertraglichen Einschränkung des Namensnennungsrechts sind jedoch strenge Anforderungen zu stellen. Als Rechtsfolgen einer Verletzung der Rechte aus § 13 UrhG kommen Ansprüche auf Unterlassung und Beseitigung sowie Schadensersatz gem. § 97 UrhG – nicht hingegen strafrechtliche Sanktionen – in Betracht.

III. Die Benutzung geschützter wissenschaftlicher Schriftwerke kann auf Grund verschiedener gesetzlicher Bestimmungen auch ohne Zustimmung des Urhebers gestattet sein. Von entscheidender Bedeutung für die freie wissenschaftliche Auseinandersetzung ist die in § 51 UrhG geregelte Zitierfreiheit. § 51 UrhG gestattet jedoch nur die unveränderte, bei Schriftwerken also die wortwörtliche Übernahme fremder Werke. In Ausnahme zu dem im Urheberrecht grundsätzlich geltenden Änderungsverbot sind bei Zitaten jedoch Übersetzungen, Übertragungen in die indirekte Rede sowie andere geringfügige Änderungen erlaubt (§§ 62, 39 UrhG). Paraphrasen, sinngemäße Übernahmen oder die Zusammenfassung fremder Werkstellen sind hingegen nicht von § 51 UrhG gedeckt. Werden fremde Werkstellen zitiert, ist nach § 63 UrhG in jedem Fall die Quelle anzugeben. Dabei muss für den Leser klar erkennbar sein, welche Werkteile von welchem Urheber stammen. Ist dies nicht der Fall, können dem Urheber Unterlassungs-, Beseitigungs- und Schadensersatzansprüche zustehen.

Veränderte Übernahmen fremder wissenschaftlicher Werke oder Werkteile können als freie Benutzung gem. § 24 Abs. 1 UrhG zulässig sein. Liegen die Voraussetzungen der Vorschrift vor, stehen dem Urheber des benutzten Werkes keinerlei urheberrechtliche Ansprüche gegen den Benutzer seines Werkes zu. Eine freie Benutzung erfordert, dass das neue Werk zu den individuellen Zügen des benutzten Werkes einen Abstand aufweist, der über das Stadium einer Bearbeitung oder anderen Umgestaltung hinausgeht. Nach ganz überwiegender Auffassung ist dies nur dann der Fall, wenn die entlehnten Züge im neuen Werk „verblassen", also nur noch als Anregung zu neuem Werkschaffen erscheinen. Nach der Rechtsprechung des BGH zur Parodie kann eine freie Benutzung auch bei deutlich erkennbaren Übernahmen vorliegen. Der hier geforderte „innere Abstand" kann jedoch nur dann bejaht werden, wenn sich das neue Werk mit dem älteren auseinander setzt. Für die freie Benutzung wissenschaftlicher Schriftwerke sind keine großzügigeren Maßstäbe anzulegen als bei anderen Werkarten. Die zum Teil vertretene Auffassung, wonach schon bei jeder geringfügig modifizierten Übernahme eine freie Benutzung vorliegen soll, ist abzulehnen. Fremde wissenschaftliche Texte könnten sonst durch marginale Umformulierungen, Ergänzungen oder Kürzungen einfach übernommen werden, ohne dass der Urheber genannt werden müsste. Dem Abkupfern wäre damit Tür und Tor geöffnet. Ein derartig großzügiges Verständnis von § 24 UrhG ist nicht mit der urheberrechtlichen Systematik von freier Benutzung und unfreier Bearbeitung (§ 23 UrhG) zu vereinbaren.

Schließlich behält § 12 Abs. 2 UrhG dem Urheber das Recht vor, den Inhalt seines Werkes vor der Veröffentlichung öffentlich mitzuteilen oder zu beschreiben. Diese Regelung ist jedoch nicht als Schrankenbestimmung zu qualifizieren, die geeignet ist, einen Eingriff in die Verwertungsrechte des Urhebers zu legitimieren. Stellt sich eine Inhaltsmitteilung nach den allgemeinen Kriterien als unfreie Bearbeitung oder andere Umgestaltung i.S.v. § 23 UrhG dar, darf sie nur mit Einwilligung des Urhebers veröffentlicht und verwertet werden.

C. Dritter Teil

Hochschulrechtliche Satzungen zum Umgang mit wissenschaftlichem Fehlverhalten sowie entsprechende Regelwerke außeruniversitärer Forschungseinrichtungen enthalten einen eigenen Plagiatstatbestand. Plagiat ist dort definiert als die unbefugte Verwertung unter Anmaßung der Autorschaft. Anders als nach urheberrechtlichem Verständnis umfasst der wissenschaftsrechtliche Plagiatstatbestand jedoch nicht nur die unbefugte Verwertung urheberrechtlich geschützter Werke, sondern beispielsweise auch die Verwertung fremder Hypothesen, Lehren oder Forschungsansätze unabhängig von der Frage eines urheberrechtlichen Schutzes. Werden derartige Geisteserzeugnisse übernommen, muss auf den Autor hingewiesen werden, will sich der Forscher nicht dem Vorwurf wissenschaftlichen Fehlverhaltens ausgesetzt sehen. Der wissenschaftsrechtliche Plagiatstatbestand geht damit in seinem Anwendungsbereich über den urheberrechtlichen Schutz wissenschaftlicher Werke hinaus. Auf diese Weise können Schwächen des urheberrechtlichen Schutzes wissenschaftlicher Werke zum Teil ausgeglichen und ergänzt werden.

Der wissenschaftsrechtliche Plagiatstatbestand weist jedoch gewisse Schwachstellen auf. Regelungstechnisch ist zu beanstanden, dass urheberrechtliche und wissenschaftsrechtliche Begrifflichkeiten miteinander vermischt werden, was zu Auslegungsschwierigkeiten führen kann. Darüber hinaus sollte in Parallele zu § 63 UrhG eine wissenschaftsrechtliche Pflicht zur Quellenangabe, welche sich auch auf urheberrechtlich ungeschütztes wissenschaftliches Gedankengut erstreckt, normiert, und deren Verletzung ausdrücklich als Tatbestand wissenschaftlichen Fehlverhaltens ausgestaltet werden.

Trotz des jeweils begrenzten Adressatenkreises und der Beschränkung auf „weiche" Sanktionen erscheinen die wissenschaftsrechtlichen Regelungen bei konsequenter Anwendung jedoch geeignet, die Rechtsstellung wissenschaftlicher Autoren erheblich zu stärken.

Literaturverzeichnis

Ackermann, Kathrin: Fälschung und Plagiat als Motiv in der zeitgenössischen Literatur, Heidelberg 1992

Allfeld, Philipp: Das Urheberrecht an Werken der Literatur und der Tonkunst, Kommentar zu dem Gesetze vom 9. Juni 1901 sowie zu den internationalen Verträgen zum Schutze des Urheberrechts, 2. A., Berlin 1928

Altenpohl, Martina: Der urheberrechtliche Schutz von Forschungsresultaten, Bern 1987

Apel, Linda-Martina: Verfahren und Institutionen zum Umgang mit Fällen wissenschaftlichen Fehlverhaltens, Baden-Baden 2009

Aristoteles: Nikomachische Ethik, übersetzt und herausgegeben von Olof Gigon, 4. A., München 2000

Becker, Bernhard v.: Poesie, Plagiat, Poe, Festschrift für Paul W. Hertin zum 60. Geburtstag, München 2000, S. 3 ff.

Becker, Bernhard v.: Zitat und Kunstfreiheit - Das „Brecht-Zitate"-Urteil des Bundesverfassungsgerichts, ZUM 2000, 864

Becker, Erik: Parodie und Plagiat, Schriftenreihe der internationalen Gesellschaft für Urheberrecht e.V., Berlin, Frankfurt am Main 1959 (zit. E. Becker)

Beisiegel, Ulrike: Ombudsman der DFG, Bericht: 10 Jahre Ombudsarbeit in Deutschland, Hamburg 2010

Berger, Christian/Büchner, Thomas: „Perlentaucher": Die Zulässigkeit der öffentlichen Wiedergabe von „Abstracts", K&R 2007, 151

Berking, Christina: Die Unterscheidung von Inhalt und Form im Urheberrecht, Baden-Baden 2002

Bisges, Marcel: Das Selbstplagiat im Urheberrecht, UFITA 2008/III, 643

Bisges, Marcel: Grenzen des Zitatrechts im Internet, GRUR 2009, 730

Böcker, Lina Barbara: Computerprogramme zwischen Werk und Erfindung, Baden-Baden 2009

Brandenburg, Hans-Friedrich: Die teleologische Reduktion, Göttingen 1983

Brauns, Christian: Die Entlehnungsfreiheit im Urheberrechtsgesetz, Baden-Baden 2001

Buchmüller, Hans Jürgen: Urheberrecht und Computersoftware - zugleich ein Beitrag zum Werkbegriff der Werke der Wissenschaft und zur Stellung des Urhebers im Arbeitsrecht, Münster 1986

Bussmann, Kurt: Änderung und Bearbeitung im Urheberrecht, Festschrift für Philipp Möhring zum 65. Geburtstag, Berlin 1965, S. 201 ff.

Chakraborty, Martin: Das Rechtsinstitut der freien Benutzung im Urheberrecht, Baden-Baden 1997

Classen, Claus Dieter: Wissenschaftsfreiheit außerhalb der Hochschule, Tübingen 1994

Czychowski, Christian/Nordemann, Jan Bernd: Die Entwicklung der Gesetzgebung und Rechtsprechung des BGH und EuGH zum Urheberrecht in den Jahren 2008 und 2009, NJW 2010, 735

Davies, Gillian: The Scope of Copyright Protection: The Boundaries of the Idea/Expression Dichotomy, GRUR Int 2008, 635

Dähne, Harald: Forschung zwischen Wissenschaftsfreiheit und Wirtschaftsfreiheit, Berlin 2007

Deumeland, Klaus Dieter: Probleme mit dem Plagiat in der Bundesrepublik Deutschland, SJZ 1975, 205

Deutsche Forschungsgemeinschaft (Hrsg.): Sicherung guter wissenschaftlicher Praxis, Denkschrift, Weinheim 1998

Dieth, Mathias: Musikwerk und Musikplagiat im deutschen Urheberrecht, Baden-Baden 2000

Dreier, Thomas/Schulze, Gernot: Urheberrechtsgesetz, Kommentar, 3. A., München 2008

Dreyer, Gunda/Kotthoff, Jost/Meckel, Astrid: Urheberrecht, Kommentar, 2. A., Heidelberg 2009

Duden, Das Fremdwörterbuch, 10. A., Mannheim, Zürich 2010

Eggert, Astrid: Der Rechtsschutz der Urheber in der römischen Antike, UFITA 138 (1999), 183

Ehmann, Timo/Fischer, Oliver: Zweitverwertung rechtswissenschaftlicher Texte im Internet, GRUR Int 2008, 284

Elster, Alexander: Gewerblicher Rechtsschutz, Berlin, Leipzig 1921

Engel, Friedrich-Wilhelm: Persönlichkeitsrechtlicher Schutz für wissenschaftliche Arbeiten und Forschungsergebnisse, GRUR 1982, 705

Engländer, Konrad: Gedanken über Begriff und Erscheinungsformen des musikalischen Plagiats, UFITA 3 (1930), 20

Ensthaler, Jürgen: Urheberrechtsschutz von Computerprogrammen - Zur Kritik an der Rechtsprechung des BGH, GRUR 1991, 881

Erdmann, Willi: Urheberrechtliche Grenzen der Informationsvermittlung in Form von Abstracts, Festschrift für Winfried Tilmann, Köln, Berlin, Bonn, München 2003, S. 21 ff.

Erdmann, Willi: Verwendung zeitgenössischer Literatur für Unterrichtszwecke am Beispiel Harry Potter, WRP 2002, 1329

Erdmann, Willi/Rojahn, Sabine/Sosnitza, Olaf: Handbuch des Fachanwalts Gewerblicher Rechtsschutz, Köln 2008

Fichte, Johann Gottlieb: Beweis über die Unrechtmäßigkeit des Büchernachdrucks, Berlin 1793, Nachdruck UFITA 106 (1987), 155

Fischer, Florian: Das Literaturplagiat - Tatbestand und Rechtsfolgen, Frankfurt am Main, Berlin, Bern, New York, Paris, Wien 1996

Frankenberg, Günter: Lob dem Plagiat, KJ 2007, 258

Frohne, Renate: Jacob Thomas Thomasius: De plagio literario, Leipzig 1673, UFITA 123 (1993), 15

Frohne, Renate: Sorgen mit dem Urheberschutz in Antike und Humanismus, UFITA 106 (1987), 41

Fromm, Friedrich Karl/Nordemann Wilhelm: Urheberrecht, Kommentar zum Urheberrechtsgesetz, zum Verlagsgesetz und zum Urheberrechtswahrnehmungsgesetz, 10. A., Stuttgart 2008

Fuchs, Eberhard: Urheberrechtsgedanke- und verletzung in der Geschichte des Plagiats unter besonderer Berücksichtigung der Musik, Stuttgart 1983

Gamm, Otto-Friedrich Freiherr v.: Urheberrechtsgesetz, Kommentar, München 1968

Garloff, Peter: Copyright und Kunstfreiheit - zur Zulässigkeit ungenehmigter Zitate in Heiner Müllers letztem Theaterstück, GRUR 2001, 476

Georges, Karl Ernst: Ausführliches Lateinisch-Deutsches Handwörterbuch, 11. A., Hannover 1962

Ghiron, Mario: Grundsätzliche Betrachtung über die Urheberrechte, UFITA 5 (1932), 34

Gieseke, Ludwig: Anmerkungen zur Namensnennung bei Publikationen aus Hochschulen, UFITA 2004/I, 5

Gieseke, Ludwig: Die geschichtliche Entwicklung des deutschen Urheberrechts, Göttingen 1957

Götting, Horst-Peter: Der Schutz wissenschaftlicher Werke, Festschrift für Wilhelm Nordemann zum 70. Geburtstag, München 2004, S. 7 ff.

Großmann, Siegfried/Trute, Hans-Heinrich: Autorschaft - nicht nur Recht, sondern auch Verantwortung, Physik Journal 2 (2003) Nr. 2

Grunwald, Reinhard: Gute wissenschaftliche Praxis: Mehr als die Kehrseite wissenschaftlichen Fehlverhaltens, Gedächtnisschrift für Hartmut Krüger, Berlin 2001, S. 127 ff.

Haberstumpf, Helmut: Anmerkung zu BGH, Urteil vom 1. Dezember 2010 - I ZR 12/08 – Perlentaucher, ZUM 2011, 158

Haberstumpf, Helmut: Buchbesprechung: Das Urheberrecht an den Werken der Wissenschaft (Bertram v. Moltke), GRUR Int 1992, 865

Haberstumpf, Helmut: Gedanken zum Urheberrechtsschutz wissenschaftlicher Werke, UFITA 96 (1983), 41

Haberstumpf, Helmut: Handbuch des Urheberrechts, 2. A., Neuwied, Kriftel 2000 (zit. Haberstumpf, Handbuch)

Haberstumpf, Helmut: Wem gehören Forschungsergebnisse?, ZUM 2001, 819

Haberstumpf, Helmut: Zur Individualität wissenschaftlicher Sprachwerke, Freiburg 1982 (zit. Haberstumpf, Sprachwerke)

Hackemann, Martin: Information und Dokumentation aus urheberrechtlicher Sicht - Einige Anmerkungen zur gegenwärtigen und künftigen Rechtslage, GRUR 1982, 262

Hartmann, Kirsten/Fuchs, Timm: Standards guter wissenschaftlicher Praxis und wissenschaftliches Fehlverhalten vor dem Hintergrund der Wissenschaftsfreiheit, WissR 2003, 204

Hau, Rita: Pons Globalwörterbuch Lateinisch-Deutsch, Stuttgart 1984

Heermann, Peter W.: Der Schutzumfang von Sprachwerken der Wissenschaft und die urheberrechtliche Stellung von Hochschulangehörigen, GRUR 1999, 468

Hegel, Georg Wilhelm Friedrich: Grundlinien der Philosophie des Rechts, Berlin 1821, in Grotsch, Klaus/Weisser-Lohmann (Hrsg.): Hegel Gesammelte Werke, Band 14.1, Hamburg 2009

Hempel, Carl G.: Philosophy of Natural Science, London 1966

Hertin, Paul W.: Das Musikzitat im deutschen Urheberrecht, GRUR 1989, 159

Hilty, Reto M.: Urheberrecht, Bern 2011

Hitzig, Julius Eduard: Das Königl. Preußische Gesetz vom 11. Juni 1837 zum Schutze des Eigentums an Werken der Wissenschaft und Kunst gegen Nachdruck und Nachbildung, dargestellt in seinem Entstehen und erläutert in seinen einzelnen Bestimmungen, Berlin 1839, Nachdruck UFITA 107 (1988), 163

Hock, Martin: Das Namensnennungsrecht des Urhebers, Baden-Baden 1993

Hoeren, Thomas: Buchbesprechung: Jörger, Das Plagiat in der Popularmusik, GRUR 1993, 699

Hoeren, Thomas/Sieber, Ulrich: Handbuch Multimedia Recht, Rechtsfragen des elektronischen Geschäftsverkehrs, München 2010

Hoffmann, Colin C.: Die Begriffe Literatur, Wissenschaft und Kunst, Frankfurt am Main, Bern, New York 1988

Hölscher: Die Stellung der mittelalterlichen Rechtswissenschaft zum Plagiat, GRUR 1930, 991

Hörnig, Andreas: Das Bearbeitungsrecht und die Bearbeitung im Urheberrecht unter besonderer Berücksichtigung von Werken der Literatur, UFITA 99 (1985), 13

Hubmann, Heinrich: Das Urheberrecht des wissenschaftlichen Assistenten, MittHV 1962, 141

Hubmann, Heinrich: Der Rechtsschutz der Idee, UFITA 24 (1957), 1

Hubmann, Heinrich: Der Schutz wissenschaftlicher Werke und der wissenschaftlichen Leistung durch das Urheberrecht nach der Rechtsprechung des Deutschen Bundesgerichtshofs, Festschrift zum 60. Geburtstag von Ulrich Uchtenhagen, Baden-Baden 2007, S. 175 ff.

Hubmann, Heinrich/Haberstumpf, Helmut: Das Recht zur Publikation von Forschungsergebnissen, MittHV 1982, 211

llzhöfer, Volker: Patent-, Marken- und Urheberrecht, 7. A., München 2007

Jakobs, Eva-Maria: Textvernetzung in den Wissenschaften, Tübingen 1999

Jarass, Hans D./Pieroth, Bodo: Grundgesetz, Kommentar, 10. A., München 2009

Jörger, Thomas M.: Das Plagiat in der Popularmusik, Baden-Baden 1992

Kakies, Celia: Kunstzitate in Malerei und Fotografie, Berlin 2007

Kastner, Klaus: Das Plagiat - literarische und rechtliche Aspekte, NJW 1983, 1151

Katzenberger, Paul: Urheberrechtliche und urhebervertragsrechtliche Fragen bei der Edition philosophischer Werke, GRUR 1984, 319

Kisch, Guido: Das juristische „Plagiat" im 16. Jahrhundert, aus: Studien zur humanistischen Jurisprudenz, Berlin 1972, Nachdruck UFITA 110 (1989), 79

Knöbl, Harald Peter: Die „kleine Münze" im System des Immaterialgüter- und Wettbewerbsrechts, Hamburg 2002

Koch-Krumrei, Marina: Der urheberrechtliche Schutz wissenschaftlicher Werke in Deutschland und Frankreich, München 1991

Kohler, Josef: Das Autorrecht, in: Jahrbücher für die Dogmatik des heutigen römischen und deutschen Privatrechts, Bd. 18 (1880), S. 129 ff. (zit. Kohler, Autorrecht)

Kohler, Josef: Die Idee des geistigen Eigentums, AcP 32 (1894), 141, Nachdruck UFITA 123 (1993), 99

Kohler, Josef: Urheberrecht an Schriftwerken und Verlagsrecht, Stuttgart 1907 (zit. Kohler, Urheberrecht)

Köhn, Tina: Die Technisierung der Popmusikproduktion - Probleme der „kleinen Münze" in der Musik, ZUM 1994, 278

Krause-Ablaß, Günter B.: Zitate aus Aufführungen, Tonaufnahmen, Filmen und Sendungen in Film und Rundfunk, GRUR 1962, 231

Kreutzer, Till: Das Modell des deutschen Urheberrechts und Regelungsalternativen, Baden-Baden 2008

Kröner, Lars/Schimpf, Adrian: (Endlich) Konkretes zu Abstracts oder: Möglichkeiten und Grenzen der Publikation von Zusammenfassungen, AfP 2005, 333

Krüger, Tatjana: Die Freiheit des Zitats im Multimediazeitalter, Berlin 2004

Kummer, Max: Das urheberrechtlich schützbare Werk, Bern 1968

Kühne, Adelheid: Psychologische Dimension des Schöpferischen: Ästhetik, in Rehbinder, Manfred (Hrsg.): Die psychologische Dimension des Urheberrechts, Baden-Baden 2003, S. 25 ff.

Lahusen, Benjamin: Goldene Zeiten, KJ 2006, 398

Leinveber, Gerhard: Nochmals: Der urheberrechtliche Fall „Kandinsky" - Zum Begriff der Erläuterung im Rahmen der Zitierfreiheit, GRUR 1969, 130

Leinveber, Gerhard: Rechtsprobleme um das sog. „große und kleine Zitat" zu wissenschaftlichen Zwecken, GRUR 1966, 479

Leuze, Dieter: Die Urheberrechte der wissenschaftlichen Mitarbeiter, GRUR 2006, 552

Lippert, Hans-Dieter: Die Fälschung von Forschungsdaten ahnden - ein mühsames Unterfangen, WissR 2000, 210

Loewenheim, Ulrich: Anmerkung zu BGH GRUR 1987, 704 - Warenzeichenlexika, GRUR 1987, 704, 706

Loewenheim, Ulrich: Handbuch des Urheberrechts, 2. A., München 2010

Loewenheim, Ulrich: Höhere Schutzuntergrenze des Urheberrechts bei Werken der angewandten Kunst?, GRUR Int 2004, 765

Martial: Epigramme, übersetzt von Harry C. Schnur, Stuttgart 1966

Marx, Paul: Begriff des Plagiats, GRUR 1917, 179

Maurer, Hartmut: Promotion, in Flämig/Kimminich/u.a. (Hrsg.): Handbuch des Wissenschaftsrechts, 1. Bd., 2. A., Berlin 1996

Mehrings, Josef: Information und Dokumentation (IuD) - Ein Stiefkind der Urheberrechtsnovelle?, GRUR 1982, 275

Metzger, Axel: „Germania 3 Gespenster am toten Mann" oder welchen Zweck darf ein Zitat gem. § 51 Nr. 2 UrhG verfolgen?, ZUM 2000, 924

Mijatovic, Ivan: Kreativität als Voraussetzung für den urheberrechtlichen Schutz von Geisteserzeugnissen, Bern 2006

Moltke, Bertram v.: Das Urheberrecht an den Werken der Wissenschaft, Baden-Baden 2002

Morant, Marc O.: Das Zitat aus urheberrechtlicher Sicht, Basel, Genf, München 2006

Müller, Georg: Beckmessers „Plagiat", UFITA 6 (1933), 301

Münchener Kommentar zum Bürgerlichen Gesetzbuch, 5. A., München 2007

Muther, Theodor: Zur Geschichte der Rechtswissenschaft und der Universitäten, Amsterdam 1961

Möhring, Philipp/Nicolini, Käte: Urheberrechtsgesetz, Kommentar, 2. A., München 2000

Nebendahl, Mathias/Rönnau, Thomas: Der Verzicht auf den Doktorgrad - eine mögliche Alternative zum Entziehungsverfahren? Zugleich ein Beitrag zum Verzicht Privater im öffentlichen Recht, NVwZ 1988, 873

Nordemann, Axel: Die Geschichte vom fliegenden Axel und andere Büsumer Geschichten - Anmerkungen zum Urheberrechtsschutz von Gebrauchszwecken dienenden Schriftwerken, Festschrift für Wilhem Nordemann zum 70. Geburtstag, München 2004, S. 59 ff.

Nordemann, Wilhelm: Ersatz des immateriellen Schadens bei Urheberrechtsverletzungen, GRUR 1980, 434

Nordemann, Wilhelm: Urheberrecht an Lehrmitteln, NJW 1970, 881

Obergfell, Eva Inés: Zwischen Zitat und Plagiat - Umfang und Grenzen der Zitierfreiheit bei literarischen und wissenschaftlichen Schriftwerken, KUR 2005, 46

Oekonomidis, Demetrius: Die Zitierfreiheit im Recht Deutschlands, Frankreichs, Großbritanniens und der Vereinigten Staaten, Berlin, Frankfurt am Main 1970

Ohly, Ansgar: Die Autorenangabe bei wissenschaftlichen Veröffentlichungen aus wissenschafts-ethischer und aus urheberrechtlicher Sicht, Festschrift für Adolf Dietz zum 65. Geburtstag, München 2001, S. 143 ff.

Osenberg, Ralph: Die Unverzichtbarkeit des Urheberpersönlichkeitsrechts, München 1979

Ottemann, Heike: Wissenschaftsbetrug und Strafrecht, Hamburg 2006

Palandt, Bürgerliches Gesetzbuch, Kommentar, 70. A., 2011

Peukert, Alexander: Die psychologische Dimension des droit moral, in Rehbinder, Manfred (Hrsg.): Die psychologische Dimension des Urheberrechts, Baden-Baden 2003, S. 113 ff.

Plander, Harro: Wissenschaftliche Erkenntnisse und Urheberrecht an wissenschaftlichen Werken, UFITA 76 (1976), 25

Plassmann, Clemens: Bearbeitungen und andere Umgestaltungen in § 23 Urheberrechtsgesetz, Berlin 1996

Plett, Konstanze: Urheberschaft, Miturheberschaft und wissenschaftliches Gemein-schaftswerk, München 1984

Pohlmann, Hansjörg: Die Frühgeschichte des musikalischen Urheberrechts, Kassel, Basel, London, New York 1962

Radmann, Friedrich: Abschied von der Branchenübung: Für ein uneingeschränktes Namensnen-nungsrecht der Urheber, ZUM 2001, 788

Raue, Peter: Zum Dogma von der restriktiven Auslegung der Schrankenbestimmungen des Ur-heberrechtsgesetzes, Festschrift für Wilhelm Nordemann zum 70. Geburtstag, München 2004, S. 327 ff.

Rehbinder, Manfred: Das Namensnennungsrecht des Urhebers, ZUM 1991, 220

Rehbinder, Manfred (Hrsg.): Die psychologische Dimension des Urheberrechts, Baden-Baden 2003

Rehbinder, Manfred: Rechtssoziologie, 7. A., München 2009

Rehbinder, Manfred: Urheberrecht, 16. A., München 2010

Rehbinder, Manfred: Zu den Nutzungsrechten an Werken von Hochschulangehörigen, Festschrift für Heinrich Hubmann zum 70. Geburtstag, Frankfurt am Main 1985, S. 359 ff.

Rieble, Volker: Das Wissenschaftsplagiat, Frankfurt am Main 2010

Roellecke, Gerd: Wissenschaft und Wissenschaftsfreiheit, Festschrift für Hartmut Schiedermair, Heidelberg 2001, S. 491 ff.

Röhl, Klaus F./Röhl, Hans Christian: Allgemeine Rechtslehre, 3. A., Köln, München 2008

Röthlisberger, Ernst: Das Plagiat, ZSR 36 (1917), 131, Nachdruck UFITA 2007/I, 135

Rupp, Hans-Heinrich: Wissenschaftsethik, Verfassungsprobleme der Regeln guter wissenschaft-licher Praxis, Festschrift für Dieter Leuze zum 70. Geburtstag, Berlin 2003, S. 437 ff.

Sattler, Sebastian: Plagiate in Hausarbeiten, Hamburg 2007

Sattler, Sebastian: Unterschätztes Phänomen - Über den Umfang und den Umgang mit Plagiaten, Forschung & Lehre 2008, 298

Schacht, Sascha T.: Die Einschränkungen des Urheberpersönlichkeitsrechts im Arbeitsverhältnis, Göttingen 2004

Schack, Haimo: Urheber- und Urhebervertragsrecht, 5. A., Tübingen 2010

Schack, Haimo: Urheberrechtliche Gestaltung von Webseiten unter Einsatz von Links und Frames, MMR 2001, 9

Schaffstein, Friedrich: Zum rechtswissenschaftlichen Methodenstreit im 16. Jahrhundert, Festschrift für Hans Niedermeyer, Göttingen 1953, S. 195 ff.

Schmidt-Aßmann, Eberhard: Fehlverhalten in der Forschung - Reaktionen des Rechts, NVwZ 1998, 1225

Schmidt, Anette: Die Rechtsverhältnisse in einem Forscherteam, Baden-Baden 1998

Schmieder, Hans-Heinrich: Rezension zu Bertram v. Moltke, Das Urheberrecht an Werken der Wissenschaft, NJW 1993, 1122

Schnur, Harry C.: Einführung, in: Martial Epigramme, Stuttgart 2003

Schramm, Carl: Die schöpferische Leistung, Berlin, Köln 1959

Schricker, Gerhard: Abschied von der Gestaltungshöhe im Urheberrecht?, Festschrift für Reinhold Kreile zu seinem 65. Geburtstag, Baden-Baden 1994, S. 715 ff.

Schricker, Gerhard: Der Urheberrechtsschutz von Werbeschöpfungen, Werbeideen, Werbekonzeptionen und Werbekampagnen, GRUR 1996, 815

Schricker, Gerhard: Hundert Jahre Urheberrechtsentwicklung, Festschrift zum hundertjährigen Bestehen der Deutschen Vereinigung für gewerblichen Rechtsschutz und Urheberrecht und ihrer Zeitschrift, Bd. II, Weinheim 1991, S. 1096 ff.

Schricker, Gerhard/Loewenheim, Ulrich (Hrsg.): Urheberrecht, Kommentar, 4. A., München 2010

Schricker, Gerhard (Hrsg.): Urheberrecht, Kommentar, 3. A., München 2006

Schricker, Gerhard: Wer ist der Verfasser?, Forschung & Lehre 1998, 584

Schröder, Rainer: Rechtsgeschichte, 4. A., Münster 1992

Schulz, Corinna Nadine: Whistleblowing in der Wissenschaft, Baden-Baden 2007

Schulz, Wolfgang: Das Zitat in Film- und Multimediawerken, ZUM 1998, 221

Schulze, Erich: Einleitung, in: Plagiat, Schriftenreihe der internationalen Gesellschaft für Urheberrecht e.V., Berlin, Frankfurt am Main 1959 (zit. E. Schulze)

Schulze, Gernot: Schleichende Harmonisierung des urheberrechtlichen Werkbegriffs? Anmerkung zu EuGH „Infopaq/DDF", GRUR 2009, 1019

Schulze-Fielitz, Helmuth: Rechtliche Rahmenbedingungen von Ombuds- und Untersuchungsverfahren zur Aufklärung wissenschaftlichen Fehlverhaltens, WissR 2004, 101

Seifert, Fedor: Plagiatsgeschichte(n), Festschrift für Fritz Traub zum 65. Geburtstag, Frankfurt am Main 1994, S. 343 ff.

Seifert, Fedor: Das Zitatrecht nach „Germania 3", Festschrift für Willi Erdmann zum 65. Geburtstag, Köln, Berlin, Bonn, München 2002, S. 195 ff.

Senftleben, Martin: Grundprobleme des urheberrechtlichen Dreistufentests, GRUR Int 2004, 200

Siegwart, Henry: Der urheberrechtliche Schutz der wissenschaftlichen Werke, Bern 1954

Smend, Rudolf: Das Recht der freien Meinungsäußerung, Berlin, Leipzig 1928

Smoschewer, Fritz: Das Persönlichkeitsrecht im allgemeinen und im Urheberrecht, UFITA 3 (1930), Berlin 1930

Stegemann-Boehl, Stefanie: Fehlverhalten von Forschern und das deutsche Recht, WissR 1996, 139

Stemplinger, Eduard: Das Plagiat in der griechischen Literatur, Leipzig, Berlin 1912

Ströker, Elisabeth: Im Namen des Wissenschaftsethos, Berlin 2000

Tiedemann, Paul: Entzug des Doktorgrades bei wissenschaftlicher Unlauterkeit, ZRP 2010, 53

Troller, Alois: Immaterialgüterrecht, 1. Bd., 3. A., Basel, Frankfurt am Main 1983

Troller, Alois: Urheberrecht und Ontologie, UFITA 50 (1967), 385

Ulmer, Eugen: Der Schutz der industriellen Formgebung - Vorbemerkung der Schriftleitung, GRUR Ausl 1959, 1

Ulmer, Eugen: Der Urheberschutz wissenschaftlicher Werke unter besonderer Berücksichtigung der Programme elektronischer Rechenanlagen, in: Bayerische Akademie der Wissenschaften, Sitzungsberichte 1967, München 1967 (zit.: Ulmer, Urheberschutz)

Ulmer, Eugen: Urheber- und Verlagsrecht, 3. A., Berlin, Heidelberg, New York 1980

Ungern-Sternberg, Joachim v.: Die Rechtsprechung des Bundesgerichtshofs zum Urheberrecht und zu den verwandten Schutzrechten in den Jahren 2008 und 2009 (Teil I), GRUR 2010, 273

Vinck, Kai: Die Rechtsstellung des Urhebers im Arbeits- und Dienstverhältnis, Berlin, 1972

Vogel, Martin: Deutsche Urheber- und Verlagsgeschichte zwischen 1450 und 1850, Archiv für Geschichte und Buchwesen, 1978, S. 63 ff.

Waitz, Clemens: Die Ausstellung als urheberrechtlich geschütztes Werk, Baden-Baden 2009

Wandtke, Artur-Axel/Bullinger, Winfried: Praxiskommentar zum Urheberrecht, 3. A., München 2009

Wank, Rolf: Die juristische Begriffsbildung, München 1985

Wasmuth, Johannes: Verbot der Werkänderung und Rechtschreibreform, ZUM 2001, 858

Weber, Ulrich: Der strafrechtliche Schutz des Urheberrechts, Tübingen 1976

Weimar, Robert: Kreativität: Psychischer Prozess und Merkmal geistigen Schaffens, in Rehbinder, Manfred (Hrsg.): Die psychologische Dimension des Urheberrechts, Baden-Baden 2003, S. 63 ff.

Werner, Rüdiger: Zum urheberrechtlichen Schutz rechtswissenschaftlicher Texte, UFITA 2008/I, 7

Weyl, Richard: Das Plagiat und seine Rechtsfolgen, in: Beiträge zum Urheberrecht - Festgabe für den XVII. internationalen literarischen und künstlerischen Kongress, Dresden 1895

Wittmer, Hans Rudolf: Der Schutz von Computersoftware - Urheberrecht oder Sonderrecht?, Bern 1981

Wohlgenannt, Rudolf: Über eine Untersuchung des Begriffs der Wissenschaft, in: Der Wissenschaftsbegriff, Meisenheim am Glan 1970 (zit. Wohlgenannt, Wissenschaftsbegriff)

Wohlgenannt, Rudolf: Was ist Wissenschaft?, Frankfurt am Main 1969 (zit. Wohlgenannt, Was ist Wissenschaft)

Woodmansee, Martha: Das Urheberrecht als Anreiz / Hemmnis für die schöpferische Produktion, in Anne-Kathrin Reulecke (Hrsg.): Fälschungen, Frankfurt am Main 2006, S. 291 ff.

Zankl, Heinrich: Fälscher, Schwindler, Scharlatane - Betrug in Forschung und Wissenschaft, Weinheim 2003

Ziegler, Konrat: Paulys Real-Encyclopädie der classischen Altertumswissenschaft, 40. Halbband, Waldsee, Stuttgart 1950, Sp. 1956 ff.